21 世纪师范院校计算机实用技术规划教材

PowerPoint 多媒体课件制作实验与实践

胡增顺　王玉华　主　编
郭晓磊　曹萌萌
李　鹏　崔丹丹　副主编

清华大学出版社
北京

内 容 简 介

本书是一种介绍 PowerPoint 2010 课件制作的教材，主要讲解课件中媒体的获取方式、课件中文字的使用、课件中图像和图片的使用、课件中音频和视频的使用、课件中各种对象的使用、课件中动画的制作、课件中交互的实现以及课件发布和放映的有关知识。同时，本书通过综合实例介绍不同类型的教学课件的制作方法和技巧。

本书侧重于实验，着眼于实践，以学科为基础，以课件实例为主线，注重教学理论与课件制作技术的有机结合。从 PowerPoint 课件制作技术的知识点入手，以实验目标→实验分析→实验过程→实验总结→知识积累→巩固练习→举一反三的脉络组织上机实验，讲解利用 PowerPoint 2010 进行多媒体课件制作的过程和方法。

本书可作为各类师范院校多媒体课件制作教材使用，也可作为广大中小学教师的课件制作培训教材使用，同时也是所有 PowerPoint 多媒体课件制作爱好者的一本合适的参考书。

本书封面贴有清华大学出版社防伪标签，无标签者不得销售。
版权所有，侵权必究。举报：010-62782989，beiqinquan@tup.tsinghua.edu.cn。

图书在版编目（CIP）数据

PowerPoint 多媒体课件制作实验与实践 / 胡增顺，王玉华主编. —北京：清华大学出版社，2013.4
（2022.1重印）
21 世纪师范院校计算机实用技术规划教材
ISBN 978-7-302-30577-4

Ⅰ. ①P… Ⅱ. ①胡… ②王… Ⅲ. ①多媒体课件-图形软件-师范大学-教材 Ⅳ. ①G434

中国版本图书馆 CIP 数据核字（2012）第 261552 号

责任编辑：魏江江　薛　阳
封面设计：杨　兮
责任校对：白　蕾
责任印制：朱雨萌

出版发行：清华大学出版社
网　　址：http://www.tup.com.cn, http://www.wqbook.com
地　　址：北京清华大学学研大厦 A 座　　　邮　编：100084
社 总 机：010-62770175　　　邮　购：010-83470235
投稿与读者服务：010-62776969，c-service@tup.tsinghua.edu.cn
质量反馈：010-62772015，zhiliang@tup.tsinghua.edu.cn
课件下载：http://www.tup.com.cn，010-83470236

印 刷 者：北京富博印刷有限公司
装 订 者：北京市密云县京文制本装订厂
经　　销：全国新华书店
开　　本：185mm×260mm　　印 张：22　　字　数：536 千字
　　　　　附光盘 1 张
版　　次：2013 年 4 月第 1 版　　　　　　印　次：2022 年 1 月第 9 次印刷
印　　数：13001～14000
定　　价：39.50 元

产品编号：047730-01

序　言

　　社会提倡终生教育，一线的教育工作者有着强烈的接受继续教育的要求，许多学校也为教师的长远发展制定了继续教育的计划，以人为本，活到老学到老的思想更加深入人心。

　　随着知识经济和信息社会的到来，对教师进行计算机培训已提到了各院校的议事日程上，让每位教师具有应用信息技术能力，已是刻不容缓的一件大事，将影响到国家的发展和人才的培养。目前，很多人已经意识到，不掌握信息技术将影响到一个人在信息社会的生存能力，并将成为常说的新"功能性文盲"。作为教师如果是"功能性文盲"，有可能出现如下的尴尬局面：面对计算机手足无措；不会使用计算机备课、上课，不会使用多媒体手段教学，不会编制和应用课件，不会上网获取信息、更新知识、与同行交流，无法与掌握现代技术的学生很好地交流，无法开展网络教学等等。作为培养人才的教师，如果是一个现代的"功能性文盲"，如何能适应现代化的要求？如何能培养出有现代意识和能力的下一代？

　　一本好书就是一所学校，对于我们教师更是如此。信息技术已经成为现代人必备的基本素质之一，好的教材可以帮助教师们迅速而又熟练地掌握信息技术，从最初的Windows操作系统到Office办公系统软件，还有各种课件制作软件的教材在我们的日常教学中发挥着巨大的作用。

　　作为师范院校计算机实用技术教材，本套丛书主要的读者对象是师范院校的在校师生、教育工作者以及中小学教师，是初、中级读者的首选。涉及到的软件主要有课件制作软件（Flash、Authorware、PowerPoint、几何画板等）、办公系列软件、多媒体技术、网络技术、计算机应用基础和图形图像处理技术等。考虑到一线教师的实际情况，我们尽可能地使用软件最新的中文版本，便于读者上手。

　　本丛书的作者大多是一线优秀教师，经验丰富、有一定的知识积累。他们在平时对于各种软件的使用中都有自己的心得体会，能够结合教学实际，整理出一线老师最想掌握的知识。本丛书的编写绝不是教条式的"用户手册"，而是与教学实践紧紧相扣，根据计算机教材时效性强的特点，以"实例加知识点"的结构建构内容，采用"任务驱动教学法"让读者边做边学，并配以相应的光盘，生动直观，能够让读者在短时间内迅速掌握所学知识。本丛书除了用简捷明快、图文并茂的形式讲解，还使用"说明、提示、技巧、试一试"等特殊段落，为读者指点迷津。通过浅显易懂的文字，深入浅出的道理，好学实用的知识，图文并茂的编排，来引导教师们自己动手，在学习中获得乐趣，获得知识，获得成就感。

　　在学习本套丛书时，我们强调动手实践，手脑并重。光看书而不动手，是绝对学不会的。化难为易的金钥匙就是上机实践。好书还要有好的学习方法，二者缺一不可。我们相信读者学完本套丛书后，在日常生活和教学工作中会有如虎添翼的感觉，在计算机的帮助下，你学习成绩和工作效率会有极大的提高，这也是我们所期待的。祝你成功！

吴文虎

前　言

　　信息技术是一种通过使用计算机交互地综合处理文本、图形、图像、动画、音频以及视频等多种媒体信息，并使这些信息建立逻辑关系，以方便存取的技术。随着信息技术在教学中的逐渐普及，课堂教学不再是凭教师"一支粉笔一张嘴，一块黑板一本书"来进行的单一教学模式，在课堂上，教学内容能够集声、光、色、动于一体，教师能根据教学需求实现教学内容在大小、远近、快慢、整散、虚实和动静之间的自由转换，突破时空的限制，能生动直观、形象并且逼真地再现事物的发生与发展过程。借助于多媒体技术，教师能够让静止的画面动态化，繁杂的过程简单化，从而充分调动学生的多种感官参与有效的学习活动，激发学习的兴趣，加大课堂的教学密度，提高学生的学习效率。

　　随着信息技术走入普通的课堂，计算机辅助教学已经成为老师课堂教学必须掌握的一项基本技能。教师使用计算机辅助教学技术，在课堂上使用课件，已经不是什么罕见的事情了，广大教师已经认识到信息技术在课堂教学中的作用，也愿意利用课件来突破教学难点，提高课堂效率。然而，教师在使用课件的过程中，存在一些困惑，遇到一些问题，这些问题主要体现在理念和技术这两个方面。一方面，在设计课件时，教师需要一定的理论基础，解决如何让课件发挥正确的作用，使课件真正成为实现高效课堂教学的推进器。另一方面，教师在课件制作时又需要足够的技术储备，具有将自己的教学思想和教学流程转换为课件的技术能力。

　　针对教师在课堂教学中制作多媒体课件所遇到的问题，笔者编写了这本书。本书是一种介绍 PowerPoint 2010 课件制作的教材，内容涵盖了使用 PowerPoint 制作多媒体课件时将遇到的各种问题，包括课件中媒体的获取方式、课件中文字的使用、课件中图像和图片的使用、课件中音频和视频的使用、课件中各种对象的使用、课件中动画的制作、课件中交互的实现以及课件发布和放映的有关知识。同时，通过 3 个综合实例介绍不同类型的课堂教学中多媒体课件的设计制作策略。

　　本书介绍了 PowerPoint 2010 课件制作的有关知识，内容丰富、结构清晰，立足于课堂教学的需要，兼顾普通教师和具有一定课件制作基础的读者。本书可作为各类师范院校多媒体课件制作教材使用，也可作为广大中小学教师的课件制作培训教材使用，同时也是 PowerPoint 多媒体课件制作爱好者的一本合适的参考书。

本书特点

1. 独特的任务驱动模式

　　本书设计独具特色，摒弃了传统技术类图书那种围绕知识点来介绍软件使用方法的模式。全书采用"任务驱动教学法"，使用与课件制作有关的上机实验来引出知识点，每个实验围绕多个具体的操作任务来介绍相关的知识要点。这种任务驱动模式更能够突出实际的应用，帮助广大读者更快地掌握课件的制作技术，提高学习效率。

2. 新颖的组织结构

本书采用上机实验来完成具体的课件实例制作任务，以实验目标→实验分析→实验过程→实验总结→知识积累→巩固练习→举一反三的清晰脉络组织上机实验和实践，实验前针对实验目标有细致的分析，实验过程以任务驱动，每个任务都有明确的目标，可以使读者有的放矢、心中有数地学习，实验总结精辟实用。笔者设身处地地为读者解答了制作中容易出现的问题，巩固练习和举一反三部分一课一练，对主教材进行了拓展和延伸，以帮助读者进一步巩固和提高。

3. 理论与实践的有机结合

作为一种面向广大一线教师的课件制作图书，本书立足于帮助教师解决实际工作中遇到的问题。课件的制作是技术和教学理论综合作用的结果，理论为课件的制作提供了方向，技术为理论的实现提供了保障。本书在编写时，精选实验案例，每一个案例都来自实际教学活动的需要，具有极强的实践性，同时也能够体现 PowerPoint 课件制作的策略和基本思路。读者在掌握软件使用知识的同时获得问题解决方案，并了解相关的理论依据。

本书在最后三章设计了课件制作的综合实例，不仅为读者提供了应用所学知识独立制作大型课件的机会，而且对不同类型的教学课件制作的理论依据和制作特点进行了介绍，真正做到了理论和实践相结合，帮助读者实现从初学者向课件制作高手的飞跃。

4. 光盘资源丰富

本书的配套光盘中，提供了本教材用到的课件范例源文件、上机练习范例源文件及相应的素材。所有课件范例的制作集专业性、艺术性和实用性于一身，非常适合中小学各科教师学习使用，可以将这些课件直接应用到教学中，或者以这些课件范例为模板稍作修改，举一反三，制作出更多更实用的课件。

本书作者

参加本书编写的作者为多年从事教学工作的资深教师和从事多媒体课件开发的专业技术人员，具有丰富的教学经验和课件制作经验。他们的课件作品曾多次荣获国家级、省级奖励。

本书主编为胡增顺（负责编写第 1～3 章）、王玉华（负责编写第 4～6 章），副主编为郭晓磊（负责编写第 7 章）、曹萌萌（负责编写第 8 章）、李鹏（负责编写第 9 章）、崔丹丹（负责编写第 10 章）。全书由缪亮主审。

在本书的编写过程中，郭刚、许美玲、时召龙、李捷、赵崇慧、李泽如、张立强、李敏、朱桂红等参与了课件范例的创作和编写工作，在此表示感谢。另外，感谢开封大学、河南工业大学、河南省工商电大对本书的创作给予的支持和帮助。

相关网站

立体出版计划,为读者建构全方位的学习环境!

最先进的建构主义学习理论告诉我们,建构一个真正意义上的学习环境是学习成功的关键所在。学习环境中有真情实境、有协商和对话、有共享资源的支持,才能高效率地学习,并且学有所成。因此,为了帮助读者建构真正意义上的学习环境,以图书为基础,为读者专设一个图书服务网站——课件吧。

网站提供相关图书资讯,以及相关资料下载和读者俱乐部。在这里读者可以得到更多、更新的共享资源。还可以交到志同道合的朋友,相互交流、共同进步。

网站地址:http://www.cai8.net。

作者
2012 年 10 月

目 录

第1章 为课件准备素材 ··· 1
  实验1 获取图片素材 ·· 1
    任务1 从网络获取图片素材 ··· 2
    任务2 截取图片 ··· 3
    任务3 使用 Photoshop 处理图片 ·· 3
  实验2 获取声音素材 ·· 10
    任务1 从网络获取声音素材 ··· 11
    任务2 使用 Windows 录音机录制声音 ··· 11
    任务3 使用 Adobe Audition 处理声音 ··· 13
  实验3 获取视频素材 ·· 18
    任务1 从网络获取视频素材 ··· 19
    任务2 转换视频格式 ·· 21
    任务3 视频的简单编辑 ··· 21
  实验4 获取动画素材 ·· 25
    任务1 获取 Flash 动画中的素材 ··· 25
    任务2 从 PowerPoint 课件中获取 Flash 资源 ···································· 26

第2章 PowerPoint 课件中的文字 ·· 30
  实验1 在课件中添加文字——语文课件《社戏》································· 30
    任务1 使用占位符输入文本 ··· 31
    任务2 使用文本框输入文本 ··· 31
    任务3 导入外部文档文字 ·· 32
    任务4 复制外部文档中的文本内容 ·· 35
  实验2 文本格式的设置——求一元二次方程根的填空题 ························ 40
    任务1 设置文本的格式 ··· 40
    任务2 设置文字的特殊格式 ··· 42
    任务3 快速替换文字字体 ·· 44
  实验3 设置段落格式——三峡之秋 ··· 48
    任务1 使用项目编号 ·· 48
    任务2 设置段落的对齐方式 ··· 49
    任务3 调整段落间距和行间距 ·· 51
  实验4 创建大纲——细胞和组织 ·· 56

任务1　创建大纲主标题 ································· 56
　　　任务2　添加层次小标题 ································· 57
　　　任务3　对文字大纲进行设置 ····························· 59
　实验5　在课件中使用公式——一元二次方程的求根公式 ········· 62
　　　任务1　在幻灯片中创建公式 ····························· 62
　　　任务2　设置公式样式 ··································· 65
　实验6　为汉字标注拼音——生字学习 ························· 69
　　　任务1　输入基本的拼音 ································· 69
　　　任务2　插入带音调的字母 ······························· 69
　实验7　使用艺术字美化课件——寻隐者不遇 ··················· 75
　　　任务1　创建艺术字 ····································· 76
　　　任务2　设置文本样式 ··································· 77
　　　任务3　设置文本的变形效果 ····························· 79
　　　任务4　设置文本框的样式 ······························· 80

第3章　图形和图片的应用 ······································· 88
　实验1　绘制图形——二次函数图像 ··························· 88
　　　任务1　绘制平面直角坐标系 ····························· 89
　　　任务2　为坐标系添加刻度 ······························· 90
　　　任务3　绘制函数图像 ··································· 92
　　　任务4　绘制交点 ······································· 94
　实验2　图形样式的设置——物体的三视图 ····················· 99
　　　任务1　绘制六边形并设置平面样式 ······················ 100
　　　任务2　制作六棱柱 ···································· 101
　　　任务3　制作圆柱 ······································ 102
　实验3　幻灯片中图片的处理——企业培训教程标题页 ·········· 107
　　　任务1　插入外部图片和剪贴画 ·························· 108
　　　任务2　设置图片的大小 ································ 109
　　　任务3　调整图片的色调 ································ 110
　　　任务4　清除图片背景 ·································· 111
　　　任务5　使图片融入背景 ································ 112
　实验4　图片样式的设置——讲座幻灯片封面 ·················· 116
　　　任务1　为图片添加边框 ································ 117
　　　任务2　为图片添加三维旋转效果 ························ 118
　　　任务3　为图片添加发光效果 ···························· 118
　实验5　使用相册——两直线的相对位置 ······················ 122
　　　任务1　创建相册 ······································ 123
　　　任务2　编辑相册 ······································ 123

第4章　声音和视频的使用 ····································· 128
　实验1　在课件中使用声音——春江花月夜（一） ·············· 128

任务1　插入外部音乐 ·· 128
　　　任务2　插入录音 ··· 129
　实验2　声音的编辑——春江花月夜（二） ······································· 132
　　　任务1　设置声音的播放方式 ·· 133
　　　任务2　编辑声音 ··· 133
　实验3　声音播放的控制——指点领读 ··· 136
　　　任务1　添加素材 ··· 137
　　　任务2　对声音的播放进行控制 ·· 138
　实验4　在课件中使用视频——宾至如归 ··· 141
　　　任务1　在课件中插入视频 ·· 142
　　　任务2　视频的设置 ··· 142
　　　任务3　视频播放的控制 ··· 144

第5章　课件中的各种常用对象 ··· 148
　实验1　在课件中使用表格——汽油机的四个冲程 ··································· 148
　　　任务1　绘制表格 ··· 149
　　　任务2　修改表格布局 ··· 149
　　　任务3　为表格添加文字 ··· 152
　　　任务4　设置表格样式 ··· 153
　实验2　图表的应用——土地改革的历史意义 ······································· 158
　　　任务1　创建图表 ··· 158
　　　任务2　设置图表标签 ··· 159
　　　任务3　设置图表背景 ··· 162
　实验3　SmartArt图形的应用——并联电路的特点 ··································· 168
　　　任务1　创建SmartArt图形 ·· 168
　　　任务2　向SmartArt图形中添加形状 ··· 169
　　　任务3　更改SmartArt图形的样式 ··· 171
　实验4　在课件中使用几何画板文件——圆锥侧面展开图 ··························· 175
　　　任务1　创建包对象 ··· 175
　　　任务2　删除包对象的标签 ·· 177
　　　任务3　实现幻灯片播放时对象的激活 ··· 177

第6章　在课件中实现动画 ··· 181
　实验1　使用幻灯片切换动画——二次函数与二元一次方程 ······················· 181
　　　任务1　为幻灯片添加切换动画 ·· 182
　　　任务2　设置幻灯片切换动画 ·· 183
　实验2　使用"进入"动画——凹面镜的性质 ··· 184
　　　任务1　绘制凹面镜 ··· 185
　　　任务2　绘制光线 ··· 187

任务3　制作光线从左向右射入的动画效果·································188
　　　任务4　制作光线经镜面反射的动画·····································189
　　　任务5　制作总结文字出现动画效果·····································190
　实验3　使用"退出"动画效果——轴对称图形·································192
　　　任务1　在幻灯片中添加对象···193
　　　任务2　制作图片进入和退出动画效果···································193
　实验4　使用"强调"动画效果——单摆·······································196
　　　任务1　制作单摆对象···197
　　　任务2　制作单摆动画···198
　　　任务3　制作标示单摆位置的对象出现动画·······························199
　　　任务4　添加说明文字···199
　实验5　使用"路径"动画效果——探究平抛运动·······························202
　　　任务1　制作击锤击打动画···203
　　　任务2　制作小球坠落动画···204
　　　任务3　制作小球平抛动画···205
　实验6　使用高级日程表——倒计时时钟·······································209
　　　任务1　制作计时盘动画效果···209
　　　任务2　制作数字倒计时动画···210
　　　任务3　调整动画间的时间关系·······································211

第7章　在课件中实现交互···215
　实验1　使用超链接——寻访丝绸之路···215
　　　任务1　在幻灯片中添加热区···216
　　　任务2　为图形添加超链接···216
　实验2　使用"动作"按钮——单词领读···220
　　　任务1　添加动作按钮···221
　　　任务2　为"动作"按钮添加声音·······································222
　实验3　使用触发器来实现交互——制作选择题·································225
　　　任务1　在幻灯片中添加对象···226
　　　任务2　为各个对象添加触发器·······································227
　实验4　使用控件实现的交互——Flash播放器·································231
　　　任务1　使用控件播放Flash动画·····································232
　　　任务2　实现"播放"和"停止"功能·····································233
　　　任务3　实现对播放进度的控制·······································235
　实验5　使用VBA实现交互——随机出题·······································239
　　　任务1　编写VBA代码···240
　　　任务2　添加交互按钮···242

第8章　课件外观的设计···247
　实验1　使用幻灯片主题——连杆机构···247

  任务 1　自定义主题颜色 ·· 248
  任务 2　自定义主题字体 ·· 249
  任务 3　自定义主题背景 ·· 250
 实验 2　使用幻灯片母版——制作课件背景 ·· 253
  任务 1　在母版中插入对象 ·· 254
  任务 2　制作课件背景 ·· 255
 实验 3　使用幻灯片母版——设计课件版式布局 ·· 258
  任务 1　创建新的母版幻灯片 ·· 259
  任务 2　添加标题占位符 ·· 259
  任务 3　添加图片和文本占位符 ·· 261
  任务 4　应用自定义母版幻灯片 ·· 262
 实验 4　使用幻灯片母版——应用于整个课件的交互 ·· 266
  任务 1　在母版中添加文本框 ·· 266
  任务 2　创建超链接 ·· 267

第 9 章　课件的发布和放映 ·· 270
 实验 1　课件的发布——将课件打包 ·· 270
  任务 1　设置打包选项 ·· 271
  任务 2　完成打包操作 ·· 272
 实验 2　课件的保存——将课件保存为不同的格式 ·· 274
  任务 1　让课件自动播放 ·· 275
  任务 2　将课件保存为图片 ·· 276
  任务 3　将课件保存为视频 ·· 278
 实验 3　保护课件——防止课件被随意修改 ·· 281
  任务 1　为课件添加密码 ·· 281
  任务 2　避免最终演示文稿被修改 ·· 282
 实验 4　课件放映的设置——为放映做准备 ·· 286
  任务 1　设置课件的放映方式 ·· 287
  任务 2　设置排练时间 ·· 288
  任务 3　自定义幻灯片放映方案 ·· 289
 实验 5　课件的放映技巧——随心所欲地放映课件 ·· 292
  任务 1　播放课件时控制幻灯片的切换 ·· 293
  任务 2　对演示的内容进行批注 ·· 294
  任务 3　课件放映的双屏显示 ·· 295

第 10 章　基于活动的教学课件实例——勾股定理的证明 ·· 299
 10.1　课件制作概述 ·· 299
 10.2　实例制作分析 ·· 299
 10.3　实例制作步骤 ·· 300

任务1　制作背景简介幻灯片 ·· 300
　　　任务2　制作"活动一"演示幻灯片 ·· 301
　　　任务3　制作"活动二"演示幻灯片 ·· 304
　　　任务4　实现课件导航 ·· 306
　10.4　经验总结 ·· 308

第11章　基于内容的教学课件实例——电阻电路的等效变换 ···················· 309
　11.1　课件制作概述 ·· 309
　11.2　实例制作分析 ·· 309
　11.3　实例制作步骤 ·· 311
　　　任务1　制作封面页 ·· 311
　　　任务2　制作导航页 ·· 312
　　　任务3　制作内容页 ·· 314
　　　任务4　实现课件导航 ·· 315
　11.4　经验总结 ·· 318

第12章　基于过程的教学课件实例——圆内接四边形 ································ 319
　12.1　课件制作概述 ·· 319
　12.2　实例制作分析 ·· 319
　12.3　实例制作步骤 ·· 321
　　　任务1　制作封面页 ·· 321
　　　任务2　制作"复习提问"页 ·· 323
　　　任务3　制作"讲授新知"页 ·· 325
　　　任务4　制作"应用举例"页 ·· 327
　　　任务5　实现课件导航 ·· 329
　12.4　经验总结 ·· 330

参考答案 ·· 332
　第1章 ·· 332
　第2章 ·· 332
　第3章 ·· 333
　第4章 ·· 334
　第5章 ·· 334
　第6章 ·· 335
　第7章 ·· 335
　第8章 ·· 336
　第9章 ·· 337

第1章 为课件准备素材

多媒体课件的制作涉及很多问题，在课件中往往需要图片、声音、视频和动画等多种素材。在制作课件时，仅靠 PowerPoint 是无法胜任这多种媒体的编辑处理的。对于一个课件来说，素材的质量是决定课件好坏的一个重要因素。因此，在课件制作过程中，往往需要使用第三方的软件来对素材进行处理以满足课件的需要。本章将介绍各种课件素材的获取方法和常用的处理技巧。

实验 1　获取图片素材

图片是课件中的重要素材，使用图片可以直观化呈现课件内容，同时也可以起到美化课件的作用。对于 PowerPoint 来说，图片是制作课件不可或缺的元素。本实验将介绍获取图片和对图片进行编辑处理的常用方法。

☞ 实验目标

（1）掌握从网络获取图片的方法。
（2）掌握使用 PowerPoint 自带的截图功能获取图片的方法。
（3）掌握使用 Photoshop 对图片进行处理的常用方法。

◎ 实验分析

图片是课件中常用的素材，具有高度的暗示性和象征性，能够快速地传递信息和情感。在课件中，好的图片能够迅速引起学生的注意，直观表现知识。制作 PowerPoint 课件时，往往需要使用各种类型的图片素材。随着网络的普及，很多素材图片都可以从网络直接获取。要在网络中快速找到需要的图片，可以使用百度或 Google 的图片搜索功能来实现，本实验将首先介绍使用百度搜索引擎来获取需要图片的方法。

PowerPoint 2010 具有屏幕截图功能，该功能虽然较为简单，但基本上可以满足教师对屏幕截图的需要。PowerPoint 2010 可以截取打开的应用程序窗口，也可以截取屏幕上某个选区的图像，截得的图像将会直接插入到当前幻灯片中，十分方便。

虽然 PowerPoint 2010 的图像处理功能已经十分强大，但对于一些复杂的图片编辑处理操作仍然力不从心，此时需要使用一些专业的图片处理软件来对课件中需要的素材图片进

2 PowerPoint 多媒体课件制作实验与实践

行处理。本实验将介绍使用 Photoshop CS5 来对图片进行处理的一些操作技巧，包括创建新文档、获取选区、复制粘贴图片中的内容以及简单的图片合成的方法。

实验过程

任务 1　从网络获取图片素材

步骤 1　启动浏览器，打开百度网页，在页面中单击"图片"超链接，如图 1-1-1 所示。此时将进入图片搜索状态，在文本框中输入需要搜索的图片名称后单击"百度一下"按钮，如图 1-1-2 所示。

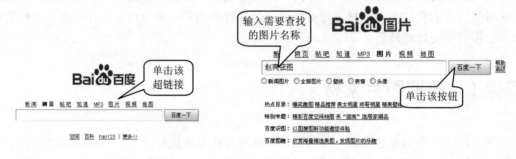

图 1-1-1　单击"图片"超链接　　　　　　图 1-1-2　查找图片

步骤 2　此时页面中将列出找到的部分图片，单击某个图片缩览图将打开新页面中查看大图，如图 1-1-3 所示。此时，在图片区域右侧将列出符合条件的图片的缩览图，单击该缩览图可以选择图片，如图 1-1-4 所示。

步骤 3　找到合适的图片素材后，用鼠标右击这个图片，在弹出的快捷菜单中选择"图片另存为"命令，即可将图片文件保存起来。

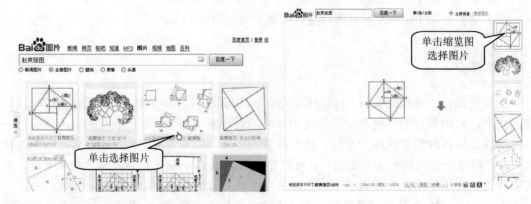

图 1-1-3　单击列表中的图片　　　　　　图 1-1-4　查看大图

> **提示**：将鼠标指针放置到图片区的上部，鼠标指针变为蓝色的上箭头，此时单击鼠标将显示上一张图片。将鼠标指针放置到图片区的下部，鼠标指针变为蓝色的下箭头，鼠标单击将显示下一张图片。

任务 2　截取图片

步骤 1　在 PowerPoint 2010 的"插入"选项卡的"图像"组中单击"屏幕截图"按钮，在列表的"可用视窗"列表中将列出当前打开的窗口，如图 1-1-5 所示。在列表中选择某个窗口选项，该窗口截图将直接插入到当前幻灯片中，如图 1-1-6 所示。

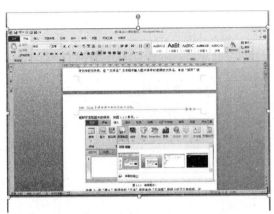

图 1-1-5　"可用视窗"列表中列出的视窗　　　图 1-1-6　视窗截图直接插入到幻灯片中

步骤 2　选择"屏幕截图"列表中"屏幕剪辑"命令，此时计算机屏幕将半透明显示。拖动鼠标将框选需要截图的区域，在屏幕上矩形框内将正常显示，如图 1-1-7 所示。完成框选后释放鼠标，矩形框所在区域将被作为图片截取出来并直接插入到当前幻灯片中，如图 1-1-8 所示。

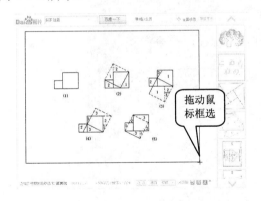
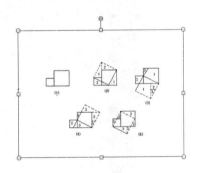

图 1-1-7　框选截图区域　　　图 1-1-8　截图插入幻灯片

任务 3　使用 Photoshop 处理图片

步骤 1　启动 Photoshop，按 Ctrl+O 键打开"打开"对话框，在该对话框中选择需要处理的图片后单击"确定"按钮打开该图片，如图 1-1-9 所示。选择"图像"|"图像大小"命令打开"图像大小"对话框，在该对话框的"宽度"和"高度"文本框中输入数值后单击"确定"按钮可以对图片大小进行调整，如图 1-1-10 所示。

图 1-1-9 打开图片

图 1-1-10 调整图像大小

提示：在"图像大小"对话框中选择"约束比例"复选框，则 Photoshop 将按照图像固有的长宽比来调整图片的大小。例如，在"宽度"文本框中输入数值，则"高度"值将以固定的长宽比自动进行调整。

步骤2 在工具箱中选择"裁剪工具" ，在图片中拖动鼠标绘制一个裁剪框，拖动裁剪框上的控制柄将能调整裁剪框的大小，如图 1-1-11 所示。完成裁剪框调整后，按 Enter 键，裁剪框外的图像将被裁剪掉，如图 1-1-12 所示。

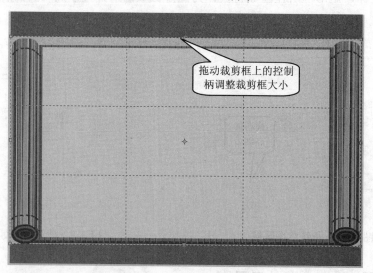

图 1-1-11 调整裁剪框的大小

步骤3 在工具箱中选择"磁性套索工具" ，使用该工具绘制紧贴竹简边界的选区，如图 1-1-13 所示。按 Ctrl+C 键复制选区内容，按 Ctrl+N 键打开"新建"对话框，此时 Photoshop 会自动根据剪贴板中图像的大小设置新文档的大小，将"背景内容"设置为"透明"，如图 1-1-14 所示。单击"确定"按钮创建一个背景透明的空白文档，按 Ctrl+V 键将选区内容粘贴到新文档中。

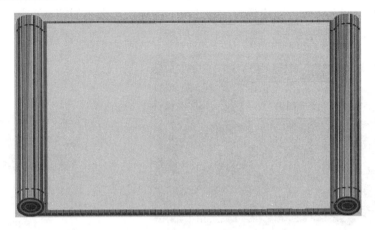

图 1-1-12　裁剪框外的图像被裁剪掉

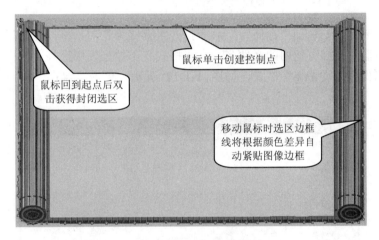

图 1-1-13　绘制选区

图 1-1-14　"新建"对话框

步骤 4　打开"'用 Photoshop 处理图片素材 2'.bmp"文件，按 Ctrl+A 键全选该图像。按 Ctrl+C 键复制选区内容，切换到"未标题 2"文档，按 Ctrl+V 键将选区内容粘贴到该文档中。按 Ctrl+T 键，拖动图片边框上的控制柄调整图片大小，使其大小正好完整地显示在竹简中，如图 1-1-15 所示。完成调整后按 Enter 键确认对大小的调整。此时在"图层"调板中可以看到文档的图层结构，如图 1-1-16 所示。

图 1-1-15　调整图像的大小

图 1-1-16　文档的图层结构

步骤 5　选择"文件"|"存储为"命令打开"存储为"对话框，在对话框中选择保存文档的文件和输入文档时使用的文件名，在"格式"下拉列表中选择文档保存的格式。这里选择将文档保存为".png"格式，如图 1-1-17 所示。单击"保存"按钮即可实现文档保存。

图 1-1-17　将文档保存为.png 格式

提示：在课件中经常需要使用背景透明的图片，在 Photoshop 中获得背景透明的图片后，可以将其保存为.png 格式。这种格式的图片在直接插入到幻灯片时，可以保留透明的背景。

实验总结

图片是课件中重要的素材，在课件中除了使用图片来传递信息之外，还可以用于美化课件，课件中的按钮、背景和提示符号等都可以使用图片。获取图片的方式很多，可以直接从网络获取，也可以通过 PowerPoint 来从其他软件中截取。对于获取的图片，为了符合课件的需要，往往需要对其进行编辑，Photoshop 是一个有效的工具。虽然很多老师会认为 Photoshop 的操作过于复杂，实际上当熟悉它之后，使用它来为课件准备素材将十分方便快捷。

知识积累

1．常用的截图方法有哪些

通过截图的方式获取图片是一个好的办法，教师可以直接截取网络中找到的图片，也可以通过截图获取其他软件的中漂亮的按钮、对象或图案等。除了使用 PowerPoint 2010 自带的截图功能来截取图片之外，还可以使用下面一些方法来截取需要的图像。

使用 Windows 操作系统的朋友都不要忘记了系统的一项功能，那就是按 PrintScreen 键将能够截取屏幕内容，截取的图片将放置在系统剪贴板中，此时只需要按 Ctrl+V 键就可以将其粘贴到幻灯片中。

腾讯公司的即时通讯软件 QQ 现在是普通计算机用户常用的一款软件，当启动了 QQ 后，按 Ctrl+Alt+A 键即可对窗口或矩形区域进行截图。在框选了截图区域后，可根据需求将截取的图片保存到指定的文件夹或系统剪贴板中，如图 1-1-18 所示。

图 1-1-18　使用 QQ 获取截图

如果需要专业的截图操作，可以使用 SnagIt 或 HyperSnap 来操作。SnagIt 功能十分强

8 PowerPoint 多媒体课件制作实验与实践

大，可以捕获 Windows 屏幕、DOS 屏幕、菜单、窗口、以鼠标定义的区域、视频或游戏画面等。捕获的图像可保存为 BMP、PCX、TIF、GIF、PNG 或 JPEG 等多种格式，甚至可以保存为视频文件。使用 SnagIt 来截图时，在主界面中选择一个截图方案，单击"截取"按钮即可进行截图操作，如图 1-1-19 所示。用户可以根据需要自定义截图方案，方案包括截图范围、截图保存方式和快捷键等，如图 1-1-20 所示。

图 1-1-19　截取图像

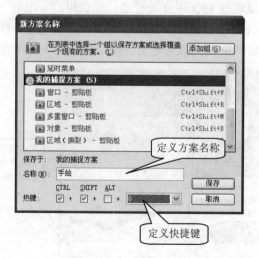

图 1-1-20　定义截图方案

SnagIt 自带一个图像编辑器，可以对图像进行裁剪、改变大小和添加文字注解等常见的编辑操作，如图 1-1-21 所示。

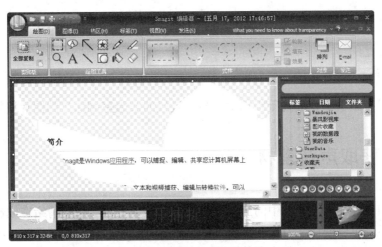

图 1-1-21　SnagIt 编辑器

2．PowerPoint 支持的图片文件有哪些？

PowerPoint 能够支持当前常见的大多数图片文件，下面对常见的图片文件进行介绍。

- JPEG 文件：JPEG 文件扩展名为".jpg"或".jpeg"。该文件类型是当前常用的图像文件格式，是一种有损压缩格式，适合应用于互联网，可减少图像的传输时间，但其对色彩的信息保留较好。当前，JPEG 格式的图像文件的应用非常广泛，大多数图片文件都采用这种格式。
- BMP 文件：BMP 文件是一种使用非常广泛的图像文件格式，文件未进行任何压缩，其扩展名为".bmp"。BMP 文件格式是 Windows 环境中的标准图像格式，在 Windows 环境中运行的图形图像软件都支持 BMP 图像格式。BMP 格式可以较好地保留图像的细节部分，但也使得文件的体积相对偏大。
- PNG 文件：PNG 是一种在网上常用的图像文件格式，其扩展名为".png"。PNG 文件是一种无损压缩图像文件，同时提供 24 位和 48 位真彩色图像支持，从而能够获得更好的色彩效果。
- EMF 文件：EMF 文件（即 Windows 增强图元文件）是一种设备独立性文件，该格式的图形文件在打印时，可以保证对于不同的打印设备都可以始终保持图形的精度。
- WMF 文件：WMF 文件（即 Windows 图元文件）是一种矢量图形文件，是微软公司定义的一种 Windows 平台下的图形文件格式。WMF 文件具有输出图形不依赖于输出设备和占用磁盘空间相对较小的特点。

巩固练习

1．在 PowerPoint 中，使用_____选项卡_____组中的_____按钮下的_____命令可以获取截图。

2．在 Photoshop 中，按_____键可以打开图片文件，选择_____命令可以实现对图片文件的保存，使用_____命令可以更改图片文件的大小。

举一反三

尝试利用搜索引擎获取九年级化学实验《氧气的实验室制法》的图片资料。

实验2　获取声音素材

与文字和图片相比，课件中的声音更能够在潜意识上对学生的情绪造成影响。在课件中使用声音不仅可以创造学习氛围，还可以表达各种情感。在课件制作时，不应该忽略声音的作用。本实验将介绍在制作课件时获取声音素材的常用方法。

实验目标

（1）掌握从网络获取声音素材的方法。
（2）掌握使用 Windows 自带的录音机获取声音素材的方法。
（3）掌握使用 Adobe Audition 来获取声音素材并进行简单处理的方法。

实验分析

在制作课件时要获取声音素材的方法很多，但归纳起来无非就是两种方式，一种是自己制作（如自己录制声音解说或旁白）或利用软件来编辑合成需要的声音效果。另一种方式就是使用已有的声音素材，如从网络下载需要的声音素材文件并将其直接用于课件中。

随着网络的普及，现在网上有很多专业的素材网站，它们提供各种声音效果文件供用户下载使用。同时，通过百度的 MP3 搜索功能能够十分方便地找到需要的声音素材。

对于声音素材的获取，录音是一个很重要的方式。实际上，能够实现录音的软件很多，其中比较小巧方便的软件就是 Windows 自带的录音机。该软件能够与计算机硬件很好的配合，具有良好的兼容性，操作方便且容易掌握。Windows 录音机功能强大，既可以实现内录，即录制各种软件播放的声音，也可以以麦克风作为输入设备来录制各种语音。同时，还可以实现线路输入，如将录音机的 LineOut 孔通过音频线与计算机的 LineIn 孔连接来录制磁带中的声音。

在获取声音素材文件后，有时需要对声音文件进行一些必要的处理，使其符合课件的需要。例如，对声音进行剪辑以去掉不需要的部分，对多个声音文件合并。对于录制的声音文件，有时需要对其进行降噪处理以获得良好的播放效果。要实现对声音文件的编辑处理，Adobe 公司的 Adobe Audition 无疑是最合适的软件，该软件提供了高级混音、编辑、控制和特效处理等能力，是一款专业级的音频工具。本实验将介绍如何使用该软件来对声音文件进行常见的编辑操作。

实验过程

任务 1　从网络获取声音素材

步骤 1　启动网络浏览器,打开百度网页,在页面中单击"MP3"超链接,如图 1-2-1 所示。在打开页面上方的文本框中输入需要查找的关键字,此时搜索引擎会给出关联选项。如果关联选项中有需要的结果,直接选择即可,如图 1-2-2 所示。

图 1-2-1　单击"MP3"超链接　　　　图 1-2-2　输入搜索关键字

步骤 2　此时在打开的页面中将列出搜索结果,单击列表中的"链接"按钮,如图 1-2-3 所示。在打开的页面中将给出声音文件的链接地址,鼠标右击该地址,选择关联菜单中的"另存为"命令即可将声音文件下载到计算机指定位置,如图 1-2-4 所示。

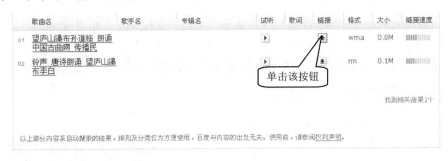

图 1-2-3　单击"链接"按钮

图 1-2-4　获得声音文件的链接地址

任务 2　使用 Windows 录音机录制声音

步骤 1　用鼠标右击桌面右下角系统托盘中的"音量"图标,在关联菜单中选择"打开音量控制"命令,如图 1-2-5 所示。在打开的"音量控制"对话框中选择"选项"|"属性"命令打开"属性"对话框,在该对话框中选择"录音"单选按钮,在"显示下列音量控制"列表中选择"立体声混音"复选框,如图 1-2-6 所示。单击"确定"按钮将打开"录

音控制"对话框,在对话框中选择"立体声混音"栏中的"选择"复选框并对"音量"和"平衡"进行调整,如图 1-2-7 所示。完成设置后,关闭对话框。

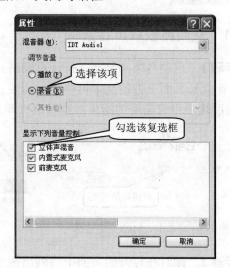

图 1-2-5 选择"打开音量控制"命令　　　　　图 1-2-6 "属性"对话框

步骤 2　在 Windows 桌面选择"开始"|"所有程序"|"附件"|"娱乐"|"录音机"命令,打开 Windows 自带的录音机程序,单击"录音"按钮 ● 即可开始录音,如图 1-2-8 所示。此时程序将计算机正在播放的声音录制下来,单击"停止"按钮 ■ 将停止声音的录制,单击"播放"按钮 ▶ 将播放当前录制的声音。

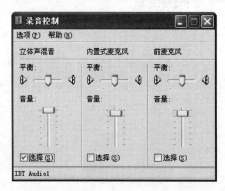

图 1-2-7 "录音控制"对话框　　　　　　　　图 1-2-8 录制声音

步骤 3　如果需要录制话筒的声音,可以在打开录音机程序后选择"编辑"|"音频属性"命令,打开"声音属性"对话框。在对话框中单击"录音"栏中的"音量"按钮,如图 1-2-9 所示。此时可以打开"录音控制"对话框,在对话框中勾选"内置式麦克风"栏中的"选择"复选框,如图 1-2-10 所示。关闭各个对话框后即可录制麦克风的声音了。

步骤 4　完成录音后,选择"文件"|"另存为"命令,打开"另存为"对话框,在对话框中选择声音文件保存的位置并设置文件名后,单击"保存"按钮即可实现文件的保存。如果需要对录音文件的质量和编码格式进行设置,可以单击对话框中的"更改"按钮打开"声音选定"对话框,使用该对话框对声音文件的格式进行设置,如图 1-2-11 所示。

图 1-2-9 "声音属性"对话框

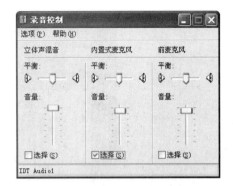

图 1-2-10 选择"选择"复选框

图 1-2-11 设置保存文件的质量和格式

任务 3 使用 Adobe Audition 处理声音

步骤 1 启动 Adobe Audition CS5.5，打开需要处理的文件，选择"文件"|"导出"|"导出文件"命令打开"导出文件"对话框，在"文件名"文本框中输入文件名，在"位置"文本框中输入文件的保存地址，在"格式"下拉列表中选择文本保存的格式，如这里选择"MP3 音频（*.mp3）"选项，如图 1-2-12 所示。单击"确定"按钮关闭对话框即可将声音文件转换为 MP3 文件。

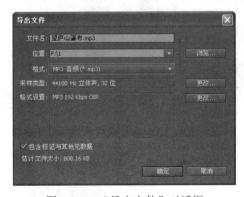

图 1-2-12 "导出文件"对话框

步骤 2 在"编辑器"面板的音轨上拖动鼠标可以获得声音选区,拖动浮动工具栏上的"调节振幅"旋钮可以对声音的振幅进行调整,这样可以达到调整音量的目的,如图 1-2-13 所示。

图 1-2-13 获取声音选区并调节振幅

提示:在获取声音选区后,按 Delete 键可以将该声音片段删除。

步骤 3 在编辑器中选择需要的声音片段,按 Ctrl+C 键复制选择内容。在编辑器中打开需要粘贴到的目标文件,将播放头放置到粘贴操作的目标位置,如图 1-2-14 所示。按 Ctrl+V 键即可将复制的声音片段插入到播放头所在的位置,如图 1-2-15 所示。

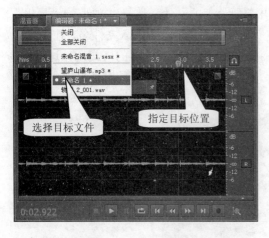 

图 1-2-14 指定声音片段粘贴的目标位置　　　图 1-2-15 插入声音片段

步骤 4 按 Ctrl+N 键创建一个新文档,在编辑器中单击音轨上的 R 键,单击"录音"按钮,此时即可开始录音,如图 1-2-16 所示。完成录音后单击"停止"按钮 停止录音操作。

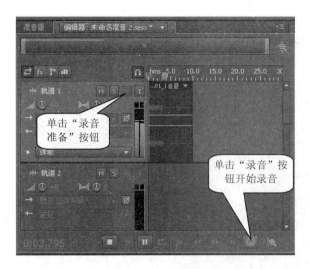

图 1-2-16　录制声音

步骤 5　完成声音的录制后，如果需要对声音进行降噪处理，可以打开"效果组"面板，单击第一个效果选项右侧的箭头按钮，在打开的菜单中选择"降噪/恢复"命令，在获得的下级菜单中选择相应的处理方式，例如，这里选择"自适应降噪"选项，如图 1-2-17 所示。此时将打开"自适应降噪"对话框，用户可以根据需要对相关参数进行设置，如图 1-2-18 所示。

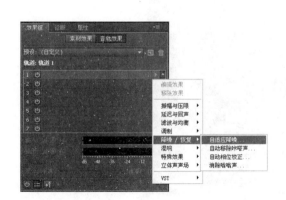

图 1-2-17　进行降噪处理

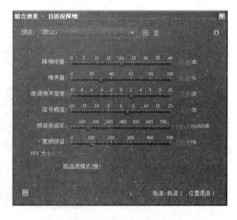

图 1-2-18　对参数进行设置

步骤 6　鼠标右击编辑器中的"轨道 2"，在打开的关联菜单中选择"插入"命令，在打开的列表中选择需要插入的声音文件，如图 1-2-19 所示。则该声音即可插入指定的音轨，这样就可以实现多个声音的合成。

提示：这里，列表中将列出已经打开的文件。如果要插入未打开的文件，可以选择"插入"菜单中的"文件"命令打开"导入文件"对话框导入需要的文件。

步骤 7　选择"导出"|"多轨缩混"|"完整混音"命令打开"导出多轨缩混"对话框，

在对话框中设置"文件名"、"位置"和"格式",如图 1-2-20 所示。完成设置后单击"确定"按钮即可将作品保存为指定格式的声音文件。

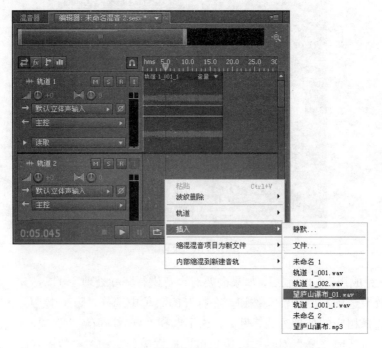

图 1-2-19　选择需要插入的声音文件

图 1-2-20　"导出多轨缩混"对话框

提示：默认情况下，Adobe Audition 将新建一个多轨混音项目，要将该项目保存为声音文件需要使用上面介绍的方法来操作。选择"文件"|"新建"|"音频文件"命令将创建一个新的音频文件，该文件可以直接使用"文件"|"另存为"命令来保存。

实验总结

在课件中使用声音，可以直接提供学习内容，为学习者提供听觉信息。同时利用声音可以提供示范信息，如英语课件中的领读。通过声音可以渲染情境，为学生提供尽可能真实的场景，同时可以引起学生的注意并为学生提供必要的反馈信息。在制作课件时，根据需要选择声音素材是必需的。对于一个普通的教师来说，通过网络获取声音素材是一个好的办法，同时，利用 Windows 自带的录音机可以方便地录制需要声音。PowerPoint 2010 虽然具有对声音进行处理的能力，但其功能较弱。大多数情况下，教师可以尝试使用第三方软件来对声音进行编辑处理，如本例介绍的 Adobe Audition。

知识积累

1. Windows 录音机有哪些使用技巧

Windows 录音机虽然小巧，但其功能很强大，下面对它的一些操作技巧进行介绍。

（1）突破 60 秒录音限制。Windows 录音机最大的一个局限性就是一次只能录制 60 秒的时间。实际上，在录音时，当录完一个 60 秒时，只需要再次单击"录音"按钮即可接着再录制 60 秒时间，如此反复即可进行任意时长的录音。但这样操作容易破坏录音的完整性，实际上可以先使用上面的方法录制一个长时间的声音文件后将其保存，以后每次需要录音时打开这个文件进行录音，录制完成后将其"另存为"其他文件名的文件即可。

（2）调整录音效果。在完成录音后，选择"效果"|"加大音量"命令可以加大录音的音量，选择"效果"|"降低音量"命令可以减小录音的音量。选择"效果"|"加速"或"减速"命令可以增大或减小声音播放速度。

（3）设置录音格式。选择"文件"|"属性"命令打开"声音的属性"对话框，在对话框的"选自"下拉列表中选择"录音格式"选项，单击"立即转换"按钮打开"声音选定"对话框。在"声音选定"对话框中可以对录音文件格式进行设置，如图 1-2-21 所示。

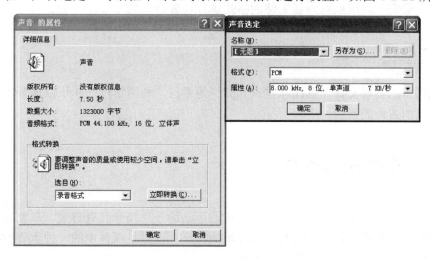

图 1-2-21　设置录音格式

（4）插入声音。使用录音机打开一个声音文件，单击"播放"按钮播放该文件，在需要插入其他声音的位置停止声音的播放。播放需要插入的声音文件，使用录音机从当前位置开始录音即可将声音插入到当前文件中。

2. 课件需要什么样的声音素材

在为课件选择声音素材时，除了内容上要符合课件的需要之外，还需要注意下面的这些问题。

课件中使用的声音应该具有良好的质量。对于自己录制的声音，声音应该规范清晰、语速要快慢适中，要适用于课件的教学对象，同时要注意控制噪音。

在为课件选择音乐时，要避免为了音乐而音乐的情况，声音要为课件提供合适的意境，要能够发挥其渲染学生情绪的作用。音乐不能成为一种干扰，如很多老师喜欢在课件中加入鼓掌、风铃和刹车等提示音，不分场合地使用这些声音在教学中往往起不到引起学生注意的目的，反而让人烦不胜烦，干扰了学生的注意力，严重影响教学效果。

在为课件选择声音素材时，还要注意声音文件格式是否合适，能否被 PowerPoint 引用。在追求高品质的声音素材时，也要注意是否符合播放的要求。如当声音文件过大或声音质量过高，在计算机性能跟不上时，会造成课件播放不流畅、课件打开时间过长，甚至造成课件无法打开或死机的现象。

巩固练习

1. 打开录音机程序后选择_____命令打开"声音属性"对话框，在对话框中单击"录音"栏中的_____按钮打开"录音控制"对话框，在对话框中勾选"内置式麦克风"栏中的_____复选框后即可使用录音机来录制从麦克风输入的声音。

2. 完成录音后，选择_____命令可打开"另存为"对话框，在对话框中选择声音文件保存的位置并设置文件名后，单击_____按钮可实现文件的保存，单击_____按钮可打开"声音选定"对话框对声音文件的格式进行设置。

举一反三

以光盘中的素材文件"春江花月夜.mp3"为素材，利用学过的知识以该音乐为背景音乐添加自己的古诗朗诵。

实验 3　获取视频素材

视频是一种用摄像机记录或计算机生成的运动场景，视频具有直观、形象和生动的特点，视频能够真实地展示事物及其周围环境的特征。视频是课件中的一种重要的素材，本实验将介绍视频素材的获取和编辑的方法。

实验目标

（1）掌握从网络获取视频文件的方法。

（2）掌握对截取视频和更改视频格式的简单方法。

（3）掌握使用 Windows Movie Maker 对视频进行编辑处理的方法。

实验分析

在教学中，视频常常用于各类讲座或记录各种实验现象和事物的变化过程，同时视频也用于对动作进行示范以及提供对真实事件的描述并创设学习的情境。在教学中，视频的获取一般有两种途径，一种途径是直接利用摄像设备来录制拍摄，第二种途径就是从网络、光盘或其他媒介来获取。

随着网络的普及，网络上拥有越来越丰富的教学视频素材，教师可以充分利用网络，使用搜索引擎获取需要的视频素材。对于网站直接提供了教学素材下载服务的，教师可以直接下载使用。对于只能在线观看的视频素材，教师可以通过视频截取软件（如 Camtasia Studio）在视频播放时对视频进行录制以获取视频。同时，由于 IE 浏览器会将浏览的媒体下载到计算机的缓存中，教师也可以直接到 IE 浏览器的缓存中去寻找在线播放的视频。

在获取视频素材时当视频格式不是 PowerPoint 支持的格式时，需要对视频格式进行转换。如现在网络上很多视频都是 f4v 格式，这种格式的视频 PowerPoint 2010 是不支持的，此时就需要将其转换为 PowerPoint 支持的视频格式。要进行视频格式转换，可以使用专门的视频格式转换软件，这些软件在网上很容易找到。同时，也可以利用一些视频播放器的视频录制功能来实现视频格式的转换，这样操作起来更加方便快捷。本实验将介绍使用常见的 QQ 播放器，借助于其视频录制功能来转换视频格式的操作方法。

获得的视频素材，有时需要对其进行编辑处理，如进行裁剪、添加片头或添加一些特效等。主流的视频处理软件包括 Adobe 公司的 Premiere 和 Ulead 公司的 Ulead Video Studio（即会声会影），这两款软件功能强大但操作复杂，学习起来不是很容易。对于普通教师来说，并不需要使用那么多的功能，因此一些小型实用的视频处理软件更适合于普通教师。在常用的视频处理软件中，Windows 自带的 Movie Maker 是一款小巧而功能强大的视频处理软件，本实验将介绍这款软件的一些简单操作技巧。

实验过程

任务 1　从网络获取视频素材

步骤 1　启动 IE 浏览器，进入百度视频搜索页面，在文本框中输入搜索关键字后单击"百度一下"按钮，如图 1-3-1 所示。在获得的结果页面中单击相应的视频缩览图即可打开视频所在页面播放该视频，如图 1-3-2 所示。

步骤 2　要获得网页中播放的视频，可以在 IE 浏览器中选择"工具"|"Internet 选项"命令打开"Internet 属性"对话框的"常规"选项卡。在"Internet 临时文件"栏中单击"设置"按钮打开"设置"对话框，在"Internet 临时文件夹"栏中查看临时文件的位置，如图 1-3-3 所示。

步骤 3　打开 Windows 资源管理器，在 Internet 临时文件夹中找到刚才观看的视频文件,如图 1-3-4 所示。双击该文件,Windows 即会启动默认的下载工具将其下载到计算机中。

图 1-3-1　搜索视频　　　　　　　　　图 1-3-2　单击视频缩览图打开页面

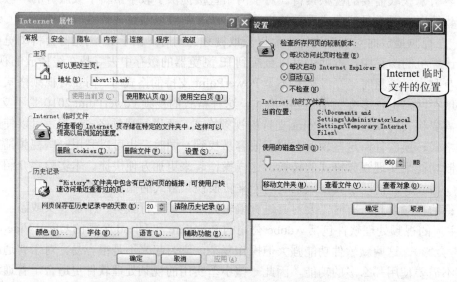

图 1-3-3　查看 Internet 临时文件的位置

图 1-3-4　找到视频文件

任务 2　转换视频格式

步骤 1　启动 QQ 影音，打开需要转换格式的视频文件。在播放窗口的视频中鼠标右击，选择关联菜单中的"转码/截取/合并"|"视频/音频截图"命令。在窗口中拖动滑块调整视频截取的范围。这里由于只是为了转换视频格式，因此视频截取范围应该包含整个视频，如图 1-3-5 所示。

图 1-3-5　选取视频截取范围

步骤 2　在窗口中单击保存"保存"按钮 保存 打开"视频/音频保存"对话框，选择"保存视频"单选按钮，在"格式"下拉列表中选择需要保存的视频格式，如图 1-3-6 所示。完成设置后单击"确定"按钮关闭对话框即可。

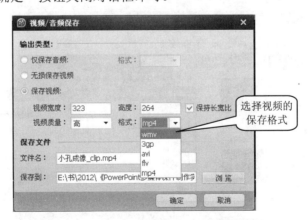

图 1-3-6　设置视频保存格式

任务 3　视频的简单编辑

步骤 1　启动 Windows Movie Maker，在"电影任务"窗格中单击"导入视频"选项打开"导入文件"对话框。在"导入文件"对话框中选择需要导入的文件后单击"导入"按钮导入视频，如图 1-3-7 所示。

图 1-3-7　导入视频

步骤 2　将视频剪辑拖放到窗口下方的时间轴上，选择"剪辑"|"视频"|"视频效果"命令打开"添加或删除视频效果"对话框。在对话框左侧的"可用效果"列表中选择准备使用的效果选项，单击"添加"按钮将其添加在右侧的"显示"效果列表中，如图 1-3-8 所示。单击"确定"按钮关闭该对话框，则视频被添加了选择的视频效果。

图 1-3-8　添加视频效果

步骤 3　在"电影任务"窗格的"编辑电影"栏中单击"制作片头和片尾"选项,在打开的"要将片头添加到何处"栏中单击"在电影开头添加片头"选项,如图 1-3-9 所示。在打开的"输入片头文字"栏中输入片头文字,此时可以在右侧的播放窗口中预览片头文字添加的效果,如图 1-3-10 所示。完成片头制作后单击"完成,为电影添加片头"选项即可完成片头的添加。完成影片编辑后,选择"文件"|"保存电影文件"命令,按照保存向导提示保存影片即可。

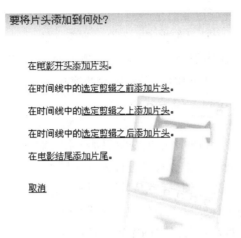

图 1-3-9　单击"在电影开头添加片头"选项

图 1-3-10　为影片添加片头文字

实验总结

在教学中,视频可以方便地展示时间和空间的转换,提供比动画更为真实的场景效果。随着网络的普及,网络为教师提供了丰富的视频素材,教师可以方便地从网络中找到需要的视频。由于网络视频的特殊性,获取网络视频素材可以采用直接下载、录制视频或从 IE 缓存中获取等方式。而对于与 PowerPoint 不兼容的视频,可以通过视频转换程序将其格式转换为 PowerPoint 支持的格式。教师在对视频进行编辑处理时,不必追求功能强大的软件,可以根据自己的需要选择诸如 Windows Movie Maker 这样的软件来操作,往往能够达到事半功倍的效果。

📖 知识积累

1. "*.f4v"是一种什么样的文件

当前网络流行的在线视频很多都是一种扩展名为 f4v 的视频文件，此种文件是一种新型 H264 解码的视频文件，它是根据 flv 格式修改而来的，理论上跟原来的 flv 差不多，适合在网络上传播。flv 文件体积大且无法保证画质，而 f4v 文件比 flv 体积小，画质却更清晰，在同样大小或码率下，f4v 比原来的 flv 分辨率更大，图像更清晰。

2. 视频采集有哪些方法

随着技术的进步，视频素材的采集也变得更加方便。对于存储于传统介质（如录像带）上的视频材料，可以通过视频采集卡对其进行处理和压缩后录制到计算机硬盘上，然后通过专门的视频编辑软件进行处理编辑，生成最终供教师使用的数字视频素材。对于现在的数码摄像机，录制的视频本身就以数字视频的形式存储在摄像机的存储卡上。在完成录制后，只需要将其导入计算机，进行必要的编辑处理后就可以为课件所用。

要获取视频片段，可以通过计算机录屏的方式来实现。计算机中的录屏软件能够录制计算机屏幕上的任何动作，包括鼠标动作、对计算机的操作以及屏幕上正在播放的视频或动画等，同时很多软件在录制屏幕时还可以进行录音。因此，使用这些屏幕录制软件能够方便地采集各种视频素材。当前功能比较强大的屏幕录制软件是 Adobe Captivate 和 Camtasia Studio，这两款软件除了能够录制屏幕上的各种动作之外，还可以对录制的画面进行编辑，如裁剪、添加字幕和转场效果等。另外，它们在录制视频的同时还能同步录制声音，也可以在录制完成后添加声音效果。

✍ 巩固练习

1. 要查看 IE 浏览器的缓存文件夹的位置，可以在 IE 浏览器中选择_____命令打开"Internet 属性"对话框的"常规"选项卡。在"Internet 临时文件"栏中单击_____按钮打开"设置"对话框，在_____栏中查看临时文件的位置。

2. 在使用 Windows Movie Maker 对视频进行编辑时，选择_____命令打开"添加或删除视频效果"对话框，在对话框左侧的"可用效果"列表中选择准备使用的效果选项后，单击_____按钮将其添加到右侧列表中，单击"确定"按钮关闭对话框即可为视频添加该效果。

🌊 举一反三

从网络获取"光的直线传播"教学视频，获得该视频后为其添加标题文字。

实验 4 获取动画素材

动画具有比视频更直观、形象和生动的特点，动画摆脱了视频需要摄制的限制，可以根据需要制作。虽然 PowerPoint 具有强大的动画制作功能，但仍需要诸如 Flash 动画这样的动画来表现单纯使用 PowerPoint 所无法实现的效果。本实验将介绍为课件获取 Flash 动画的操作方法。

☞ 实验目标

（1）掌握使用硕思闪客精灵获取 Flash 动画中素材的方法。
（2）掌握从其他幻灯片中获取 Flash 动画的方法。

✍ 实验分析

在课件中使用动画可以起到突出重点并控制资源的呈现方式的作用，同时使用动画也可以增强课件的趣味性，吸引学生的注意。在教学中，物体的运动、事物的变化过程以及事物之间的相互关系都可以使用动画来展现。

PowerPoint 2010 在动画制作方面有所增强，但仍然具有一些局限性，无法满足复杂动画制作的需要，因此在课件中往往需要使用动画素材，这里最常用的就是 Flash 动画。要制作 Flash 动画，最好的工具就是 Adobe 公司的 Flash。Flash 动画的获取方式和视频文件的获取方式相似，可以从网络获取。对于获取的动画资源，有时需要使用其中的某些素材，如图画或声音等。这时，可以使用诸如硕思闪客精灵这样的软件来提取 Flash 动画中的素材。

PowerPoint 中插入 Flash 动画一般有两种方式，一种是链接文件方式，在交付课件时 Flash 动画文件必须跟随演示文稿一起交付，教师可以直接获取动画文件。另一种方式是以嵌入文件的方式将 Flash 动画嵌入到演示文稿中，此时要想获取幻灯片中的动画也很简单，只需要复制该动画后将其粘贴到需要的演示文稿中即可。

🕊 实验过程

任务 1 获取 Flash 动画中的素材

步骤 1 启动硕思闪客精灵，在左侧的"资源管理器"窗格中选择 SWF 文件所在的文件夹。在其下方的窗格中将列出该文件夹中的所有 Flash 文件，选择需要的文件后，在中间的窗格中将能够播放预览选择文件的动画效果，如图 1-4-1 所示。

步骤 2 在"导出"窗格中将分类列出文件中的各种资源，选择某个资源选项后能够在预览窗口中预览该类的所有资源。勾选需要导出的资源，如这里勾选"矢量图"选项，如图 1-4-2 所示。

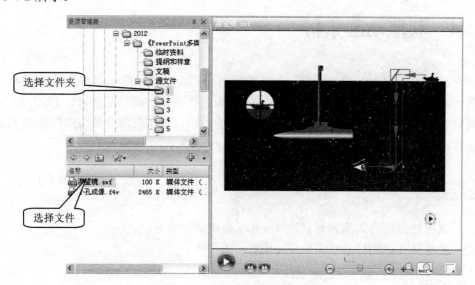

图 1-4-1 选择 Flash 文件

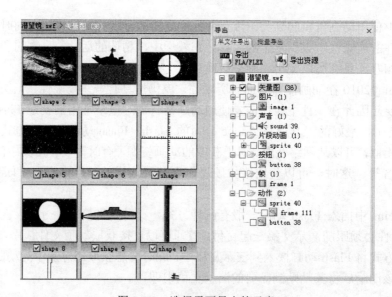

图 1-4-2 选择需要导出的元素

步骤 3 在"导出"窗格中单击"导出资源"按钮 打开"导出资源"对话框，在对话框中设置资源导出后保存的位置以及资源导出时使用何种文件格式，如这里选择 FLA 单选按钮使资源以 fla 文件格式导出，如图 1-4-3 所示。完成设置后单击"确定"按钮即可将选择的资源导出。

任务 2 从 PowerPoint 课件中获取 Flash 资源

步骤 1 启动 PowerPoint 2010 并打开包含 Flash 动画素材的课件，在幻灯片中选择 Flash 动画，按 Ctrl+C 复制，如图 1-4-4 所示。

图 1-4-3 "导出资源"对话框

步骤 2 打开需要使用该动画的演示文稿,选择需要使用该动画的幻灯片,按 Ctrl+V 键将动画粘贴到该幻灯片中,如图 1-4-5 所示。Flash 动画保留了其在原幻灯片中的设置,在演示文稿播放时同样能够放映。

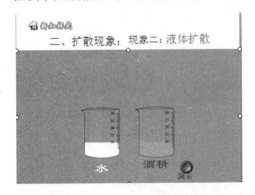 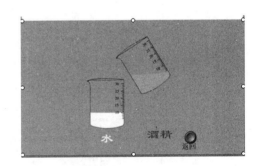

图 1-4-4 选择幻灯片中的 Flash 动画　　　　　图 1-4-5 粘贴 Flash 动画

✉ 实验总结

在课件中使用动画可以更好地突出学习内容的关键特征,减少学习过程中的干扰因素。为了提高课件的制作效率,教师往往需要使用已有的动画或动画中的素材,对于 Flash 动画来说可以使用诸如硕思闪客精灵这类软件来提取其中的图片、声音和按钮等资源。对于嵌入到幻灯片中的动画,可以使用复制粘贴的方式将其应用到其他的幻灯片中,这种方法对 GIF 动画同样适用。

📖 知识积累

1. GIF 动画小常识

GIF 动画分为静态 GIF 和动态 GIF 两种,它们均支持透明背景,同时文件较小,适于网络传播。GIF 动画是将多幅图像保存在一个文件中，这些图像依次连续出现从而获得动画效果。制作 GIF 动画的软件很多，比较著名的有 Ulead Gif Animator。同时，在使用 Flash 制作动画时，也可以将制作完成的动画导出为 GIF 动画的形式。

PowerPoint 2010 对 GIF 动画提供了很好的支持，动态的 GIF 动画能够直接插入到幻灯片中并在放映时保持其动画效果。同时，GIF 动画也能够像普通图像那样添加各种样式的效果，并且能通过复制粘贴的方法将它们应用到其他的课件中。

2．如何使用硕思闪客精灵快速获取 Internet 缓存文件夹中的 Flash 文件

对于嵌入到网页中的 Flash 动画是无法使用关联菜单中的"另存为"命令来保存的，但是它同样可以像声音文件或视频文件那样在 Internet 缓存文件夹中找到它，但当缓存文件夹中文件较多时，查找 Flash 动画文件就比较麻烦，此时可以使用硕思闪客精灵来快速查找。

启动硕思闪客精灵，在"开始"选项卡中单击"收藏夹"按钮，在打开的菜单中选择"Internet 临时文件夹"命令。此时软件将搜索 Internet 缓存文件所在的文件夹，并将文件夹中的 Flash 动画文件列出，用户即可根据查找到的结果寻找自己需要的 Flash 动画文件了，如图 1-4-6 所示。

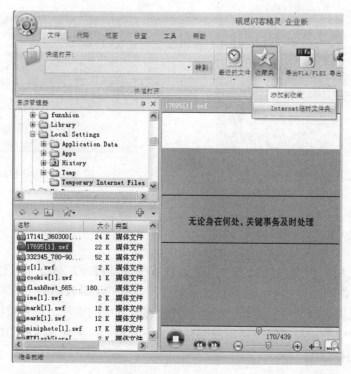

图 1-4-6　查找 Internet 缓存文件夹中的 Flash 动画

✎巩固练习

1．在硕思闪客精灵的_____窗格中选择资源后，单击_____按钮打开"导出资源"对话框,在该对话框中对资源_____和_____等进行设置后,单击"确定"按钮即可将资源导出。

2．在硕思闪客精灵的_____选项卡中单击_____按钮,选择_____命令,呈现将自动搜索 Internet 缓存文件夹中的 Flash 动画文件。

举一反三

尝试将"排气冲程.gif"动画文件转换为 SWF 格式的 Flash 动画文件。

第2章 PowerPoint 课件中的文字

PowerPoint 课件的功能是向学生传递信息，信息的基本表现形式是文字。直观明了的文字是多媒体课件的重要组成部分，一段简洁而富有感染力的文字是制作一张优秀幻灯片的前提。本章将详细介绍幻灯片中输入文本的方法、幻灯片中文本和段落格式的设置技巧、使用大纲视图输入文字的方法以及在幻灯片中插入特殊字符和使用艺术字的方法和技巧。

实验 1　在课件中添加文字——语文课件《社戏》

在一张幻灯片中可以包含多种元素，但幻灯片传递的信息主要依靠文本来表达。在使用 PowerPoint 制作课件时，用户可以采用多种灵活的方式向幻灯片中添加文字，本实验将通过具体的任务来介绍在 PowerPoint 课件中添加文本的方法。

☞ 实验目标

（1）掌握使用占位符输入文字的方法。
（2）掌握使用文本框输入文字的方法。
（3）掌握从外部文档导入文字的方法。
（4）掌握复制外部文字到幻灯片中的方法。

⌒ 实验分析

在幻灯片中输入文字的方法一般是使用占位符和文本框。占位符事先被格式化，添加到占位符中的内容将自动获得这些格式。在使用 PowerPoint 模板建立幻灯片时，PowerPoint 在每张幻灯片上都会提供占位符，这些占位符可用于放置幻灯片标题、正文文本、SmartArt 图形、图表和图片等各种对象。在这里占位符实际上起到了确定幻灯片版式、建议幻灯片主题的作用。文本框是一种可以调整大小并且能够任意移动的文本容器。通过使用文本框，可以在幻灯片中放置多个文字块，并分别设置不同的文字样式。

另外，由于 PowerPoint 并非专业的文字处理软件，如果幻灯片需要的文字格式较为复杂，内容较多的时候，实际上可以从外部字处理软件中导入已经编辑好的文本，或将这些文本复制到幻灯片中，这样将能够有效地提高文字输入的效率。

实验过程

任务 1　使用占位符输入文本

步骤 1　启动 PowerPoint 2010，创建一个新文档，在"设计"选项卡的"主题"组中，单击"其他"按钮，在打开的下拉列表中选择内置主题应用到新建的文档中，如图 2-1-1 所示。

图 2-1-1　应用内置主题

步骤 2　此时在幻灯片中将出现带有虚线边框的方框，方框中有文字说明该方框的作用，这就是占位符。在占位符中单击，即可向其中输入文字，如图 2-1-2 所示。

图 2-1-2　在占位符中输入文字

任务 2　使用文本框输入文本

步骤 1　在"开始"选项卡的"幻灯片"组中单击"新建幻灯片"按钮创建一个新

幻灯片，拖动鼠标框选幻灯片中的占位符，按 Delete 键将它们删除，如图 2-1-3 所示。

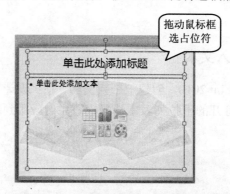

图 2-1-3　选择幻灯片中的占位符

步骤 2　在"插入"选项卡的"文本"组中单击"文本框"按钮上的下三角按钮，在打开的菜单中选择"横排文本框"命令，如图 2-1-4 所示。在幻灯片中单击，在单击点处插入一个文本框，此时即可在文本框中输入需要的文字，如图 2-1-5 所示。

图 2-1-4　选择"横排文本框"命令

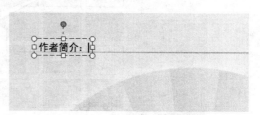

图 2-1-5　创建文本框并输入文本

步骤 3　在"插入"选项卡的"文本"组中单击"文本框"按钮，此时鼠标光标变为十字形。在幻灯片中拖动鼠标绘制一个文本框，此时即可在该文本框中输入文本，如图 2-1-6 所示。

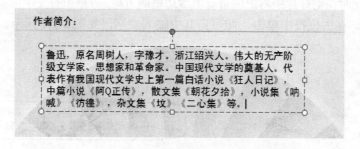

图 2-1-6　在文本框中输入文本

提示：在 PowerPoint 2010 中，创建文本框后需要马上输入文字，若文本框中没有输入文字，在文本框外单击后，文本框将消失。

任务 3　导入外部文档文字

步骤 1　在课件中创建一个新幻灯片，删除其中的占位符。在"插入"选项卡的"文本"组中单击"对象"按钮打开"插入对象"对话框。在对话框中单击"由文件创建"单选按钮。单击"浏览"按钮,如图 2-1-7 所示。

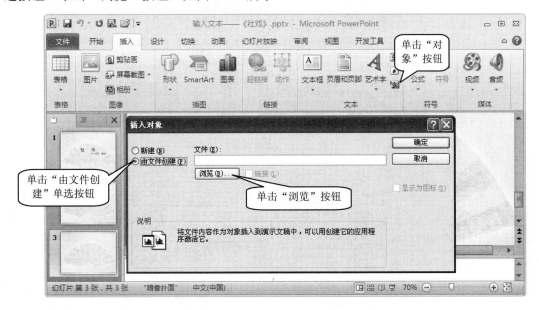

图 2-1-7 "插入对象"对话框

步骤 2 此时将打开"浏览"对话框,在对话框中选择需要导入的文件,如图 2-1-8 所示。

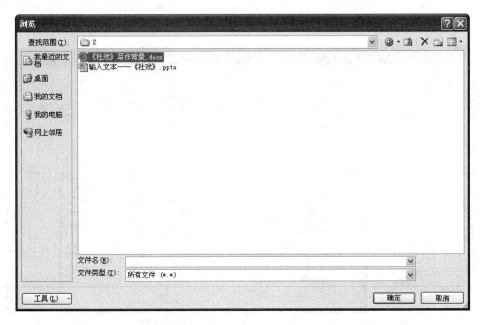

图 2-1-8 在"浏览"对话框中选择需要插入的文件

步骤 3 分别单击"确定"按钮关闭"浏览"对话框和"插入对象"对话框,幻灯片中显示选择文件中的文字内容。此时,拖动对象框上的控制柄能够调整对象框的大小,如

图 2-1-9 所示。同时，拖动对象框可以调整文字在幻灯片中的位置，如图 2-1-10 所示。

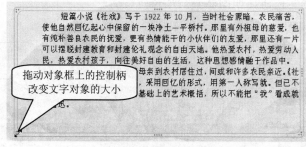

图 2-1-9　调整对象框的大小

题 2-1-10　移动对象框

步骤 4　双击幻灯片中的对象框将进入对象编辑状态，此时可以获得 Word 2010 的操作界面，可以对文字进行编辑修改，如图 2-1-11 所示。完成编辑处理后，在幻灯片上单击即可退出对象编辑状态。

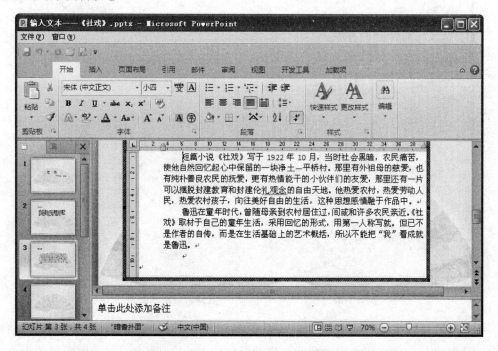

图 2-1-11　对文字对象进行编辑

任务 4　复制外部文档中的文本内容

步骤 1　启动 Word 2010，打开文档。在文档中选择需要的文字内容，按 Ctrl+C 键复制选择的内容，如图 2-1-12 所示。

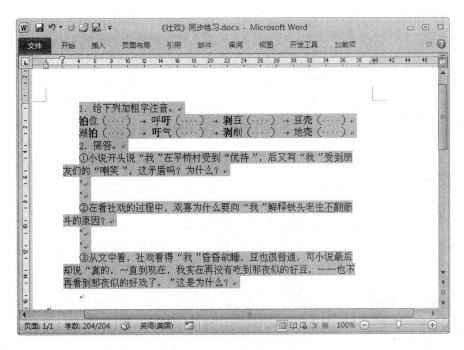

图 2-1-12　选择文字并复制

步骤 2　切换到 PowerPoint，选择目标幻灯片。在"开始"选项卡的"剪贴板"组中单击"粘贴"按钮上的下三角按钮，在打开的菜单中选择"选择性粘贴"命令，如图 2-1-13 所示。此时将打开"选择性粘贴"对话框，在对话框的"作为"列表中选择对象的粘贴方式。这里，选择"Microsoft Office 文档 对象"选项，如图 2-1-14 所示。单击"确定"按钮，关闭"选择性粘贴"对话框，文字内容即被粘贴到幻灯片中，如图 2-1-15 所示。

图 2-1-13　选择"选择性粘贴"命令　　　　图 2-1-14　"选择性粘贴"对话框

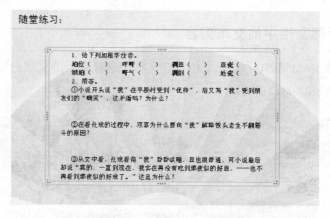

图 2-1-15　完成文本的粘贴

✉ 实验总结

本实验探究的是 PowerPoint 课件中文字的常用输入方法。当需要文字与演示文稿主题风格一致时，使用占位符是一个快捷而省事的输入文字方法，用户在文字输入时不需要考虑文字字体、大小和颜色等样式的设置，只需要输入即可，这无疑提高了课件的制作速度。文本框是幻灯片中文字的载体，使用文本框具有方便灵活的特点，同时用户可以方便地根据需要调整文字的位置，对文字样式进行设计。

如果课件中需要使用大量文字，由于 PowerPoint 的文字处理能力不强，因此可以考虑通过导入外部文档中的文本或复制的方法来进行文字创建。这种方法将文本作为一种已经处理好的素材来使用，避免将大量的时间消耗在文字的输入和格式设置上，从而大大提高课件的制作效率。

📖 知识积累

1．单击创建文本框和绘制文本框的区别是什么

在 PowerPoint 中，文本框是一种可以调整大小并且能够任意移动的文本容器。通过使用文本框，可以在幻灯片中放置多个文字块，并分别设置不同的文字样式。文本框的创建一般有两种方法，一种方法是单击法，即在幻灯片中单击创建文本框。这种方式创建的文本框只作为幻灯片上的一个标记，输入的文本不会自动换行，用户必须使用 Enter 键来换行。第二种方法是拖动鼠标在幻灯片中绘制文本框，这种方式在创建文本框时可以任意绘制文本框的大小，输入文本时文本会根据文本框的大小自动换行。

2．"选择性粘贴"文本框中"作为"列表中各个选项的作用是什么

在通过复制粘贴的方法向幻灯片中粘贴文本对象时，选择"选择性粘贴"命令将打开"选择性粘贴"对话框，其中的"作为"列表中有 6 个选项，如图 2-1-16 所示。在前面实验步骤中，选择的是"Microsoft Office Word 文档 对象"选项。下面介绍其他 5 个选项的

意义。

图 2-1-16 "选择性粘贴"对话框中有 6 个选项

在"选择性粘贴"对话框的列表中选择"图片（增强型图元文件）"或"图片（Windows 元文件）"选项，文字对象将以图片的形式粘贴。此时可以在 PowerPoint 中像图片那样对其进行编辑修改，并添加样式效果，如图 2-1-17 所示。

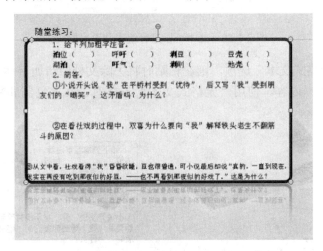

图 2-1-17 添加图片样式效果

选择"HTML 格式"时，如果是图文混排对象，粘贴到幻灯片中的图片和文字将会是独立的对象，不同的段落文本被放置于不同的文本框中，可以直接在幻灯片中对它们分别进行编辑处理。例如，选择一段图文混排的文字段落，如图 2-1-18 所示。复制后以"HTML 格式"粘贴到幻灯片中，粘贴的效果，如图 2-1-19 所示。

 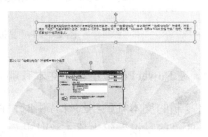

图 2-1-18 选择图文混排的文字段落　　图 2-1-19 以 HTML 格式粘贴后的效果

选择"带格式文本（RTF）"选项，此时复制的对象中的图片、图形和图表等对象将丢失，只粘贴文本内容，粘贴时保留文本中原有的格式。文字放置在文本框中，同样可以在幻灯片中直接进行编辑修改，并进行样式设置，如图 2-1-20 所示。

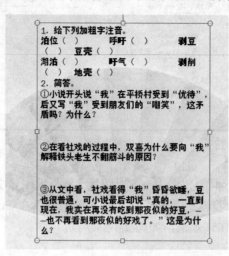

图 2-1-20　文本可以进行编辑并设置样式

如果选择"无格式文本"选项，则在粘贴时将去除文档中诸如字体、字号和段落格式等信息，获得纯文本内容。使用"无格式文本"方式时，文本复制和粘贴前后对比，如图 2-1-21 所示。

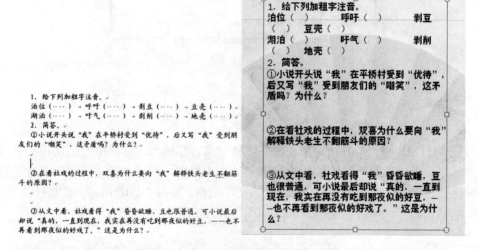

图 2-1-21　复制和粘贴前后文本样式对比

3. 在 PowerPoint 中粘贴文本有哪 4 种方式

将复制的文本粘贴到幻灯片中时，PowerPoint 2010 提供了 4 种粘贴方式。在"文件"选项卡的"剪贴板"组中单击"粘贴"按钮上的下三角按钮，在打开的列表中有 4 个粘贴选项，如图 2-1-22 所示。

图 2-1-22　PowerPoint 2010 提供的 4 个粘贴选项

这里，选择"使用目标主题"选项，文本在粘贴到幻灯片中时将使用与演示文稿主题一致的文本样式。

选择"保留源格式"选项时，文本粘贴到幻灯片中将保留其原有的文本格式。

选择"图片"选项时，文本将以图片的形式粘贴。此时文本变为图片，将无法再进行编辑修改，但是可以像图片那样对其进行处理和设置样式。

选择"只保留文本"选项时，如果是图文混排的文本将丢弃其中的非文本对象，同时文本格式也将丢弃，粘贴到幻灯片中的将只是单纯的文字。

✎巩固练习

1．在 PowerPoint 中，文本框是一种可以调整大小并且能够任意移动的＿＿＿＿，使用单击法创建的文本框，输入的文本不会＿＿＿＿＿。

2．复制文本后，在 PowerPoint 2010 功能区＿＿＿选项卡的＿＿＿组中单击"粘贴"按钮上的下三角按钮，在打开的菜单中选择"选择性粘贴"命令可以打开＿＿＿＿＿对话框。

3．在"粘贴"菜单中，选项表示＿＿＿＿＿，选项表示＿＿＿＿＿，选项表示＿＿＿＿。

✎举一反三

使用合适的方法创建幻灯片标题，并利用多种方法将"实验 1 举一反三素材.docx"中的文本导入到幻灯片中作为幻灯片正文。创建标题并导入正文后的效果，如图 2-1-23 所示。

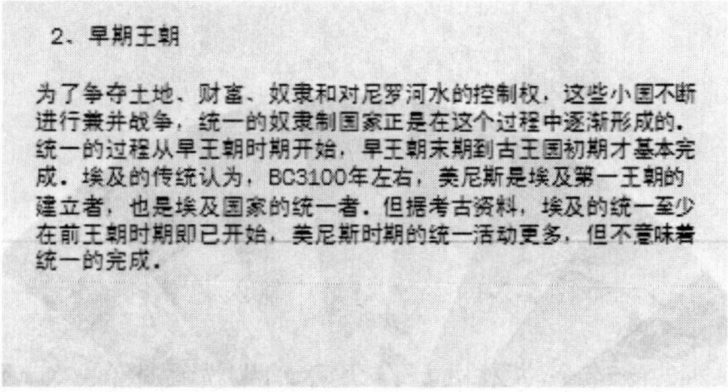

图 2-1-23　创建标题并导入文本后的效果

实验 2　文本格式的设置——求一元二次方程根的填空题

为了使课件更美观，信息传递更清晰，通常需要对文本的格式进行设置。文本格式的设置包括文本的字体、字号和文字颜色等。虽然在幻灯片中应用版式后幻灯片中的文字会具有预定义的格式，但在大多数情况下，仍然需要对文字的格式进行设置以符合课件的个性化要求。

☞ 实验目标

（1）掌握设置文本格式的方法。
（2）掌握设置特殊文本格式的方法。
（3）掌握快速替换文字字体的方法。

⌒ 实验分析

使用 PowerPoint 2010，用户能够很方便地改变幻灯片中文字的字体、字号和颜色，同时为文字添加诸如加黑、阴影和下划线等特殊效果。在功能区的"开始"选项卡的"字体"组中，用户应用其命令按钮和设置框能够实现大部分的文字格式的设置工作。同时，使用"字体"对话框，用户可以对文本格式进行更为细致的设置。另外，在设置文本字体时，可以使用 PowerPoint 提供的"替换字体"功能来快速更改幻灯片中文字的字体。

☆ 实验过程

任务 1　设置文本的格式

步骤 1　打开素材文件（文件路径：配套光盘\素材\2\文本格式的设置——求一元二次方程根的填空题（素材）.pptx），创建一个新的幻灯片。在幻灯片中插入一个横排文本框，在文本框中输入标题，如图 2-2-1 所示。

图 2-2-1　在幻灯片中输入文字

步骤 2　在幻灯片中选择整个文本框，在"开始"选项卡的"字体"组的"字体"下拉列表中选择相应的选项设置文本框中文字的字体。在"字号"下拉列表中选择字号选项设置文字的大小,如图 2-2-2 所示。

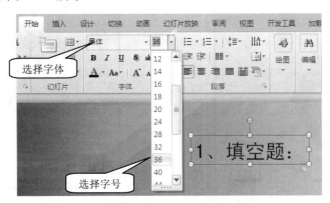

图 2-2-2　设置字体和字号

提示: 在设置字体时,可以在"字体"下拉列表框中直接输入字体名称来设置字体。同样的,如果"字号"下拉列表中没有需要的选项,也可以在下拉列表框中直接输入字号值来设置文字的大小。另外,单击"增大字号"按钮 A˘ 和"减小字号"按钮 A˘ 可以使字号以 4 为步进值增大和减小,这样能够快速更改文字大小。

步骤 3　在"开始"选项卡的"字体"组中单击"字体颜色"按钮旁的下三角按钮,打开"选择字体颜色"列表,选择列表中的某个颜色单击,即可更改文字的颜色,如图 2-2-3 所示。

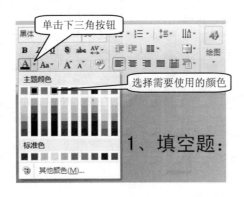

图 2-2-3　设置文字的颜色

步骤 4　如果在"文字颜色"列表中没有需要的颜色,可以单击"其他颜色"选项打开"颜色"对话框,在"标准"选项卡的色盘上单击选择颜色,如图 2-2-4 所示。单击"自定义"标签打开"自定义"选项卡,在选项卡中可以自定义需要的颜色,如图 2-2-5 所示。完成设置后单击"确定"按钮将颜色应用到选择的文字。

提示: "标准"选项卡中的色盘是一个六边形,中间为浅色,向边界的颜色逐渐加深。在对话框右下角是一个颜色对比栏,上方显示新增的颜色,下方将显示原来的颜色。

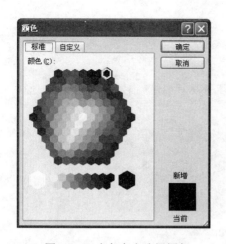

图 2-2-4　在色盘上选择颜色

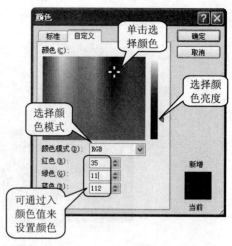

图 2-2-5　自定义颜色

步骤 5　在"字体"组中单击"字符间距"按钮旁的下三角按钮,在打开的菜单中勾选相应的选项,可以更改文本的间距,如图 2-2-6 所示。在打开的菜单中选择"其他间距"命令,会打开"字体"对话框的"字符间距"选项卡。在选项卡中可以对字符间距进行设置,如图 2-2-7 所示。

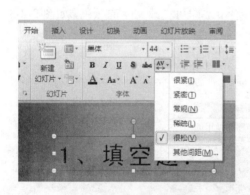

图 2-2-6　设置字符间距

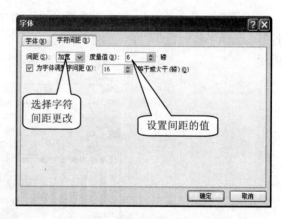

图 2-2-7　设置字符间距值

任务 2　设置文字的特殊格式

步骤 1　在幻灯片中添加一个文本框,在文本框中输入式子和文字,如图 2-2-8 所示。

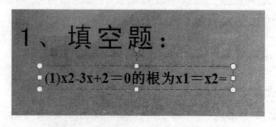

图 2-2-8　在文本框中输入式子和文字

步骤 2　在文本框中选择第一个 x 右侧的数字 2，在"开始"选项卡的"字体"组中单击"字体"按钮打开"字体"对话框。在对话框的"字体"选项卡中勾选"上标"复选框，在右侧的"偏移量"微调框中输入数值设置上标的偏移量，如图 2-2-9 所示。完成设置后，单击"确定"按钮关闭对话框，数字变为上标，成为字母 x 的指数，如图 2-2-10 所示。

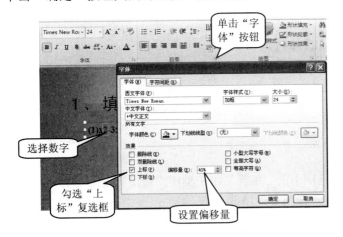

图 2-2-9　设置上标　　　　　　　　　图 2-2-10　获得指数

步骤 3　在文本框中选择"x1"右侧的数字 1，打开"字体"对话框。在对话框的"字体"选项卡中勾选"下标"复选框，同时在"偏移量"微调框中输入数值设置下标的偏移量，如图 2-2-11 所示。完成设置后，单击"确定"按钮关闭对话框，数字 1 成为字母 x 的下标。使用相同的方法将式子中"x2"的数字 2 也设置为下标，如图 2-2-12 所示。

图 2-2-11　设置下标　　　　　　　　　图 2-2-12　完成下标设置后的效果

步骤 4　在文本框中将插入点光标放置在"＝"与"x"之间，单击"字体"按钮打开"字体"对话框。在"字体"选项卡的"下划线线型"下拉列表中选择下划线的线型，在"下划线颜色"列表中选择应用于下划线的颜色，如图 2-2-13 所示。完成设置后，单击"确定"按钮关闭对话框，在文本框中输入空格，即可在插入点光标处获得下划线，如图 2-2-14 所示。

提示：在添加下划线时，如果不需要设置下划线的线型和颜色，可以直接在"开始"选项卡的"字体"组中单击"下划线"按钮 **U** 使其处于按下状态，输入的文字即可添加下划线。再次单击该按钮取消其按下状态，将能去掉文字的下划线。

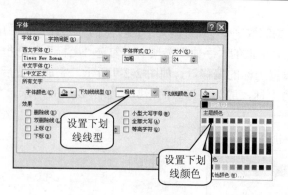

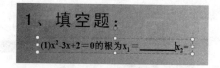

图 2-2-13　设置下划线　　　　　　　　　图 2-2-14　添加下划线

任务 3　快速替换文字字体

步骤 1　在功能区中的"开始"选项卡的"编辑"组中单击"替换"按钮上的下三角按钮，在菜单中选择"替换字体"命令，如图 2-2-15 所示。

图 2-2-15　选择"替换字体"命令

步骤 2　此时将打开"替换"字体对话框，在对话框中的"替换"下拉列表框中选择需要替换的字体，在"替换为"下拉列表框中选择替换为的字体，如图 2-2-16 所示。单击"替换"按钮，则公式中字母的字体由 Times New Roman 转换为"黑体"，如图 2-2-17 所示。

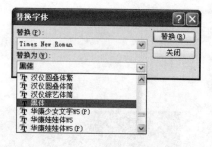

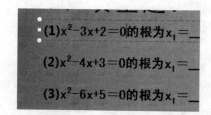

图 2-2-16　"替换字体"对话框　　　　　　图 2-2-17　幻灯片中字体被替换

> **提示**：使用这种方式更改字体，能够直接将演示文稿中所有符合条件的字体替换为需要的字体，避免了寻找和反复选择文字的麻烦，极大地提高了效率。在需要大量更改幻灯片某些特定文字的字体时，这种方法十分有效。

实验总结

通过这一节的实验，读者能够掌握课件中对文字字体、大小和颜色等进行设置的操作方法。同时，用户还会了解到使用"字体"对话框为文本添加下划线以及上下标的操作技巧，帮助用户在制作课件时快速输入指数和下标。通过实验，读者也能掌握使用替换字体的方法来批量设置特定文字字体的方法。

知识积累

1. 如何在幻灯片中选择文本

文本要进行编辑，首先必须被选择。文本的选择包括选择文本和选择文本框，而文本框中的文本包括文字、词和段落，根据需要选择的对象的不同，有不同的选取方法。

将鼠标移到幻灯片中的文字上时，光标变为"I"形。在需要选择的文字前单击，进入文字编辑状态。按住鼠标左键拖到鼠标到需要选取的最后一个文字上，释放鼠标。此时鼠标拖过的文字将被选择，被选取的文字将反白显示，如图 2-2-18 所示。

图 2-2-18　拖动鼠标选择文字

在文本框中双击鼠标，可选择双击点处的语意完整的一个词语，如图 2-2-19 所示。

图 2-2-19　双击选择词语

在文本框的段落中三击鼠标，可以选择三击点所在的整个段落，如图 2-2-20 所示。

图 2-2-20　三击选择整个段落

在文本框的边框上单击，文本框变为实线框，文本框被选择，此时文本框中所有的文本也同时被选择，如图 2-2-21 所示。

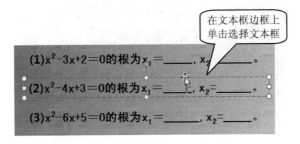

图 2-2-21　选择文本框

按 Shift 键依次单击文本框，将能够同时选择多个文本框，如图 2-2-22 所示。在同时选择多个文本框后，按 Shift 键单击某个选择的文本框，该文本框将取消选择。如果插入点关闭在文本框内，按 Ctrl+A 键将选择文本框中所有的文本。在幻灯片中按 Ctrl+A 键将能选择幻灯片中的所有对象，包括文本框、占位符和图形等。

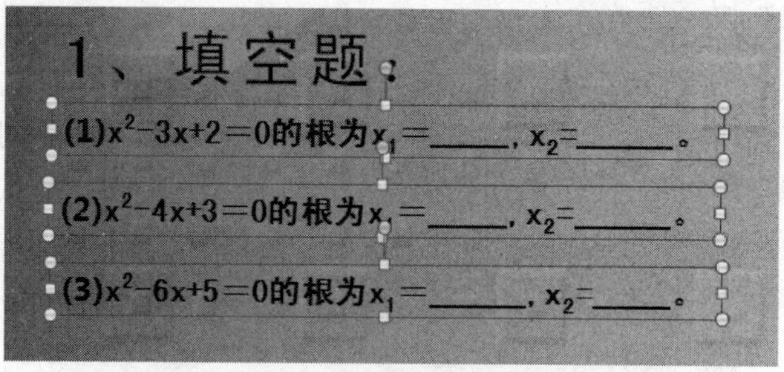

图 2-2-22　同时选择多个文本框

2．如何移动文本

在幻灯片中，移动文本框即可移动文本框中的文字。如果需要移动文本框中的文字，可以在文本框中选择需要移动的文字，将鼠标移动到选择的文字上后按住鼠标左键移动鼠标至文本框中目标位置，此时目标位置处会出现输入点光标，如图 2-2-23 所示。释放鼠标，选择的文字将被移动到输入点光标处。

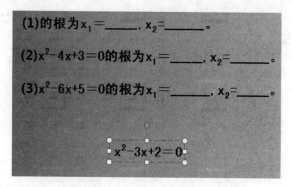

图 2-2-23　移动文本

如果使用鼠标将文本框中被选择文字拖出了文本框，则 PowerPoint 会自动为文字创建一个文本框，如图 2-2-24 所示。

图 2-2-24　文字移出原来的文本框

3．文本格式能够复制吗？

PowerPoint 的"格式刷"是一种快速复制格式的工具。在幻灯片中，可以使用"格式刷"复制文本格式并将格式应用到其他文本，这里的格式既可以是文本格式，也可以是段落格式。

选择已经设置了格式的文本，在"开始"选项卡的"剪贴板"组中单击"格式刷"按钮 ，使用格式刷拖过需要设置格式的文本，如图 2-2-25 所示。则刷过的文本具有与选择文本相同的格式。

图 2-2-25　复制文本格式

将插入点光标放置到某个段落中，单击"格式刷"按钮 ，在另一个段落中单击，则该段落将具有与插入点光标所在段落相同的格式。

双击"格式刷"按钮，使用和上面相同的拖动鼠标的方法，可以多次将复制的文本格式应用到多段不同的文字上。此时如果需要取消格式的复制，只需按 Esc 键即可。

巩固练习

1．要对上标的位置进行设置，可以在_____对话框的_____选项卡的____微调框中输入数值来进行设置。

2．要设置文字下划线的样式，可以在"字体"对话框的"字体"选项卡中的_____下拉列表中选择线型，在_____列表中设置下划线的颜色。

3．在文本框中双击鼠标可以_____；单击鼠标可以_____；按 Ctrl+A 键将_____。

举一反三

利用学过的知识在幻灯片中输入文字，并对文字的样式进行设置。幻灯片中的文字效果如图 2-2-26 所示。

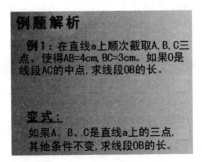

图 2-2-26　设置文字样式

实验 3　设置段落格式——三峡之秋

幻灯片中文本段落格式的设置，主要包括段落行间距的设置、段落缩进的设置以及添加项目符号和编号等方面的问题。下面以语文课件《三峡之秋》的学习目标页面的制作为例来介绍设置段落格式的相关要点。

☞实验目标

（1）掌握在段落中使用项目编号的方法。
（2）掌握设置段落对齐方式的方法。
（3）掌握调整段落段间距和行间距的方法。

∽实验分析

在课件中使用项目编号，能够使幻灯片中的文本更有条理，同时能使文本富有层次感，利于观众理解。在幻灯片中，项目编号是以段落为单位的，段落指的是两个回车符之间的文本，段落是文本编排的基本单位，可能是单行文字也可能是多行文字。在 PowerPoint 中，段落的对齐主要是调整文本在文本框中的排列方式，一般是调整段落边缘的对齐方式。段落对齐操作包括段落在文本框左右方向的对齐和在文本框垂直方向的对齐设置。在段落中，行间距决定段落内各行间的垂直距离，段落间距决定了文本对象段落间的距离，这个间距能够改变一个段落前后空出的距离。

✌实验过程

任务 1　使用项目编号

步骤 1　启动 PowerPoint 2010，打开素材文件(文件路径：配套光盘\素材\2\设置段落格式——三峡之秋（素材）.pptx)。选择正文所在的文本框，单击"开始"选项卡中"编号"按钮旁的下三角按钮。在打开的菜单中单击"项目符号和编号"命令，如图 2-3-1 所示。

　　提示：如果不需要对项目编号进行设置，可以直接在"项目编号"菜单中选择相应的选项将其应用到段落中。

步骤 2　此时将打开"项目符号和编号"对话框，在对话框中打开"编号"选项卡。在列表中选择需要使用的项目编号，同时对编号进行设置。这里设置编号的颜色，如图 2-3-2 所示。完成设置后单击"确定"按钮即可将项目编号应用到段落中，如图 2-3-3 所示。

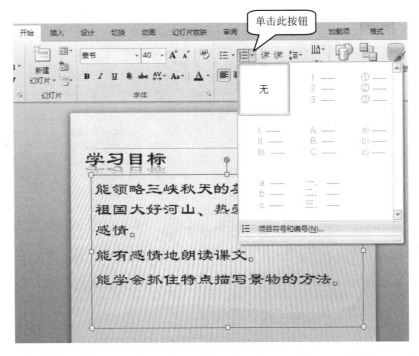

图 2-3-1　选择"项目符号和编号"命令

图 2-3-2　选择项目编号并进行设置

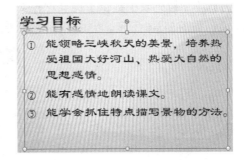

图 2-3-3　项目编号应用到段落中

提示：PowerPoint 中默认的起始编号是从 1 开始，在"起始编号"微调框中输入数值，可以更改编号的起始数字。这里，在"大小"微调框中输入数值可改变编号的大小，其值表示编号相对于文字高度的百分比。

任务 2　设置段落的对齐方式

步骤 1　选择幻灯片中的文本框，在"开始"选项卡的"段落"组中单击"两端对齐"按钮，文本框中的文字将自动对文字间距进行调整，使文字在文本框左右两端均对齐，如图 2-3-4 所示。

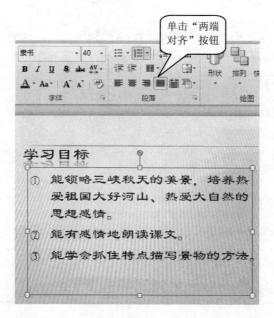

图 2-3-4 文本在文本框中两端对齐

提示：PowerPoint 2010 提供了"文本左对齐" 、"居中" 、"文本右对齐" 和"两端对齐" 这几种对齐方式。如果将输入点光标放置于文本框的一个段落中，单击各个对齐按钮，将只对输入点光标所在的段落进行对齐操作。

步骤 2 单击"对齐文本"按钮上的下三角按钮，在菜单中选择"其他选项"命令，如图 2-3-5 所示。此时将打开"设置文本效果格式"对话框的"文本框"选项，在"垂直对齐方式"下拉列表中提供了比"对齐文本"按钮菜单更多的设置项。这里选择"中部居中"选项，如图 2-3-6 所示。完成设置后的段落效果如图 2-3-7 所示。

图 2-3-5 选择"其他选项"命令

图 2-3-6 设置垂直对齐方向

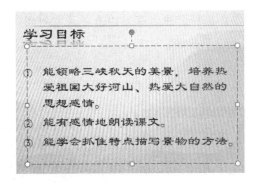

图 2-3-7　完成设置后的段落效果

🀄提示：文本垂直方向的对齐操作针对的是文本框中所有段落，无法只对输入点光标所在的段落进行单独操作。

任务 3　调整段落间距和行间距

步骤 1　选择需要调整段间距段落文本，单击"开始"选项卡的"段落"组的"段落"按钮打开"段落"对话框。在"缩进和间距"选项卡下的"间距"栏中设置"段前"和"段后"值，如图 2-3-8 所示。单击"确定"按钮关闭"段落"对话框。

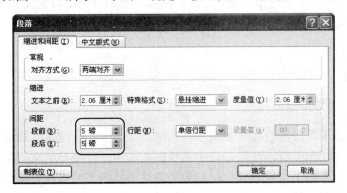

图 2-3-8　设置段落间距

🀄提示：在"间距"栏中，"段前"微调框用于设置当前段落和前一段落间的距离。如果前一段落已经设置了"段后"值，则当前段落的第一行文字与上一段落的最后一行文字间的距离是这两个值的和。"段后"微调框用于设置当前段落和下一段落间的距离，设置规则与"段前"一样。

步骤 2　在"行距"后的下拉列表中选择行距的设置方式，如这里选择"固定值"。在其后的"设置值"微调框中输入数值设置行间距，如图 2-3-9 所示。完成设置后单击"确定"按钮关闭对话框，此时文本框中的段落效果如图 2-3-10 所示。

🀄提示：如果选择"多倍行距"选项，当设置值为 1 时，表示保持当前行间距。设置值大于 1，将增大行间距，此值为行间距的增大倍数。当设置值小于 1 时，将减小行间距。另外，在"开始"选项卡的"段落"组中单击"行间距"按钮可打开下拉菜单，在菜单中选择其中数字可以直接设置行间距。

图 2-3-9　设置行距

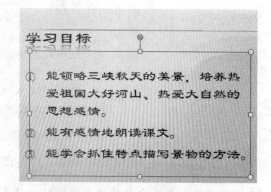

图 2-3-10　完成设置后的效果

✉ 实验总结

PowerPoint 2010 "开始"选项卡的"段落"组中提供了对文本段落进行设置的常用命令，使用功能区中的按钮，可以直接设置段落的对齐方式、为段落添加项目符号和编号以及设置段落的行距等。如果希望对缩进、行距和段落间距等进行自定义设置，则可以在"段落"对话框中进行设置。

📖 知识积累

1．如何为段落添加项目符号

在实验中介绍了为段落添加数字编号的方法，实际上，为段落添加项目符号的方法与添加数字编号的方法相类似。在幻灯片中选择需要添加项目符号的文本框，在"开始"标签的"段落"组中单击"项目符号"按钮旁的下三角按钮。在打开的菜单中选择相应的选项，可以直接将该项目符号应用到段落中，如图 2-3-11 所示。

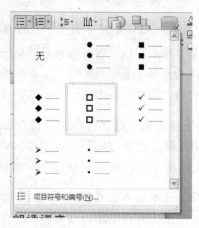

图 2-3-11　选择项目符号

在打开的"项目符号和编号"对话框中选择列表中的选项,并对选择的符号的大小和颜色进行设置,如图 2-3-12 所示。单击"自定义"按钮,将打开"符号"对话框,在"字体"下拉列表框中选择一种带有符号的字体,该字体所对应的列表中选择需要使用的符号,如图 2-3-13 所示。单击"确定"按钮即可将选择的符号作为项目符号。

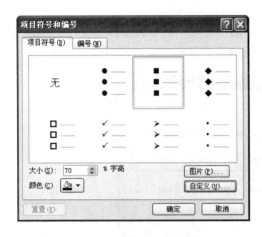

图 2-3-12 选择项目符号　　　　　　　　　图 2-3-13 自定义项目符号

在"项目符号和编号"对话框中单击"图片"按钮,可打开"图片项目符号"对话框。单击对话框中的选项,可直接将选择的图片用作项目符号,如图 2-3-14 所示。单击"导入"按钮可打开"将剪辑添加到管理器"对话框,使用该对话框选择图片文件后单击"添加"按钮,如图 2-3-15 所示。此时可将图片添加到"图片项目符号"对话框的列表中,从而能够将图片作为项目符号使用。

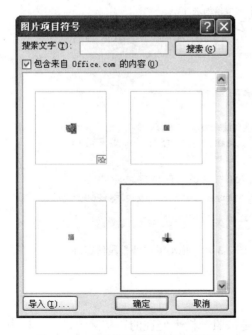

图 2-3-14 "图片项目符号"对话框　　　　图 2-3-15 "将剪辑添加到管理器"对话框

2. 文本框中的段落能设置缩进量吗？

与 Word 文档中的段落一样，PowerPoint 文本框中的段落同样可以设置段落缩进。设置段落缩进一般有两种方法。

在幻灯片中选择文字段落，在"开始"标签中单击"段落"组中的"段落"按钮，打开"段落"对话框。在"缩进和间距"选项卡中的"缩进"栏中设置段落文本的缩进方式，如图 2-3-16 所示。单击"确定"按钮关闭"段落"对话框即完成段落缩进的设置。

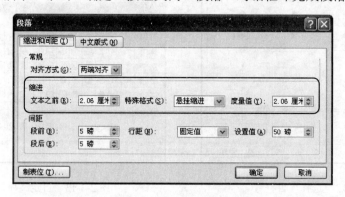

图 2-3-16　设置段落缩进

在"视图"选项卡的"显示"组中勾选"标尺"复选框可使用 PowerPoint 水平标尺和垂直标尺，如图 2-3-17 所示。在文本框中将插入点光标放置到段落中，此时与 Word 中一样，可以通过拖动水平标尺上的滑块来对段落的缩进量进行调整，如图 2-3-18 所示。

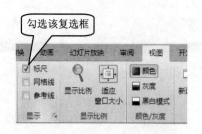

图 2-3-17　勾选"标尺"复选框

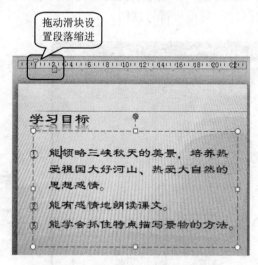

图 2-3-18　拖动滑块调整段落缩进

3. 文本框中的段落能够分栏吗？

在默认情况下，PowerPoint 在创建文本时都是按照一栏来处理的。实际上，文本框中的文本同样是可以进行分栏处理的，在 PowerPoint 中可以自定义分栏数和栏间距。

在幻灯片中选择文本框，单击"开始"选项卡"段落"组中"分栏"按钮旁的下三角按钮。在打开的菜单中单击"更多栏"选项，如图 2-3-19 所示。此时将打开"分栏"对话框，在对话框的"数字"微调框中输入栏数，在"间距"微调框中输入栏间距，如图 2-3-20 所示。单击"确定"按钮关闭"分栏"对话框，文本框中的文字根据设置分栏，如图 2-3-21 所示。

图 2-3-19 选择"更多栏"命令

图 2-3-20 "分栏"对话框

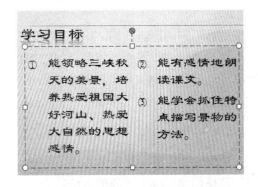

图 2-3-21 文本框中段落按设置分栏

巩固练习

1. PowerPoint 中默认的编号从____开始，在"项目符号和编号"对话框的_____微调框中输入数值，可以更改编号的起始数字。

2. 在"段落"对话框的"缩进和间距"选项卡中，"间距"栏的"段前"微调框用于设置_____和_____之间的距离，而"段后"微调框用于设置_____和_____间的距离。

3. 在"段落"对话框的"缩进和间距"选项卡中，如果选择"多倍行距"选项，当设置值为 1 时，表示_____。设置值大于 1，将增大行间距，此值为_____。

举一反三

利用段落设置的知识，制作语文课件中的"背景介绍"页面，页面效果如图 2-3-22 所示。

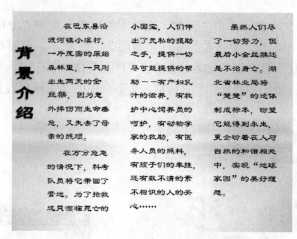

图 2-3-22　制作"背景介绍"页面

实验 4　创建大纲——细胞和组织

在课件中，展示的文字具有不同的层级结构，同时为不同层级的文字添加编号或项目符号，这样能够使文字清晰直观地传达知识要点和要点间的相互关系。这种层级结构就是所谓的大纲，在 PowerPoint 中，使用大纲视图能够方便地创建各种结构的大纲。

☞ 实验目标

（1）掌握使用"大纲"窗格创建大纲主标题的方法。
（2）掌握使用"大纲"窗格创建层级小标题的方法。
（3）掌握对大纲进行设置的方法。

◠ 实验分析

PowerPoint 的大纲视图能够将幻灯片的文字内容简化为一系列的标题，每个标题可以带有下级子标题，子标题下还能拥有层次小标题。在这种模式下，文本间的层次关系一目了然。在大纲视图中添加文本时，PowerPoint 会根据不同的层级关系自动设置不同程度的左缩进，并自动生成不同级别的项目符号。使用 PowerPoint 创建大纲，可以在"普通视图"的"大纲"窗格中进行。

✐ 实验过程

任务 1　创建大纲主标题

步骤 1　启动 PowerPoint 2010，在"视图"选项卡的"演示文稿视图"组中单击"普通视图"按钮进入普通视图状态,单击"幻灯片"窗格上的"大纲"标签打开"大纲"窗格,如图2-4-1所示。

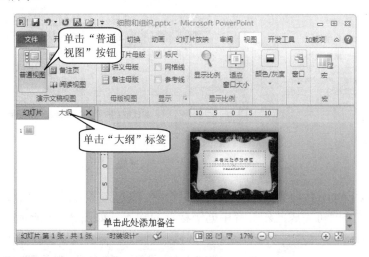

图2-4-1 打开"大纲"窗格

步骤2 在"大纲"窗格中显示的第一张幻灯片图标旁单击,输入演示文稿的主标题。此时在幻灯片中的主标题占位符中出现输入的标题文字,如图2-4-2所示。

图2-4-2 输入主标题

步骤3 完成标题文字输入后按Enter键在演示文稿中创建一个新的幻灯片。在"大纲"窗格中接着输入此幻灯片的标题,如图2-4-3所示。

图2-4-3 添加第二张幻灯片并输入标题

任务2 添加层次小标题

步骤1 将输入点光标放置于"大纲"窗格中最后一张幻灯片的主标题文字末尾。按Enter

键创建一个新幻灯片。按 Tab 键将创建的幻灯片删除，同时产生一个项目符号，此时输入文字即可创建当前幻灯片主标题下的第一级小标题，如图 2-4-4 所示。

图 2-4-4　输入第一级标题

步骤 2　按 Enter 键，将添加同级别的项目符号，输入文字可得到相同级别层次的文字。重复相同的操作，即可完成此幻灯片中同级标题的输入，如图 2-4-5 所示。

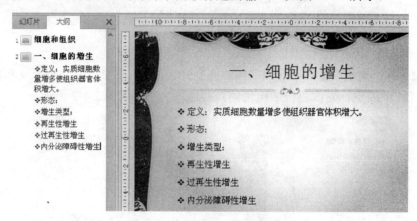

图 2-4-5　继续输入同级标题

步骤 3　在完成一段文字的输入后，按 Enter 键，在下一行将会出现同级的项目符号。此时，按 Tab 键删除这个项目符号，同时将生成下一级的子项目符号。采用上面介绍输入文字可获得下级子项目文本，如图 2-4-6 所示。

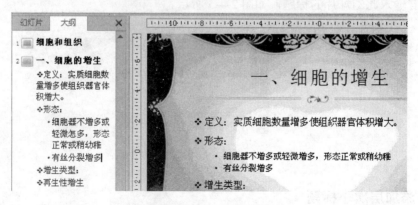

图 2-4-6　输入下一级标题

任务 3 对文字大纲进行设置

步骤 1 在"大纲"窗格中选择文本后鼠标右击,在关联菜单中选择"降级"命令,如图 2-4-7 所示。此时选择的文字将在大纲中降低一级,如图 2-4-8 所示。

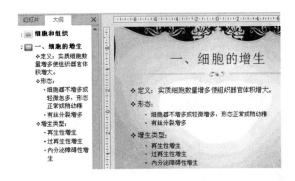

图 2-4-7 选择"降级"命令　　　　　　　　图 2-4-8 选择文字降低一级

提示：如果选择关联菜单中的"升级"命令,选择的文本将在大纲中上升一级。如果选择的文本本身是第二级标题,则 PowerPoint 2010 会自动添加一张幻灯片,选择的文本成为该幻灯片主标题。

步骤 2 在大纲文字中右击,选择关联菜单中的"折叠"|"全部折叠"命令,如图 2-4-9 所示。此时,大纲将在"大纲"窗格中折叠显示,如图 2-4-10 所示。

图 2-4-9 选择"全部折叠"命令　　　　　　图 2-4-10 大纲折叠显示

提示：在关联菜单中选择"上移"命令或"下移"命令,能够使选择的标题在"大纲"窗格中向上移动或向下移动。在关联菜单中选择"折叠"选项下的"折叠"命令可使当前幻灯片中的文字项目隐藏。选择"折叠"选项下的"全部折叠"命令,"大纲"窗格中所有幻灯片都将收缩显示,即只显示幻灯片而不再显示其下的文字大纲内容。而"展开"选项下的"展开"命令和"全部展开"命令与"折叠"选项下命令的作用正好相反。

步骤 3 将插入点光标放置到"大纲"窗格的某个标题中,在"开始"选项卡的"段落"组中单击"编号"按钮上的下三角按钮。在打开的菜单中选择项目编号,如图 2-4-11 所示。此时可以为大纲标题添加项目编号,如图 2-4-12 所示。

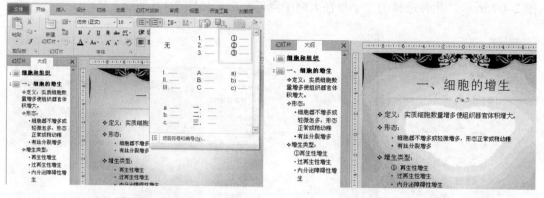

图 2-4-11　选择项目编号　　　　　　　图 2-4-12　大纲标题添加了项目名编号

实验总结

本实验介绍了利用"大纲"窗格在幻灯片中创建大纲的方法。PowerPoint 课件中的文字不宜过多,构建具有层级结构的大纲是课件中利用文字传达教学要点的一个好办法。PowerPoint 中使用"大纲"窗格创建大纲是十分便捷的,用户可以方便地创建各种层级结构,对创建完成大纲的结构进行调整,并随意修改大纲的项目符号或编号。

知识积累

1. 如何设置大纲文字的样式

大纲文字的样式设置包括对文字的字体、颜色和大小的设置,也包括对文字段落样式的设置。其设置方式与文本框中文字样式的设置方法相同。在设置时,可以直接在幻灯片中选择文字文本框或需要设置的部分文字,也可以在"大纲"窗格中框选择需要设置的文字。完成文字选择后,可以使用"开始"选项卡"字体"和"段落"组中的命令按钮来进行样式设置,也可以使用出现的浮动面板来进行设置,如图 2-4-13 所示。

图 2-4-13　使用浮动面板设置文字样式

2. 如何使用"大纲"窗格创建标题幻灯片的副标题

在 PowerPoint 中创建新演示文稿时,默认情况下第一张幻灯片是标题幻灯片。此时,在"大纲"窗格中创建的标题即为标题幻灯片的主标题,如图 2-4-14 所示。

图 2-4-14　标题幻灯片中的主标题

按 Enter 键将在"大纲"窗格中创建一个新的大纲主标题,同时将添加一个新的幻灯片。在此幻灯片中输入标题幻灯片的副标题,如图 2-4-15 所示。此时按 Tab 键或鼠标右击后选择关联菜单中的"降级"命令即可将其变为前一个主标题的下级标题,此标题即为标题幻灯片的副标题。文字将自动输入到副标题占位符中,并且具有副标题占位符中的文字样式,如图 2-4-16 所示。

图 2-4-15　创建新的大纲主标题

图 2-4-16　获得副标题

巩固练习

1. 在"大纲"窗格中,要创建平级的标题,应该按_____键,如果需要使当前的标题降级,应该按_____键。

2. 在"大纲"窗格中的标题上鼠标右击,在关联菜单中选择_____命令能够使选择的标题在窗格中向上移动。在关联菜单中选择"折叠"选项下的"折叠"命令可使当前幻灯片中的文字项目_____。

举一反三

使用"大纲"窗格制作幻灯片,幻灯片效果如图 2-4-17 所示。

图 2-4-17 制作幻灯片

实验 5　在课件中使用公式——一元二次方程的求根公式

在制作课件，特别是理科课件时，少不了要在幻灯片中输入公式。PowerPoint 2010 相对于以前的版本，公式的输入更为简单快捷。下面就通过在课件中输入一元二次方程的求根公式为例来介绍在 PowerPoint 2010 幻灯片中插入公式的操作方法。

☞实验目标

（1）掌握向幻灯片中插入公式的方法。
（2）掌握对公式进行设置的方法。

实验分析

公式是理科课件中常见的内容，以往在课件中使用公式一般使用插入对象方法或使用绘图工具绘制公式的方法。这两种方法都存在着操作复杂且获得的公式对象的样式不容易设置的缺点。PowerPoint 2010 公式的功能得以增强，课件制作者可以直接利用功能区中的命令来创建公式，并且创建的公式以文本对象的形式存在，用户可以像操作文本框那样对其进行设置，如改变公式文字大小、颜色以及为公式添加样式效果来美化公式等。

实验过程

任务 1　在幻灯片中创建公式

步骤 1　启动 PowerPoint 2010，打开素材文件（文件路径：配套光盘\素材\2\在课件中使用公式——用公式法解一元二次方程的步骤（素材）.pptx）。在"插入"选项卡中的"符号"组中单击"公式"按钮，如图 2-5-1 所示。在功能区中将打开"公式工具"的"设计"选项卡，幻灯片中将插入一个公式文本框，如图 2-5-2 所示。

图 2-5-1　单击"公式"按钮

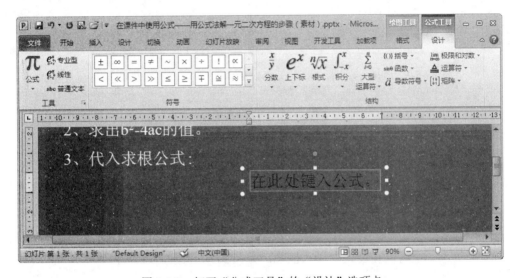

图 2-5-2　打开"公式工具"的"设计"选项卡

步骤 2　在文本框中输入字母"x"，在"符号"组中单击"＝"选项输入等号，如图 2-5-3 所示。

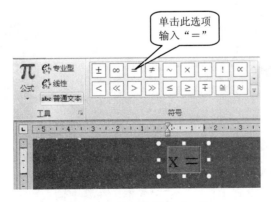

图 2-5-3　输入字母和"＝"

步骤 3　在"设计"选项卡的"结构"组中单击"分数"按钮，在打开的列表中选择需要使用的分数模板，如图 2-5-4 所示。此时在文本框的公式中插入分数线，如图 2-5-5 所示。按"←"键将插入点光标放置到分数的分子位置，在分子位置输入"–b±"，如图 2-5-6 所示。

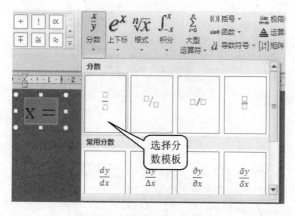

图 2-5-4　选择分数模板

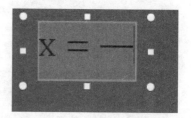

图 2-5-5　插入分数线

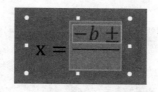

图 2-5-6　输入"–b±"

步骤 4　在"结构"组中单击"根式"按钮，在打开的列表中选择需要使用的根式模板，如图 2-5-7 所示。此时，在公式中插入根号，如图 2-5-8 所示。

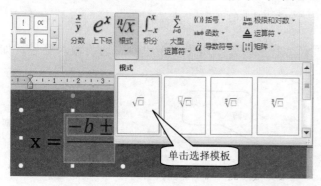

图 2-5-7　选择根式模板

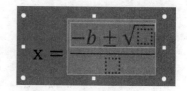

图 2-5-8　添加根号

步骤 5　按"←"键将插入点光标放置到根号内，单击"上下标"按钮，在打开的下拉列表中选择"上标"模板，如图 2-5-9 所示。按"左键"选择上标的底部输入框，在其中输入字母"b"，按"→"键选择上标所在的输入框，在其中输入数字"2"，如图 2-5-10 所示。

提示：这里也可以选择"常用的下标和上标"栏中的"上下标"模板，输入"x²"，然后按"←"键选择字母"x"，将其替换为需要的字母"b"即可。

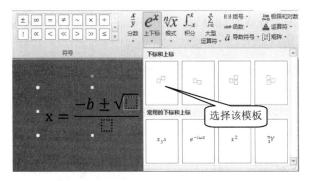

图 2-5-9　选择"上标"模板

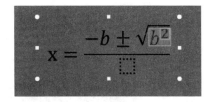

图 2-5-10　分别输入字母和数字

步骤 6　按"→"键将插入点光标放置到根号中,接着输入"–4ac",如图 2-5-11 所示。按"↓"键将选择分母中的输入框,在其中输入"2a",如图 2-5-12 所示。至此,一元二次方程的求根公式输入完成。

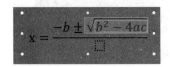

图 2-5-11　输入根号中的其他字符

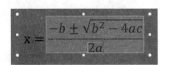

图 2-5-12　输入公式中的分母

> 提示:PowerPoint 2010 的公式编辑器中内置了一些常用的公式,如本实验中的一元二次方程的求根公式。有一个"二次公式"选项,这个公式就是本实验的求根公式,选择该选项就可以在幻灯片中直接插入该公式了。实际上,在"公式工具"的"设计"选项卡中,"工具"组中有一个和"插入"选项卡一样的"公式"按钮,该按钮的下拉列表中也有"二次公式"选项。

任务 2　设置公式样式

步骤 1　选择公式所在的文本框,拖动文本框将其放置到幻灯片中合适的位置。使用"开始"选项卡的"字体"组中命令按钮设置公式的样式,如这里对公式文字的大小和颜色进行设置,如图 2-5-13 所示。

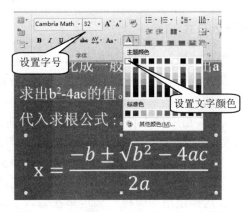

图 2-5-13　设置公式中文字的大小和颜色

步骤 2 打开"格式"选项卡，对公式的样式进行设置。如这里对公式应用 PowerPoint 2010 自带的艺术字样式，如图 2-5-14 所示。

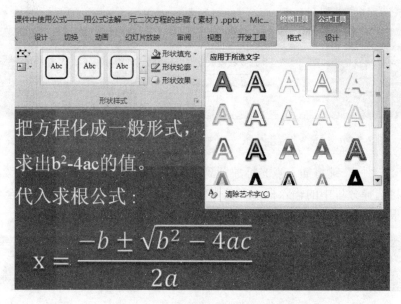

图 2-5-14　对公式应用艺术字样式

✉ 实验总结

本实验介绍了在 PowerPoint 2010 幻灯片中插入公式的一般操作方法，通过实验，读者将掌握使用 PowerPoint 2010 创建公式和设置公式样式的操作方法。在 PowerPoint 2010 中，公式的创建可以直接使用功能区的命令按钮来实现，同时由于公式是放在文本框中，因此用户可以直接像普通文本那样对公式的样式进行设置。这不仅使创建复杂公式更为容易，也使课件制作者能够创建更为符合课件整体风格的公式，使课件获得更好的效果。

📖 知识积累

1. 如何以对象的形式插入公式

实际上，PowerPoint 自带了功能强大的公式编辑器，能够在幻灯片中创建统计、数学以及微积分方程式等各类复杂的式子。使用公式编辑器创建的公式可以以对象的形式插入到幻灯片中，下面介绍以对象的形式插入公式的方法。

在"插入"选项卡的"文本"组中单击"对象"按钮打开"插入对象"对话框，在"插入对象"对话框的"对象类型"列表中选择"Microsoft 公式 3.0"选项，如图 2-5-15 所示。

单击"确定"按钮关闭"插入对象"对话框，此时将打开"公式编辑器"对话框，该对话框提供了与 PowerPoint 2010 的"公式工具"中的"设计"选项卡相类似的工具栏，在工具栏中单击相应的按钮可以选择使用的模板。如这里在输入字符后选择"分式"模板输入分式，如图 2-5-16 所示。使用与 PowerPoint 2010 相类似的方法即可创建公式，如图 2-5-17

所示。

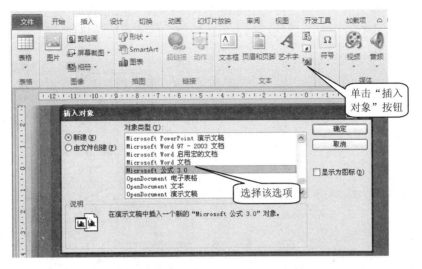

图 2-5-15　打开"插入对象"对话框

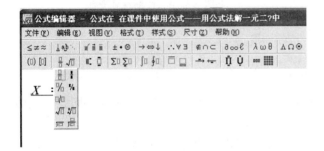

图 2-5-16　在工具栏中选择需要使用的模板

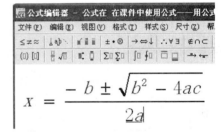

图 2-5-17　在公式编辑器中创建公式

关闭"公式编辑器"对话框，公式将作为对象插入到幻灯片中。拖动对象框上的控制柄可以调整公式的大小，如图 2-5-18 所示。但这种方式插入的公式是无法对公式中文字的颜色进行设置的。

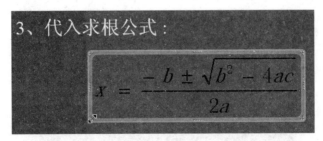

图 2-5-18　以对象形式插入公式

2．使用 PowerPoint 2010 的公式编辑器能插入哪些符号

在制作理科课件时，经常需要输入各种符号，如≌、∽ 和·等。在 PowerPoint 2010 "公

式工具"的"设计"选项卡的"符号"组的列表中提供了特殊符号选项，用户可以直接选择使用。单击列表上的"其他"按钮，如图 2-5-19 所示。此时将打开符号列表，单击列表顶端的分类标签将打开一个分类选项列表，选择相应的类别选项将能够更换列表中的符号类别，如图 2-5-20 所示。

图 2-5-19　符号列表

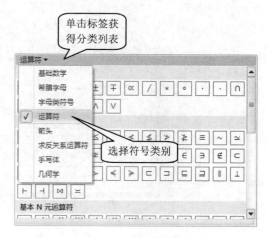

图 2-5-20　选择符号类别

巩固练习

1. 在_____选项卡中的"符号"组中单击_____按钮可获得"公式工具"的_____选项卡，使用该选项卡的命令可以在幻灯片中创建公式。

2. 在_____选项卡的_____组中单击_____按钮打开_____对话框，在该对话框"对象类别"列表中选择_____选项可以打开公式编辑器创建公式。

举一反三

在幻灯片中创建经济学公式，如图 2-5-21 所示。

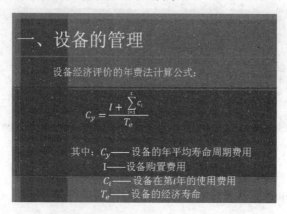

图 2-5-21　在幻灯片中创建的公式

实验6 为汉字标注拼音——生字学习

在制作课件时，经常需要输入各种特殊的符号，如拼音和英语的音标等。下面以为汉字标注拼音为例来介绍在课件中输入特殊符号的操作方法。

☞ 实验目标

（1）学习使用文本框为汉字标注拼音的方法。
（2）掌握使用"符号"对话框在幻灯片中添加带音调拼音的方法。

实验分析

如果需要在课件中插入各种理科符号，可以使用"插入"选项卡的"公式"按钮来实现。拼音的输入关键在于带有音调的拼音字母的输入，在 PowerPoint 2010 中，可以在"符号"对话框中获得带音调的拼音字母，将其插入到文本框中。

实验过程

任务1 输入基本的拼音

步骤1 启动 PowerPoint 2010，打开素材文件（"为汉字标注拼音——生字学习（素材）.pptx"）。在"插入"选项卡的"文本"组中单击"绘制横排文本框"按钮，如图 2-6-1 所示。

步骤2 在幻灯片中单击创建文本框，在文本框中输入需要注音的汉字的不带声调的字母，如图 2-6-2 所示。

图 2-6-1 "单击"绘制横排文本框"按钮　　　　图 2-6-2 在文本框中输入字母

任务2 插入带音调的字母

步骤1 在文本框中将插入点光标放置到需要输入带音调字母的位置，在"插入"选项卡的"符号"组中单击"符号"按钮，如图 2-6-3 所示。

步骤2 此时将打开"符号"对话框，在对话框的"字体"下拉列表中选择"（普通文本）"选项，在"子集"下拉列表中选择"拉丁语扩充-B"选项。在对话框的列表中选择需要的字符，单击"插入"按钮，如图 2-6-4 所示。

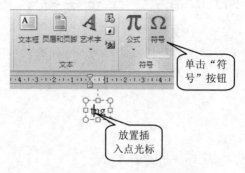

图 2-6-3　单击"符号"按钮

图 2-6-4　在"符号"对话框中选择字符

步骤 3　将文本框拖放到需要注音的汉字旁边，设置文本框中字符的大小。完成设置后的效果如图 2-6-5 所示。使用相同的方法为其他汉字输入注音，输入完成后的效果如图 2-6-6 所示。

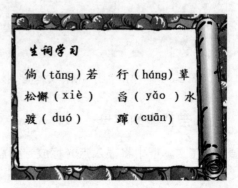

图 2-6-5　放置文本框并设置大小后的效果　　　图 2-6-6　在幻灯片中输入拼音

✉ 实验总结

本节介绍了为课件中的汉字标注拼音的方法。PowerPoint 2010 中要插入特殊的带音调的拼音字母，可以通过"符号"对话框来选择。这样插入的带音调的字母，可以像普通字符那样对其样式进行设置。

📖 知识积累

1．如何输入英语音标

在制作语言类课件时，少不了要输入音标。在课件中插入音标，一般还是采用本例介绍的插入符号的方法。要能正常地插入音标，系统必须拥有包含音标字符的字体。带有英语音标的字体很多，很多字处理软件都带有这样的字体。金山软件（如 WPS 和金山词霸）所带的 Kingsoft Phonetic Plain 就是这样一个常用的字体，安装金山词霸后，可以在安装目录的 Fonts 文件夹中找到名为 Ksphonet.TTF 字体文件，将该文件复制到 Windows 系统的 Fonts 文件夹中。在"符号"对话框的"字体"下拉列表中找到该字体，即可使用该字体中的音标了。当然，在更为专业的场合，也可以使用更专业的音标字体，用户可以自行到网上查询下载。

上面介绍的方法有一个缺点，那就是当课件在其他没有安装该字体的计算机上使用时，音标将不能显示出来，会产生空格，有时也会出现乱码。实际上，Windows 自带了 Lucida Sans Unicode 和 Arial Unicode MS 两种字体，它们包含了 1993 年的《国际音标表》上所有音标和附加符号，如图 2-6-7 所示。由于这两种音标使用的是 Unicode 编码，因此不会出现上面所说的乱码问题。但对普通用户来说使用这样的字体来输入音标也有不足，那就是由于字体中字符较多，查找到需要的音标不太容易。

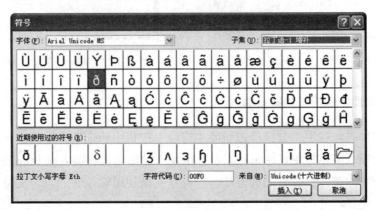

图 2-6-7　Arial Unicode MS 字体中的音标

2．如何快速输入拼音

本实验介绍的方法需要一个一个地输入拼音，这对于需要输入大量拼音的场合效率比较低而且容易出错。在 Word 2010 中有一个拼音指南功能，能够自动为文字添加拼音批注，但这个功能并没有在 PowerPoint 2010 中出现。实际上，在制作课件时，完全可以利用 Word 2010 的拼音指南功能来快速实现本实验的标注拼音操作。

启动 Word，将 PowerPoint 2010 中需要标注拼音的文本复制到文档中。在"开始"选项卡中单击"字体"组中的"拼音指南"按钮，如图 2-6-8 所示。此时将打开"拼音指南"对话框，Word 自动为文字标注拼音，如图 2-6-9 所示。

图 2-6-8　单击"拼音指南"按钮

图 2-6-9　"拼音指南"对话框

单击"确定"按钮，文档中的文字被标注了拼音。复制标注的拼音和文字，切换到 PowerPoint，将复制的内容粘贴到幻灯片中，如图 2-6-10 所示。删除文本框中不需要的拼音和括号，即可获得需要的注音效果，如图 2-6-11 所示。

图 2-6-10　复制文字和标注拼音

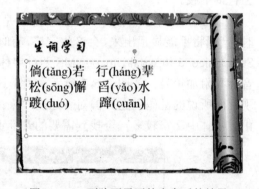

图 2-6-11　删除不需要的内容后的效果

3．如何实现特殊符号的键盘输入

在制作课件时，使用"公式"按钮或"符号"按钮中的选项来输入特殊的符号，都需要选择后才能插入文本框中，这无疑没有直接使用键盘输入快捷。在 PowerPoint 中要使用键盘来输入特殊的符号一般有两种方法。一种方式是使用输入法的自定义符号功能，在输入法中设置自定义符号。

如使用当前流行的搜狗输入法进行汉字输入时，打开"搜狗输入法设置"对话框，在对话框左侧列表中选择"高级"选项，在"高级模式"列表中勾选"自定义短语"复选框，单击"自定义短语设置"按钮打开"自定义短语设置"对话框。在对话框中单击"添加新定义"按钮，如图 2-6-12 所示。在打开的"添加自定义短语"对话框中对符号进行自定义，如图 2-6-13 所示。完成设置后单击"确定添加"按钮，自定义的符号添加到列表中，如图 2-6-14 所示。关闭对话框后，只要使用该输入法输入 sjx 即可直接在文本框中输入符号"△"。

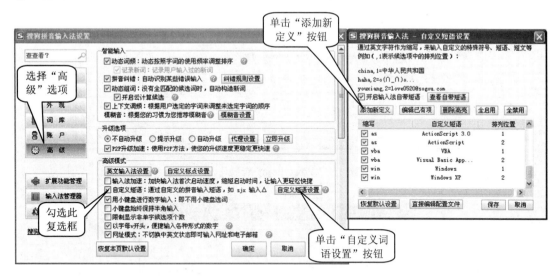

图 2-6-12　自定义短语

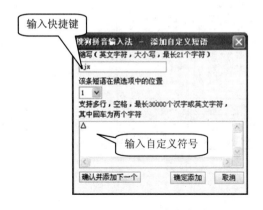

图 2-6-13　自定义符号

图 2-6-14　自定义符号添加到列表中

使用键盘输入符号的第二种方式是利用 PowerPoint 的自动更正功能。首先在幻灯片文本框中输入所需符号，如"△"，选择符号后按 Ctrl+C 键复制该符号。在"开始"选项卡中选择"选项"选项打开"PowerPoint 选项"对话框，在对话框的左侧列表中选择"校对"选项，在对话框的右侧单击"自动更正选项"按钮，如图 2-6-15 所示。此时将打开"自动更正"对话框，打开对话框中的"自动更正"选项卡，勾选"键入时自动替换"复选框，在"替换"文本框输入"sjx"，在"为"文本框粘贴刚才复制的符号"△"，单击"添加"按钮将符号添加到列表中，如图 2-6-16 所示。单击"确定"按钮关闭"自动更正"对话框和"PowerPoint 选项"对话框，在文本框中输入 sjx 后，接着输入其他字符，PowerPoint 会自动将其转换为"△"。

图 2-6-15 "PowerPoint 选项"对话框

图 2-6-16 添加自定义符号

巩固练习

1. 在_____选项卡的_____组中单击_____按钮可打开"符号"对话框选择需要的符号插入到幻灯片中。

2. 要在 PowerPoint 2010 中打开"自动更正"对话框，可以在 PowerPoint 2010 的"文件"选项卡中选择_____选项打开"PowerPoint 选项"对话框，在对话框左侧列表中选择_____选项，在右侧单击_____按钮。

举一反三

为古诗配上注音，如图 2-6-17 所示。

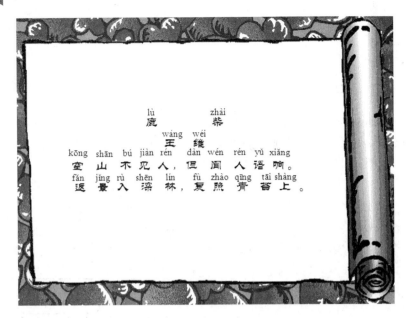

图 2-6-17　为古诗配上注音

实验 7　使用艺术字美化课件——寻隐者不遇

具有个性特征的文字效果既能突出主题，也能美化幻灯片，增强演示文稿的效果。PowerPoint 2010 提供的艺术字功能，能够使用户方便快捷地创建各种文字特效。同时，在制作课件时，用户也可以通过直接设置文字对象的形状样式和文字样式来创建效果不亚于专业图像处理软件的文字效果。

☞实验目标

（1）掌握创建艺术字的方法。
（2）掌握设置艺术字效果的方法。
（3）掌握设置艺术字文本框的方法。

〰实验分析

课件制作需要效率，而制作复杂的效果常常需要占用大量的时间，那么对于普通教师来说，有没有用最少的步骤创建复杂的文字效果的方法呢？答案是肯定的，PowerPoint 2010 预置了多种艺术字样式效果，用户可以直接将它们应用到文本框的文字中，从而为课堂教学助力。同时用户也可以通过对各种特效参数的设置，来创建自己的艺术字效果。本实验将介绍艺术字的创建方法，同时介绍使用"设置文本效果格式"对话框和"设置形状格式"对话框来创建艺术字效果和文本框效果的方法。

🕊 实验过程

任务1 创建艺术字

步骤1 启动 PowerPoint 2010，打开素材文件（"使用艺术字美化课件——寻隐者不遇（素材）.pptx"）。在"开始"选项卡的"文本"组中单击"艺术字"按钮，在打开的下拉列表中选择需要使用的艺术字样式，如图 2-7-1 所示。

图 2-7-1　选择需要使用的艺术字

步骤2 此时在幻灯片中将插入一个艺术字文本框，如图 2-7-2 所示。在文本框中输入需要的文字，文字将具有选择的艺术字效果，如图 2-7-3 所示。

图 2-7-2　插入艺术字文本框

图 2-7-3　在文本框中输入艺术字

步骤3 使用相同的方法在幻灯片中插入另外两个艺术字文本框，并输入文字，如图 2-7-4 所示。

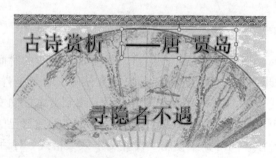

图 2-7-4　再创建两个艺术字文本框

提示：PowerPoint 2010 中的普通文字对象可以直接转换为艺术字，方法是选择文字，在"格式"选项卡的"艺术字样式"下拉列表中单击需要的样式即可。这里要注意，艺术字是一种图形对象，普通文字转换为艺术字后将无法在"大纲"视图中对其进行编辑处理，也无法像普通文本那样使用拼写检查。

任务 2　设置文本样式

步骤 1　在幻灯片中选择艺术字"寻隐者不遇"，在"开始"选项卡的"字体"中对文字的字体和大小进行设置，如图 2-7-5 所示。

图 2-7-5　设置艺术字的字体和大小

步骤 2　在"绘图工具"的"格式"选项卡中单击"艺术字样式"组中的"设置文本效果格式：文本框"按钮，如图 2-7-6 所示。此时将打开"设置文本效果格式"对话框，首先在左侧列表中选择"文本填充"选项，在右侧选择"纯色填充"单选按钮，在"填充"下拉列表中将填充颜色设置为黑色，同时将"透明度"设置为"27%"，如图 2-7-7 所示。

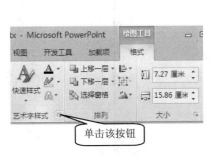

图 2-7-6　单击"设置文本效果格式：文本框"按钮

图 2-7-7　设置文本填充

步骤 3 在"设置文本效果格式"对话框中选择"阴影"选项,在对话框右侧对阴影效果进行设置。这里可以在"预设"下拉列表中选择预设的阴影效果,在"颜色"列表中选择阴影的颜色。同时,可以对阴影效果的透明度、大小和虚化等参数进行设置,如图 2-7-8 所示。

图 2-7-8　设置艺术字的阴影效果

步骤 4 在"设置文本效果格式"对话框的左侧列表中选择"发光和柔化边缘"选项,在右侧"发光"栏的"预设"下拉列表中选择预设发光效果应用到文字,在"颜色"下拉列表中对发光效果的颜色进行设置,这里将发光颜色设置为黑色。同时,设置发光效果的"大小"和"透明度"参数,如图 2-7-9 所示。

图 2-7-9　设置艺术字的发光效果

步骤5 在"设置文本效果格式"对话框的左侧列表中选择"文本边框"选项,在右侧选择"渐变线"选项,在"渐变光圈"栏中对渐变效果进行设置,如图 2-7-10 所示。完成设置后的艺术字效果如图 2-7-11 所示。

图 2-7-10 为文本的边框添加渐变效果

图 2-7-11 完成设置后的艺术字效果

任务 3 设置文本的变形效果

步骤1 在幻灯片中选择艺术字"寻隐者不遇",在"绘图工具"的"格式"选项卡的"艺术字样式"组中单击"文本效果"按钮。在打开的下拉列表中选择"转换"命令,在获得的列表中选择文本的变形样式,如图 2-7-12 所示。

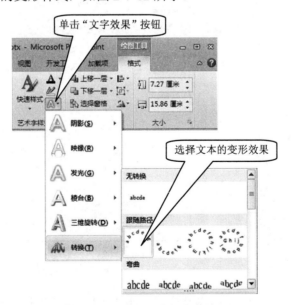

图 2-7-12 设置文本的变形效果

提示：如果需要取消文字的变形效果，可在"转换"列表中单击顶端的"无转换"选项即可。

步骤 2 拖动文本框上红色的控制柄，可以对文本的变形效果进行修改，如图 2-7-13 所示。

图 2-7-13 调整文本的变形效果

任务 4 设置文本框的样式

步骤 1 选择"古诗赏析"文本框，对文本的字体和字号进行设置，如图 2-7-14 所示。打开"设置文本效果格式"对话框，为文本添加发光效果。文本效果的设置如图 2-7-15 所示。在"格式"选项卡的"艺术字样式"组中单击"文本轮廓"按钮上的下三角按钮，在打开的列表中选择"无轮廓"选项取消艺术字的轮廓，如图 2-7-16 所示。

图 2-7-14 设置字体和字号

图 2-7-15 添加发光效果

步骤 2 在"格式"选项卡的"形状样式"组中单击"设置形状格式"按钮，如图 2-7-17

所示。在打开的"设置形状格式"对话框中选择"填充"选项,将文本框的填充设置为"纯色填充",同时设置填充的颜色,如图 2-7-18 所示。

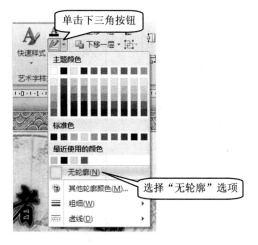

图 2-7-16　取消文本轮廓线

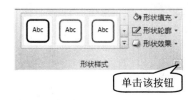

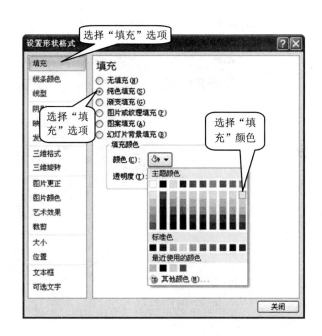

图 2-7-17　单击"设置形状格式"按钮　　图 2-7-18　设置文本框的填充颜色

步骤 3　在"设置形状格式"对话框中选择"阴影"选项,在"预设"下拉列表中选择阴影样式,如图 2-7-19 所示。对阴影效果的"透明度"、"大小"和"虚化"等参数进行设置,如图 2-7-20 所示。至此,文本框设置完成。

步骤 4　按照步骤 1 对文本框"——唐 贾岛"中的文本样式进行设置。调整整个幻灯片中的三个文本框的位置,效果满意后保存文档完成本实验的制作。本实验制作完成后的效果如图 2-7-21 所示。

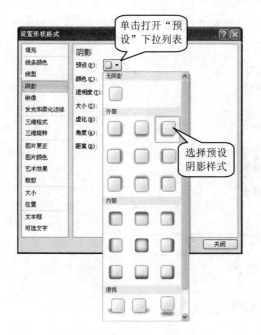
图 2-7-19 选择预设阴影样式

图 2-7-20 设置阴影效果参数

图 2-7-21 本实验制作完成后的效果

✉ 实验总结

在 PowerPoint 中,艺术字是一种特殊的图形文字,常用来表现幻灯片的标题,也常用于需要突出显示的文字,以吸引观众的注意。艺术字可以像普通文字那样设置字体、字号和颜色等文字样式,也可以像图形那样为其添加边框、阴影和各种三维样式效果。用户可以通过对相关的参数进行设置,来创建符合课件需要的文字效果。

知识积累

1．如何更改文本框的形状

默认情况下，文本框是一个矩形框。实际上，用户可以根据自己的需要来将文本框形状进行更改。下面介绍具体的操作方法。

在幻灯片中创建艺术字，此时艺术字的文本框是一个矩形。在"格式"选项卡中单击"插入形状"组中的"编辑形状"按钮，在打开的菜单中选择"更改形状"命令。在获得的列表中选择需要使用的形状，如图 2-7-22 所示。此时文本框的形状更改为选择的形状，如图 2-7-23 所示。

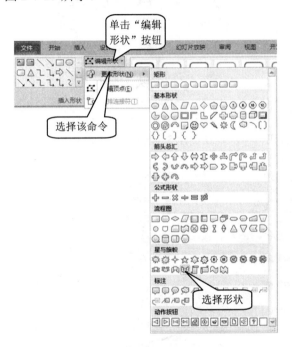
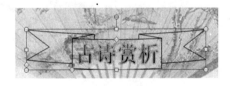

图 2-7-22　选择"更改形状"命令　　　　图 2-7-23　文本框更改为选择形状

2．如何快速设置文字样式

PowerPoint 2010 提供了很多内置文本样式共用户直接选择使用。在"格式"选项卡的"艺术字样式"组中，单击样式列表上的"其他"按钮，如图 2-7-24 所示。此时将能够打开艺术字样式列表，用户可以从列表中选择需要艺术字直接应用于选择的文本框，如图 2-7-25 所示。

3．如何快速为文本添加文本效果

PowerPoint 文本框中的文本可以添加阴影效果、映像效果、棱台效果和三维旋转效果。用户可以在"设置文本效果格式"对话框中进行设置。如果需要快速为文本添加这些效果，也可以直接使用 PowerPoint 的内置效果。如要为文字添加阴影效果，可以在"格式"选项卡的"艺术字样式"组中单击"文本效果"按钮，在打开的菜单中选择需要添加的效果选项，如这里选择"阴影"选项。在打开的下级列表中将列出该类效果的所有可用的内置效果，用户只需根据需要选择即可用于文字，如图 2-7-26 所示。

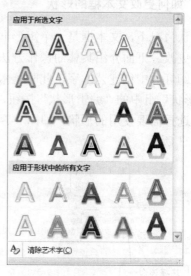

图 2-7-24　单击"艺术字样式"组中的"其他"按钮　　图 2-7-25　艺术字样式列表

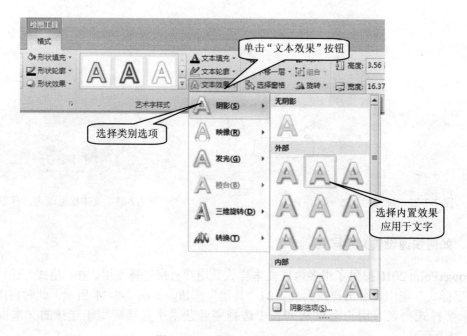

图 2-7-26　应用内置文字效果

4．如何创建三维立体文字

PowerPoint 2010 可以设置文字的三维格式并对文字进行三维旋转，这样就能创建三维文字效果。下面以制作一个三维木纹字为例来介绍具体的操作方法。

（1）在幻灯片中插入艺术字，并输入文字。打开"设置文本效果格式"对话框，选择"三维格式"选项。在"棱台"栏的"顶端"和"底端"下拉列表中选择内置的棱台顶端和底端样式，如图 2-7-27 所示。

图 2-7-27　设置顶端和底端样式

（2）在"表面效果"栏中设置文字的表面材质效果，如图 2-7-28 所示。同时设置文字的照明效果，如图 2-7-29 所示。

图 2-7-28　设置材质效果

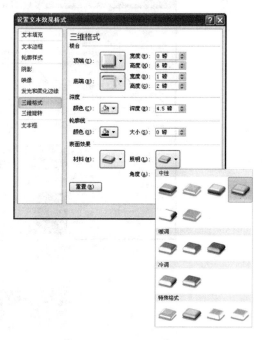

图 2-7-29　设置照明效果

（3）在"设置文本效果格式"对话框中选择"三维旋转"选项，在"旋转"栏的 X、Y 和 Z 微调框中输入数值设置三维文字的旋转角度，如图 2-7-30 所示。这里，用户也可以在"预设"下拉列表中选择内置的三维旋转样式。

图 2-7-30　设置旋转角度

（4）选择"文本填充"选项，在对话框中选择"图片或纹理填充"选项，使用纹理填充文字。这里使用 PowerPoint 内置的"栎木"纹理来填充文字，如图 2-7-31 所示。制作完成后的木纹立体字效果如图 2-7-32 所示。

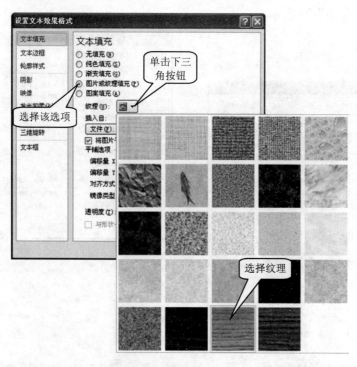

图 2-7-31　使用纹理填充文字

图 2-7-32　制作完成的立体木纹字

巩固练习

1．选择文本框，要对文本框中文字样式进行设置应该使用"格式"选项卡中_____组中的命令。如果要对文本框的样式进行设置，则应该使用_____组中的命令。

2．在 PowerPoint 2010 中，可以为文本添加_____、_____、_____和_____等效果。这些效果除了可以直接应用内置效果之外，还可以在_____对话框中通过参数设置来创建。

举一反三

使用 PowerPoint 2010 制作木板上的雕刻文字效果，如图 2-7-33 所示。

图 2-7-33　木板上的雕刻文字效果

第3章 图形和图片的应用

图形和图片是多媒体课件的重要组成要素,在课件中特别是理科课件中,往往需要使用大量的图形,PowerPoint 2010 提供了丰富的图形绘制工具,能够满足用户对图形绘制的需要。同时,也对图片提供了很好的支持,用户不仅能够方便地在课件中插入图片,而且能够对图片的色调进行调整,并且为图片添加特效。与艺术字一样,PowerPoint 2010 也能够为图形和图片添加阴影、映像和三维旋转等效果。正是由于 PowerPoint 2010 具有不亚于专业图形软件的图形图片处理能力,用户才能使用它方便快捷地制作出内容丰富且样式美观的多媒体课件。

实验 1　绘制图形——二次函数图像

在制作很多理科课件时都需要绘制各类图像,PowerPoint 2010 具有图形绘制的能力,使用其提供的绘图工具能够绘制形状、箭头和标注等多种类型的图形。本实验将介绍使用 PowerPoint 2010 的绘图工具来绘制常见数学图形的方法。

☞ 实验目标

(1) 掌握基本图形的绘制方法。
(2) 掌握修改曲线形状的方法。
(3) 掌握对象的复制、组合、排列以及设置大小方法。
(4) 掌握设置图形轮廓和填充颜色的方法。

☜ 实验分析

本实验需要绘制数学课件中常见的平面直角坐标系、绘制一条抛物线以及图像的交点。在实验中,使用 PowerPoint 2010 提供的工具绘制带箭头的直线作为坐标轴。绘制短线段作为坐标系上的刻度线,刻度线制作的关键是使这些短线能够等间距排列。为达到这一目的,首先使绘制的线段底端对齐,然后使用"横向分布"命令获得图形等间距排列的效果,以得到坐标轴上的等距排列的刻度线。

二次函数的图形是一条抛物线,PowerPoint 2010 没有提供绘制抛物线的工具,如果需要精确绘制某个二次函数的图像,需要使用专用工具(比如几何画板)来进行绘制。但使用 PowerPoint 2010 提供的"曲线"工具可以绘制曲线，并且可以对其形状进行编辑。因此在本实验中，利用"曲线"工具绘制曲线，然后通过修改其形状模拟出需要的函数图像。

实验中的小圆点可以使用 PowerPoint 2010 提供的"椭圆"工具绘制一个椭圆，然后调整椭圆的高和宽，使其变为很小的圆形从而得到圆点。

实验过程

任务 1　绘制平面直角坐标系

步骤 1　启动 PowerPoint 2010，打开素材文件（文件路径：配套光盘\素材\3\绘制图形——二次函数图像练习（素材）.pptx）。在"开始"选项卡的"插图"组中单击"形状"按钮，在打开的菜单中选择"箭头"选项，如图 3-1-1 所示。在幻灯片中拖动鼠标绘制一个带箭头的直线，如图 3-1-2 所示。

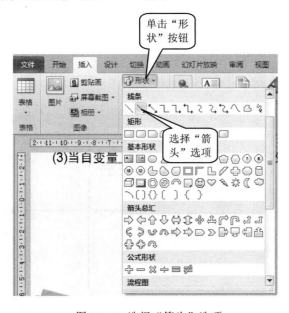

图 3-1-1　选择"箭头"选项　　　　图 3-1-2　绘制带箭头直线

步骤 2　在直线被选择的情况下，在"格式"选项卡的"形状样式"组中单击"形状轮廓"按钮上的下三角按钮，在打开的列表中选择"主题颜色"栏中的颜色选项设置直线颜色，如图 3-1-3 所示。再次单击"形状轮廓"按钮上的下三角按钮，选择"粗细"命令，在下级菜单中选择相应的选项设置直线的粗细，如图 3-1-4 所示。

步骤 3　按 Ctrl+C 键复制刚才绘制的直线，按 Ctrl+V 键粘贴复制直线。在"格式"选项卡的"排列"组中单击"旋转"按钮，在打开的菜单中选择"向左旋转 90°"命令将直线旋转 90°，如图 3-1-5 所示。拖动两条线段调整它们的位置，同时拖动线段端点处的控制柄调整线段的长度，如图 3-1-6 所示。

提示：按 Ctrl 键用鼠标拖动图形对象，将能创建该对象的一个副本。在绘制直线时，按住 Shift 键拖动鼠标，将能以 15°的倍数来改变绘制直线的方向。如果按 Ctrl 键拖动鼠标，则可以使直线以单击点为中心向正反两个方向延伸。

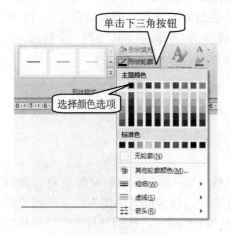

图 3-1-3　设置线条颜色

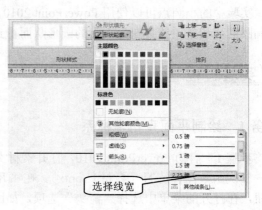

图 3-1-4　设置线条宽度

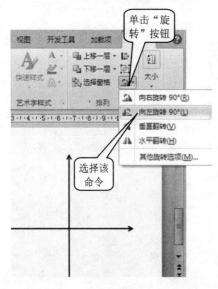

图 3-1-5　旋转选择的线段

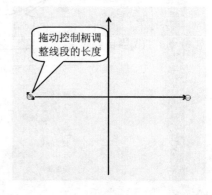

图 3-1-6　调整线段的长度

任务 2　为坐标系添加刻度

步骤 1　在"插入"选项卡的"插图"组中单击"形状"按钮，选择列表中的"直线"选项，如图 3-1-7 所示。使用和上面相同的方法绘制一条竖直放置的线段，并将其颜色和宽度设置得和坐标轴一样。将绘制的线段放置到横轴上，在"格式"选项卡的"大小"组中设置直线的高度，如图 3-1-8 所示。

步骤 2　按 Ctrl+C 键复制线段，按 Ctrl+V 键粘贴复制的线段，这里需要将线段粘贴 6 次获得 7 条小线段。将它们依次放置在横轴上，使左右两侧的第一个线段下端与横轴对齐，如图 3-1-9 所示。按 Shift 键依次单击这些线段同时选择它们，在"格式"选项卡的"排列"组中单击"对齐"按钮，选择菜单中的"底端对齐"命令，如图 3-1-10 所示。此时选择的线段将以底端为基准对齐，如图 3-1-11 所示。

图 3-1-7　选择绘制直线

图 3-1-8　设置线段的高度

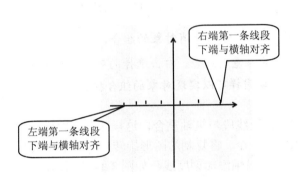

图 3-1-9　在横轴上放置短线段

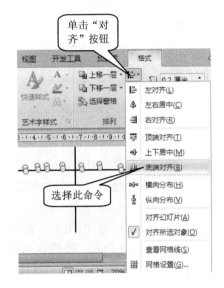

图 3-1-10　对齐选择的线段

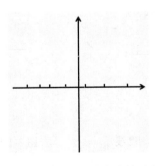

图 3-1-11　选择的线段底端对齐

提示：在移动对象时，如果使用鼠标拖动无法实现对象的精确定位，可以使用键盘上的方向键来移动对象。按 Ctrl 键的同时按方向键，可以实现对象位置的微调。

步骤 3　在这些短线段被选择的情况下，在"格式"选项卡中单击"排列"组中的"对齐"按钮，选择菜单中的"横向分布"命令，如图 3-1-12 所示。在"排列"组中单击"组合"按钮，选择菜单中的"组合"命令将这些线段组合为一个图形，如图 3-1-13 所示。

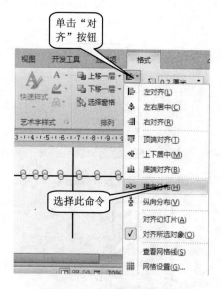

图 3-1-12　横向分布线段

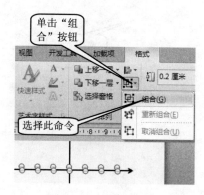

图 3-1-13　组合图形

提示：在"组合"菜单中选择"取消组合"命令将能够取消对象的组合，如果选择"重新组合"命令则可以使取消组合后的对象重新组合。右击选择的对象，选择关联菜单中"组合"命令下级菜单中的命令同样可以实现对象的组合操作。

步骤 4　移动组合后的图形，使中间的一根短线段与纵轴重合，这样即可获得横轴的刻度线，如图 3-1-14 所示。将组合后的对象复制一个，将复制的图形旋转 90°。将旋转后的图形放置到 Y 轴的适当位置。这样为坐标系的纵轴添加刻度线，如图 3-1-15 所示。

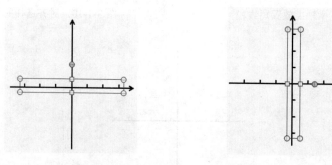

图 3-1-14　获得横轴刻度线　　　　　图 3-1-15　为纵轴添加刻度线

步骤 5　创建多个横排文本框，分别在文本框中输入字母和数字，将这些文本框放置到横轴和纵轴上作为坐标系的刻度值。将所有的文本框和图形对象组合为一个对象，绘制完成的平面直角坐标系如图 3-1-16 所示。

任务 3　绘制函数图像

步骤 1　在坐标系中绘制一条垂直于横轴的直线，将其宽度和颜色设置得和坐标轴相同，将其设置为虚线，如图 3-1-17 所示。

第 3 章 图形和图片的应用 93

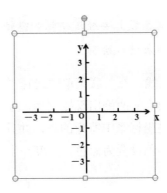

图 3-1-16 绘制完成的坐标系

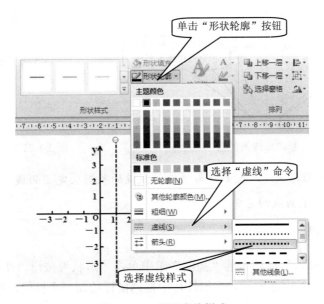

图 3-1-17 设置虚线样式

步骤 2 在"插入"选项卡的"插图"组中单击"形状"按钮,在打开的列表中选择"曲线"选项,如图 3-1-18 所示。使用"曲线"工具在幻灯片上单击,能够在两个单击点处获得曲线。这里在幻灯片中绘制一根类似于抛物线的曲线,如图 3-1-19 所示。

图 3-1-18 选择"曲线"

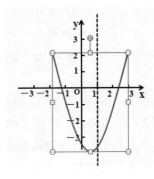

图 3-1-19 绘制一条类似于抛物线的曲线

94 PowerPoint 多媒体课件制作实验与实践

提示：由于这里要绘制的二次函数需要经过横轴和纵轴上的特定点，所以在绘制图像时没有使用"曲线"工具来进行绘制。

步骤 3　鼠标右击绘制的曲线，在关联菜单中选择"编辑顶点"命令，曲线进入编辑状态。选择曲线上的顶点，在顶点的两侧出现控制柄，拖动控制柄改变曲线的形状。对曲线的形状进行修改，使曲线经过坐标系中特定的点，并且更像抛物线，如图 3-1-20 所示。完成形状修改后，将抛物线的颜色设置为黑色，宽度与坐标轴相同。绘制完成的抛物线如图 3-1-21 所示。

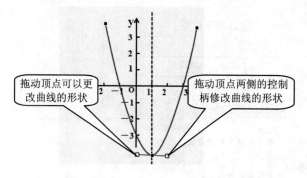 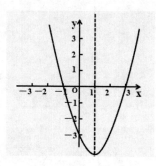

图 3-1-20　修改曲线的形状　　　　　图 3-1-21　绘制完成的抛物线

提示：在修改图形形状时，控制柄与顶点间线段的长短决定了曲线的弯曲程度，线段的方向决定了曲线的弯曲方向。

任务 4　绘制交点

步骤 1　在"插入"选项卡的"插图"组中单击"形状"按钮，在打开的列表中选择"椭圆"选项，如图 3-1-22 所示。在幻灯片中拖动鼠标绘制一个椭圆，如图 3-1-23 所示。

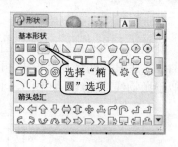

图 3-1-22　选择绘制椭圆　　　　　图 3-1-23　绘制椭圆

提示：在绘制椭圆形或矩形时，按住 Shift 键拖动鼠标将能够绘制一个圆或正方形。

步骤 2　在"格式"选项卡的"形状样式"组中单击"形状轮廓"按钮，在打开的菜单中选项"无轮廓"选项取消图形的轮廓线，如图 3-1-24 所示。单击"形状填充"按钮，在打开的列表中选择红色作为椭圆的填充色，如图 3-1-25 所示。

步骤 3　在"格式"选项卡的"大小"组中设置椭圆的大小，这里将其"形状高度"

和"形状宽度"的值设置得相同得到一个圆点，如图 3-1-26 所示。将这个圆点再复制两个，将它们分别放置到抛物线与两轴的交点处，如图 3-1-27 所示。

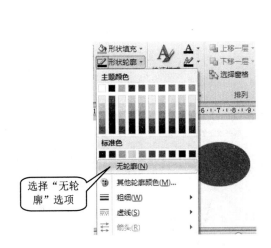

图 3-1-24　取消图形轮廓线

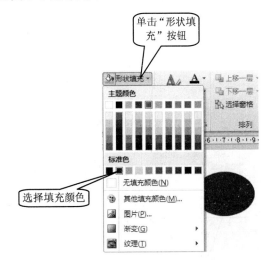

图 3-1-25　更改图形的填充颜色

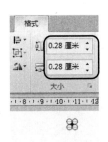

图 3-1-26　设置图形大小

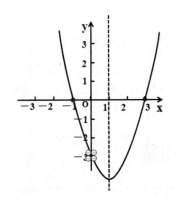

图 3-1-27　复制圆点并放置在坐标轴上

提示：在调整对象大小时，如果不需要像本例这样精确调整，也可以使用鼠标拖动对象框上的方形控制柄来调整对象的大小。

步骤 4　绘制一条在坐标系中经过（0，3）和（3，0）这两点的直线，直线的颜色和宽度与坐标轴相同。在"格式"选项卡的"排列"组中单击"下移一层"按钮两次，使直线位于两个红色圆点的下层，如图 3-1-28 所示。至此，本实验制作完成，完成后的幻灯片效果如图 3-1-29 所示。

实验总结

PowerPoint 2010 绘图功能是很强大的，灵活应用它用户能够绘制出各种复杂的图形。

在 PowerPoint 中绘制复杂图形的一般方法是首先使用 PowerPoint 提供的工具集绘制基本图形，然后对图形形状进行调整，将绘制完成的基本图形通过排列和组合得到需要的图形。要完成图形的绘制，需要掌握 PowerPoint 中图形的绘制、图形轮廓和填充色的设置、图形位置和大小的调整以及图形的排列和组合这些方面的知识。

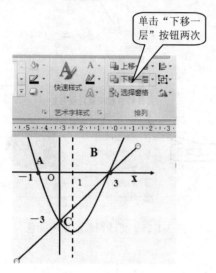

图 3-1-28　将直线下移两层

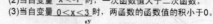

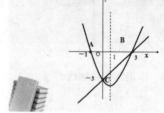

图 3-1-29　本实验制作完成后的效果

通过这里的实验，读者也会了解到，PowerPoint 在绘制理科图形时只能获得形似的图形，无法做到精确。如果需要获得能够用于研究的精确图形，恐怕也只能使用专业的工具软件来绘制了。

📖 知识积累

1. 绘制图形时如何在幻灯片中精确定位

在绘制图形时，往往很难准确控制图形的大小和位置，这时可以通过使用网格线和辅助线来精确绘制图形。在"视图"选项卡的"显示"组中勾选"网格线"和"参考线"复选框将能够在幻灯片中显示网格线和参考线，如图 3-1-30 所示。

在幻灯片中鼠标右击，在关联菜单中选择"网格和参考线"命令。此时将打开"网格线和参考线"对话框。使用对话框可设置对象与网格对齐方式、设置网格的间距和网格是否显示等，如图 3-1-31 所示。

在幻灯片中按 Ctrl 键拖动参考线将能够复制参考线，直接拖动参考线将能够改变辅助线在幻灯片的位置，如图 3-1-32 所示。使用参考线可以方便图形的绘制如这里复制参考线使其围成一个矩形区域。选择"椭圆"工具，将十字形光标放置于矩形区域的一个交点处，拖动鼠标到矩形区域的对角交点，此时将能够方便地将绘制的图形限制在这个矩形区域内，如图 3-1-33 所示。

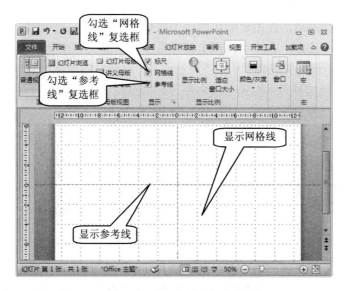

图 3-1-30　显示网格线和参考线

图 3-1-31　"网格线和参考线"对话框

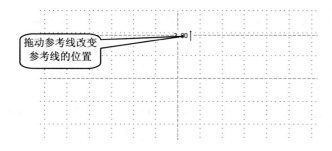   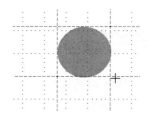

　　图 3-1-32　拖动辅助线　　　　　　图 3-1-33　精确定位图形

2．如何修改图形形状

　　在 PowerPoint 中绘制的图形都是矢量图形，可以任意缩放而不会造成失真。像许多的专业绘图软件那样，PowerPoint 同样能够通过对图形顶点的修改来改变图形的形状，获得需要的图形。在实验中，已经介绍了通过拖动顶点或顶点旁的控制柄来调整图形形状的方法，下面主要介绍 PowerPoint 中图形顶点的有关操作技巧。

进入顶点编辑状态后，在图形的边框线上鼠标右击，在打开的关联菜单中选择"添加顶点"命令可以添加顶点。在一个顶点上鼠标右击，选择关联菜单中的"删除顶点"命令可以删除该顶点。当选择关联菜单中的"开放路径"命令时将使原来封闭的图形变得开放，如图 3-1-34 所示。当选择"平滑顶点"命令时，顶点两侧的曲线在顶点处平滑过渡，顶点两侧的方向线长度相等且是直线，如图 3-1-35 所示。

图 3-1-34　获得开放路径　　　图 3-1-35　使用"平滑顶点"命令前后效果对比

在关联菜单中选择"直线点"命令时，顶点两侧的方向线成为一条直线，但方向线的长度不一定保持相等。与"直线点"相对的是"角部顶点"，这种顶点两边的方向线可以成一定的角度，而不是像直线点那样成一条直线，方向线的夹角和长度可以任意调整，如图 3-1-36 所示。将鼠标放置于图形的边上右击，如果边是直线段，则在关联菜单中会出现"曲线段"命令。选择此命令，可将直线段转换为曲线段，如图 3-1-37 所示。如果单击的边是曲线，则关联菜单中的"抻直弓形"命令可用，选择此命令可将曲线转换为直线。

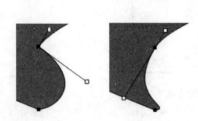 

图 3-1-36　"角部顶点"和"直线点"图形对比　　　图 3-1-37　直线段转换为曲线段

巩固练习

1. 在绘制直线时，按住_____键拖动鼠标，将能够以 15°的倍数来改变绘制直线的方向。如果按_____键拖动鼠标，则可以使直线以单击点为中心向正反两个方向延伸。按_____键拖动图形可以复制该图形。

2. 平滑顶点两侧的曲线在顶点处_____，顶点两侧的方向线长度_____，直线点两侧的方向线成_____，而角部顶点两侧的方向线_____，它们的方向线的长度_____。

举一反三

使用 PowerPoint 制作课件，效果如图 3-1-38 所示。

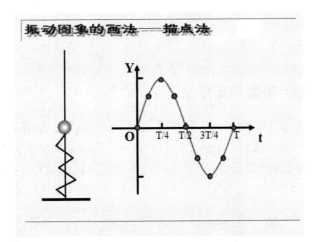

图 3-1-38　课件制作完成的效果

实验 2　图形样式的设置——物体的三视图

在制作课件时，有时需要绘制三维立体图形，PowerPoint 2010 可以为绘制的图形设置三维格式、添加三维旋转和阴影等效果。本实验将通过创建一个三维立体图形来介绍图形样式的设置方法。

☞ 实验目标

（1）掌握为立体图形添加纹理的方法。
（2）掌握创建立体图形的方法。
（3）掌握为图形添加阴影的方法。

实验分析

本实验需要创建一个三维零件，零件由六棱柱和圆柱构成。在 PowerPoint 2010 中，通过对"设置图片格式"对话框中有关三维效果的设置，可以方便地创建立体图形。

在制作时，首先使用 PowerPoint 2010 的图形工具绘制平面图形，通过设置棱台效果的顶端和底端高度和宽度值获得立体图形，通过设置表面材质和光照效果来增强立体效果。通过设置图形的三维旋转效果，使图形具有立体透视效果。在本实验中，为了使立体效果更加逼真，为图形添加了阴影效果。

另外要注意，PowerPoint 2010 中创建的立体图形是可以添加材质纹理来模拟自然界中真实的物体，但纹理的添加只能通过对平面图形进行纹理图片填充才能实现。

实验过程

任务1　绘制六边形并设置平面样式

步骤1　启动 PowerPoint 2010，打开素材文件（文件路径：配套光盘\素材\3\图形样式的设置——物体的三视图（素材）.pptx）。在"插入"选项卡的"插图"组中单击"形状"按钮，在打开的菜单中选择"六边形"，如图 3-2-1 所示。拖动鼠标在幻灯片中绘制一个六边形，如图 3-2-2 所示。

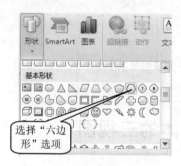
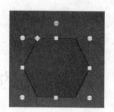

图 3-2-1　选择绘制六边形　　　　　　　图 3-2-2　绘制一个六边形

步骤2　在"格式"选项卡的"大小"组中单击"大小和位置"按钮，此时将打开"设置形状格式"对话框，在对话框右侧设置图形的大小和旋转角度，如图 3-2-3 所示。在对话框左侧列表中选择"线条颜色"选项，在右侧选择"无线条"单选按钮取消线条，如图 3-2-4 所示。

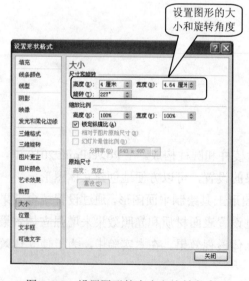

图 3-2-3　设置图形的大小和旋转角度　　　图 3-2-4　取消图形线条

步骤3　在"设置形状格式"对话框的左侧列表中选择"填充"选项，在右侧选择"图片或纹理填充"选项，在"纹理"列表中选择以 PowerPoint 自带的白色大理石纹理填充图形，如图 3-2-5 所示。

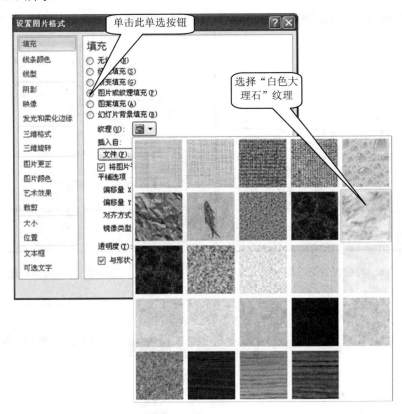

图 3-2-5　以纹理填充图形

📌提示：当选择对图形应用图片或纹理填充后，"设置图形格式"对话框将变为"设置图片格式"对话框。

任务 2　制作六棱柱

步骤 1　在"设置图片格式"对话框左侧列表中选择"三维格式"选项，在右侧的"顶端"下拉列表中选择棱台的顶端样式，在右侧的"宽度"微调框和"高度"微调框中分别输入数字"0"和"20.5"，如图 3-2-6 所示。对棱台效果的底端进行相同的设置，如图 3-2-7 所示。

📌提示：选择绘制的图形后，在功能区的"格式"选项卡的"形状样式"组中单击"形状效果"按钮，在打开的列表中将包括"阴影"、"棱台"和"三维旋转"等选项，选择这些选项后在打开的列表中将列出 PowerPoint 的预设效果选项，这些选项和"设置图片格式"对话框中各个"预设"列表中的选项是相同的。如果不需要对参数进行设置，可以直接在"格式"选项卡中选择这些选项应用到图形中。

步骤 2　在"表面效果"栏的"材质"列表中选择相应的选项设置立体对象的材质效

果,如图 3-2-8 所示。在"照明"下拉列表中选择相应的选项设置光照效果,在"角度"微调框中输入角度值设置光照角度,如图 3-2-9 所示。

图 3-2-6　对棱台效果顶端进行设置

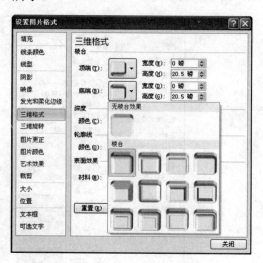

图 3-2-7　设置棱台底端

图 3-2-8　设置表面材料

图 3-2-9　设置光照效果

步骤 3　在对话框左侧列表中选择"三维旋转"选项,在右侧"旋转"栏中的 X、Y 和 Z 微调框中分别输入数值设置图形的三维旋转角度,如图 3-2-10 所示。至此,课件中六棱柱制作完成,如图 3-2-11 所示。

任务 3　制作圆柱

步骤 1　在幻灯片中绘制一个圆形,像六边形那样取消其边框并以白色大理石材质填充图形。打开"设置图片格式"对话框,在对话框左侧选择"三维格式"选项。在"棱台"

栏中选择与六棱柱相同的顶端和底端样式，同时分别设置它们的宽度和高度值，如图3-2-12所示。

图 3-2-10　设置三维旋转角度　　　　　　图 3-2-11　制作完成的六棱柱

图 3-2-12　对棱台的顶端和底端进行设置

　　步骤 2　在"表面效果"栏的"材料"下拉列表中选择应用于图形的材料效果，在"照明"下拉列表中选择与六棱柱相同的照明效果，"角度"值设置为 0，如图 3-2-13 所示。选择"三维旋转"选项，设置图形的三维旋转角度，如图 3-2-14 所示。

　　步骤 3　在"设置图片格式"对话框左侧列表中选择"阴影"选项，在"预设"下拉列表中选择阴影样式，如图 3-2-15 所示。在对话框中对阴影效果进行设置，如图 3-2-16

所示。

图 3-2-13 设置材料效果

图 3-2-14 设置三维旋转角度

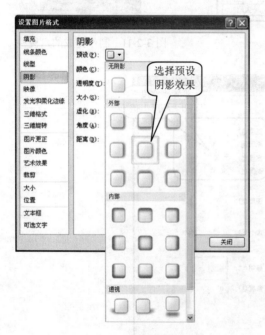

图 3-2-15 选择预设阴影样式

图 3-2-16 设置阴影效果

提示：这里，"透明度"用于设置阴影效果的透明度，其值越大，阴影效果越淡。"大小"用于设置阴影大小。"虚化"用于设置阴影边缘的虚化程度，其值越大，边缘就越淡薄。"角度"用于设置阴影相对于图形的角度，"距离"用于设置阴影相对于图形的偏移距离。

步骤 4 将创建的圆柱拖放到六棱柱处，调整它们的位置关系。至此，本实验制作完成，制作完成的幻灯片效果如图 3-2-17 所示。

图 3-2-17　本实验制作完成后的效果

✉ 实验总结

这一节通过完成一个立体图形的绘制，介绍了使用 PowerPoint 2010 创建立体图形的方法。在制作过程中，大家应该掌握使用"设置图片格式"对话框来设置图形对象的三维格式、三维旋转和阴影的方法。使用"设置图片格式"对话框可以对图形填充效果、边框效果和三维效果等效果进行设置，用户既可以像在功能区中那样直接选择 PowerPoint 预设的效果，也可以通过对参数进行设置来创建自己需要的效果。

📖 知识积累

1．如何应用渐变填充

渐变填充是对图形进行填充的一种常用方式，灵活使用这种方式能够获得丰富的图形效果。打开"设置形状格式"对话框，在对话框的左侧选择"填充"选项，在右侧单击"渐变填充"单选按钮选择该填充方式，如图 3-2-18 所示。在"预设颜色"下拉列表中可以选择 PowerPoint 内置的渐变样式，如图 3-2-19 所示。在应用预设渐变样式后，用户可以使用"类型"下拉列表、"方向"下拉列表和"角度"微调框对渐变类型和渐变方向进行设置，同时可以自定义渐变的角度。

在"渐变光圈"栏中，选择色谱条上的一个色标，单击"删除渐变光圈"按钮可以将选择的色标删除，此时颜色也将从渐变中删除。单击"添加渐变光圈"按钮将能够在色谱条上添加一个色标，从而为渐变新增一种颜色，如图 3-2-20 所示。拖动色标在色谱条上的位置可以改变颜色在渐变中的延伸范围。在选择色标后，下面的"颜色"、"位置"、"亮度"和"透明度"的设置将针对该颜色，使用这些设置项可以对渐变中的颜色进行设置。

图 3-2-18　选择渐变填充方式

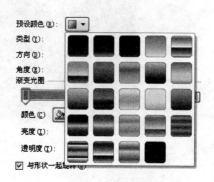

图 3-2-19　选择预设的渐变样式

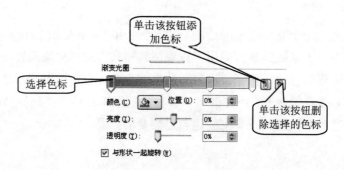

图 3-2-20　设置渐变颜色

2．"设置形状格式"对话框的"三维格式"栏的各个设置项的意义是什么

在 PowerPoint 2010 中，三维对象的结构及其与"棱台"、"深度"和"轮廓线"各栏设置项的对应关系如图 3-2-21 所示。

✎巩固练习

1．设置图形的三维格式时，_____列表用于选择应用于对象的材质效果，_____列表用于光照效果，_____微调框用于设置光照角度。

2．在对阴影效果进行设置时，_____值设置得越大，阴影效果就会越淡。_____值设置越大，阴影离图形就越远。

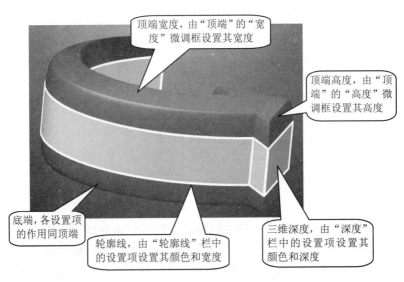

图 3-2-21 三维对象各部分示意图

举一反三

在幻灯片中创建三维立体图形，效果如图 3-2-22 所示。

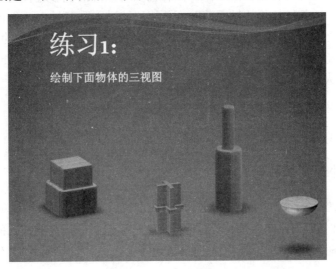

图 3-2-22 绘制立体图形

实验 3 幻灯片中图片的处理——企业培训教程标题页

图片是课件中不可缺少的元素，使用 PowerPoint 2010 能够很方便地向课件中添加图片，同时还可以对添加的图片的大小和颜色进行调整，并为图片添加特效。

☞ 实验目标

（1）掌握在幻灯片中插入外部图片的方法。
（2）掌握在幻灯片中插入剪贴画的方法。
（3）掌握对图片进行编辑处理的方法。
（4）掌握使图片融入背景的方法。

✍ 实验分析

本实验制作一个课件的标题页，该页的制作使用了一张外部图片和三张剪贴画，其中两张剪贴画用于制作幻灯片背景，另一张剪贴画作为标题行的徽标使用。

在制作时，作为背景的外部图片不符合课件的要求，需要对其进行处理。处理包括两个方面，一方面使用 PowerPoint 的裁剪功能裁剪掉素材图片中多余的边框，另一方面使用 PowerPoint 的预设"颜色"样式对图片的色调进行调整。

插入幻灯片的剪贴画中，一张是人物在蓝天下打电话的图片，在使用时需要去除图片中多余的背景。PowerPoint 2010 具有删除图片中的颜色区域的能力，用户可以像 Photoshop 中魔棒工具那样，在图片中选择颜色相近的区域作为将要删除的区域或需要保留的区域。为了使处理完成的图片与背景协调一致，同样需要对图片的色彩进行调整。

在本实验中，插入幻灯片的钟面剪贴画希望能够融入到背景中。在 PowerPoint 中要实现这种效果，首先要对图片的色彩、亮度和对比度等进行调整，使图片的色调与背景一致。这里，使用 PowerPoint 的"边缘柔化"效果来柔化图片边缘，获得与 Photoshop 中羽化效果类似的效果，从而消除图片突兀的边缘，获得图片融入背景的效果。

🕊 实验过程

任务1 插入外部图片和剪贴画

步骤1 新建一个幻灯片，删除幻灯片中的占位符。在"插入"选项卡的"图像"组中单击"图片"按钮打开"插入图片"对话框，在对话框中选择需要插入的图片后单击"插入"按钮将图片插入到幻灯片中，如图 3-3-1 所示。

> 提示：如果需要同时插入多张图片，可以按 Ctrl 键依次单击需要插入的图片将它们同时选择，然后再单击"插入"按钮即可。

步骤2 在"插入"选项卡的"图像"组中单击"剪贴画"按钮将打开"剪贴画"窗格，单击窗格中的"搜索"按钮，窗格中将列出可用的剪贴画，如图 3-3-2 所示。在窗格中找到要使用的剪贴画，双击其缩览图即可将其插入到幻灯片中。这里，在幻灯片中插入两张剪贴画，如图 3-3-3 所示。

第 3 章　图形和图片的应用　　**109**

图 3-3-1　插入图片

图 3-3-2　打开"剪贴画"窗格

图 3-3-3　插入剪贴画

提示：在"剪贴画"窗格中选择需要使用的剪贴画，单击缩览图上出现的下三角按钮，在打开的菜单中选择"插入"命令也可以将其插入到幻灯片中。

任务 2　设置图片的大小

步骤 1　在幻灯片中选择插入的背景图片，在"格式"选项卡的"大小"组中单击"裁剪"按钮上的下三角按钮，选择菜单中的"裁剪"命令，如图 3-3-4 所示。拖动裁剪框上的控制柄调整裁剪框的大小，如图 3-3-5 所示。完成裁剪操作后，单击"裁剪"按钮，图片上在裁剪框外的部分将被裁剪掉。

图 3-3-4　选择"裁剪"命令

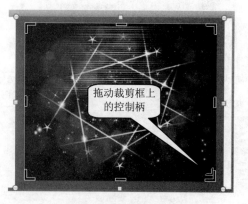

图 3-3-5　裁剪图片

步骤 2　拖动图片框上控制柄调整图片的大小，使图片覆盖整个幻灯片，如图 3-3-6 所示。

图 3-3-6　调整图片的大小

提示：在调整图片大小时，拖动图片框四个角上的控制柄能够使图片在缩放时保持原有的纵横比，拖动边框上的控制柄能够分别对图片的宽和高进行设置。

任务 3　调整图片的色调

步骤 1　选择作为背景的图片，在"格式"选项卡的"调整"组中单击"颜色"按钮，在打开的列表中"重新着色"栏中单击相应的选项设置图片的色调，如图 3-3-7 所示。

提示：在"颜色"列表中提供了调整图片的颜色饱和度和色调的预设方案，用户可以直接单击相应的选项将其应用到图片中。选择"图片着色选项"命令可以打开"设置图片格式"对话框，在对话框中除了可以选择预设的模式之外，还可以通过设置饱和度和颜色的温度参数来修改图片颜色。

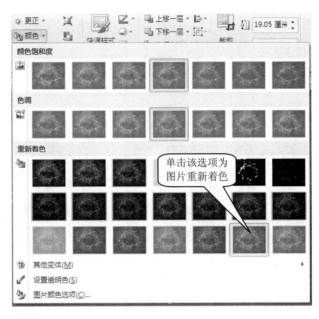

图 3-3-7　为图片重新着色

步骤 2　单击"艺术效果"按钮,在打开的菜单中选择"虚化"效果将其应用到图片,如图 3-3-8 所示。

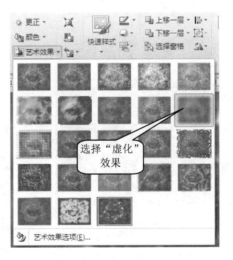

图 3-3-8　对图片应用虚化效果

任务 4　清除图片背景

步骤 1　选择插入的剪贴画,在"调整"组中单击"删除背景"按钮进入背景删除状态,此时图片被半透明紫红色覆盖的区域将是被删除的区域,同时"格式"选项卡将提供背景清除工具。这里,选择"标记要保留的区域"按钮,在图片上单击,单击处将出现带圆圈的加号标记,与单击处颜色相近的区域将正常显示,该区域被标记为需要保留的区域。选择"标记要删除的区域"按钮,在图片上单击,则单击点所在的区域被标记为需要删除的区域,如图 3-3-9 所示。完成区域设置后,单击"保留更改"按钮,即可将标记为要删除的区域清除掉,如图 3-3-10 所示。

图 3-3-9　标记要保留和删除的区域

图 3-3-10　颜色清除后的效果

步骤 2　在"格式"选项卡的"调整"组中打开"颜色"列表,将图片的色调设置得和背景相同,如图 3-3-11 所示。将图片放置到幻灯片的左下角,此时图片效果,如图 3-3-12 所示。

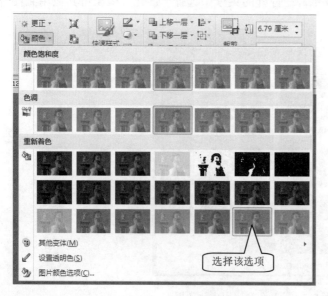

图 3-3-11　设置图片颜色

图 3-3-12　完成设置后的图片效果

任务 5　使图片融入背景

步骤 1　选择钟面剪贴画,按照上面介绍的方法将该图片的色调调整得与背景图片相同,将图片适当放大后拖放到幻灯片的左上角,如图 3-3-13 所示。

步骤 2　在"调整"组中单击"更正"按钮,在打开的列表中选择"图片更正选项"命令,如图 3-3-14 所示。此时将打开"设置图片格式"对话框,在对话框中对图片的锐化值、亮度和对比度进行设置，如图 3-3-15 所示。

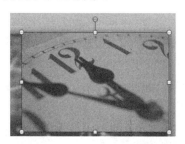

图 3-3-13　将图片颜色调整得与背景相同

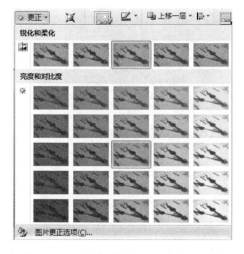

图 3-3-14　选择"图片更正选项"选项　　　　图 3-3-15　设置图片的锐化值、亮度和对比度

步骤 3　在"设置图片格式"对话框左侧列表中选择"发光和柔化边缘"选项，在对话框的"柔化边缘"栏中对柔化边缘效果的"大小"值进行设置，如图 3-3-16 所示。至此，图片融入到背景中，如图 3-3-17 所示。

图 3-3-16　设置柔化边缘效果　　　　　　　图 3-3-17　图片融入背景

步骤 4 在幻灯片中添加标题文字和徽标,为文字添加艺术字效果。制作完成后的标题页效果如图 3-3-18 所示。

图 3-3-18　标题页制作完成后的效果

提示: 在完成图片调整后,如果对效果不满意,可以在"格式"选项卡的"调整"组中单击"重设图片"按钮上的下三角按钮,在打开的菜单中选择"重设图片"命令即可。如果选择菜单中的"重设图片大小和位置"命令,则图片的大小和位置恢复到初始值。

✉ 实验总结

PowerPoint 2010 可以插入外部图片,也可以插入剪贴画。PowerPoint 2010 具有对图片进行编辑处理的能力,包括可以调整图片的亮度、对比度和饱和度,对图片进行柔化和锐化处理。同时,PowerPoint 2010 能够为图片添加某些特别效果,这些效果包括虚化、发光散射和影印等效果。所有这些效果的创建,既可以使用 PowerPoint 提供的预设效果,也可以在"设置图片格式"对话框通过参数设置来实现。实际上,PowerPoint 2010 的图片编辑处理能力已经很强大了,基本能够解决常见的图片处理的问题,对它的灵活应用能够创作很多炫目的效果。

📖 知识积累

1. 如何按形状裁剪图像

在裁剪图片时,使用"裁剪"命令将能够以传统的矩形来裁剪图片。如果需要将图片裁剪为特殊形状,可以使用下面的方法来操作。

选择图片后,在"格式"选项卡的"大小"组中单击"裁剪"按钮上的下三角按钮,在打开的菜单中选择"裁剪为形状"命令,在下级列表中选择用来裁剪的形状,如图 3-3-19 所示。此时图片即会按照选择的形状来裁剪,如图 3-3-20 所示。

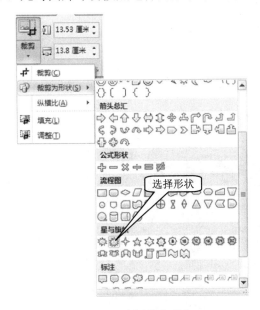

图 3-3-19 选择裁剪形状　　　　　　图 3-3-20 按选择的形状裁剪图片

2．如何压缩图片

选择图片,在"调整"组中单击"压缩图片"按钮,可打开"压缩图片"对话框,如图 3-3-21 所示。在对话框中,如果勾选"仅应用于此图片"复选框,将只压缩当前选择的图片,否则幻灯片中所有图片都被压缩。对话框的"目标输出"栏中的设置项用于设置输出时图片的分辨率,可根据输出的需要来设置。

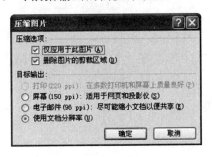

图 3-3-21 "压缩图片"对话框

✎巩固练习

1．在调整图片大小时,拖动图片框_____的控制柄能够使图片在缩放时保持原有的纵横比,拖动_____的控制柄能够分别对图片的宽和高进行设置。

2. 在进入图片的背景删除状态后，图片上被半透明紫红色覆盖的区域是_____，选择"标记要保留的区域"按钮 ，在图片上单击，单击处将出现带圆圈的加号标记，该区域被标记为_____。选择"标记要删除的区域"按钮，在图片上单击，则单击点所在的区域被标记为_____。

举一反三

利用提供的素材图片制作课件封面，效果如图 3-3-22 所示。

图 3-3-22　制作完成的课件封面

实验 4　图片样式的设置——讲座幻灯片封面

与图形对象一样，在幻灯片中插入图片后，同样可以为图片添加各种样式的效果，如三维旋转效果、阴影效果和映像效果等。本实验将介绍对图片样式进行设置的操作方法。

实验目标

（1）掌握为图片添加边框的方法。
（2）掌握为图片添加映像效果的方法。
（3）掌握为图片添加发光效果的方法。

实验分析

本实验介绍一个讲座幻灯片的封面页的制作方法。在页面中，三张素材图片需要添加边框,以模拟传统照片的白框,这可以通过为图片设置白色边框线来实现。同时,这三张照片需要获得页面上的散放效果,这个效果通过设置图片在 X、Y 和 Z 轴方向上的旋转角度来获得。为了增强其立体效果,在制作时还为图片添加了阴影效果。页面中用到了一张照相机的素材图片,这张图片在取消背景后为其添加发光效果和映像效果,使其显得突出而富有立体感。

实验过程

任务 1 为图片添加边框

步骤 1 启动 PowerPoint,插入本实验的素材图片,在幻灯片中放置好背景图片,调整其他素材图片的大小。选择一张素材图片,打开"设置图片格式"对话框,在对话框的左侧列表中选择"线条颜色"选项,在右侧选择"实线"单选按钮,将实线的颜色设置为白色,如图 3-4-1 所示。在对话框右侧列表中选择"线型"选项对线型进行设置,这里将边框宽度设置为 6 磅并设置线型,如图 3-4-2 所示。

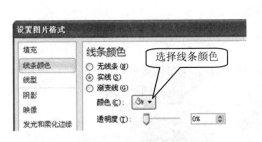

图 3-4-1 设置线条颜色　　　　　　　　图 3-4-2 设置线型

步骤 2 使用相同的方法为幻灯片中其他两张图片设置相同的边框样式,如图 3-4-3 所示。

图 3-4-3 为其他照片添加边框

任务 2　为图片添加三维旋转效果

步骤 1　选择第一张图片,在"设置图片格式"对话框左侧选择"三维旋转"选项,在右侧设置图片在 X、Y 和 Z 轴方向上的旋转,如图 3-4-4 所示。在对话框左侧列表中选择"阴影"选项,为图片添加阴影效果,如图 3-4-5 所示。

图 3-4-4　设置图片的三维旋转效果

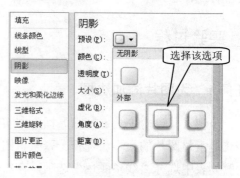

图 3-4-5　为图片添加阴影效果

步骤 2　分别为其他两张图片添加三维旋转和阴影效果。选择图片后,拖动图标框顶端的旋转控制柄使图片适当旋转,如图 3-4-6 所示。

图 3-4-6　为其他图片添加效果并适当旋转

任务 3　为图片添加发光效果

步骤 1　选择添加的照相机图片,按照上一个实验介绍的方法去掉图片的背景,在"设置图片格式"对话框中选择"发光和柔化边缘"选项,在"预设"下拉列表中选择预设发光效果,如图 3-4-7 所示。在"颜色"下拉列表中选择发光效果的颜色,同时对"大小"和"透明度"进行设置,如图 3-4-8 所示。

步骤 2　在对话框左侧列表中选择"映像"选项,在"预设"列表中选择预设映像效果,如图 3-4-9 所示。

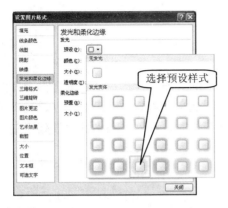
图 3-4-7　选择预设发光效果

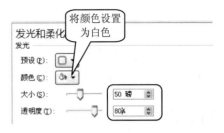
图 3-4-8　设置"颜色"、"大小"和"透明度"

图 3-4-9　设置映像效果

步骤 3　在幻灯片中添加标题文字，调整文字和图片之间的位置关系。效果满意后，保存文档，完成本实验的制作。幻灯片制作完成后的效果如图 3-4-10 所示。

图 3-4-10　幻灯片制作完成后的效果

✉ 实验总结

设置对象的样式，一般是直接在"格式"选项卡的"图片样式"列表中选择需要的样式应用到图片上。如果"图片样式"列表中的样式无法满足需要，用户也可以通过"设置图片格式"对话框来对图片样式进行设置，在具体操作时，可以先在"预设"列表中选择一个预设样式，然后再对其参数进行设置，这样能够提高制作效率。

📖 知识积累

1. 如何快速选择幻灯片中的对象

当幻灯片中存在多个对象，并且这些对象互相堆叠的时候，使用鼠标来选择某个对象是十分困难的。在"开始"选项卡的"编辑"组中单击"选择"按钮，在打开的菜单中选择"选择窗格"命令将打开"选择和可见性"窗格，窗格中将列出幻灯片中的所有对象，选择某个选项就能选择该对象，如图3-4-11所示。

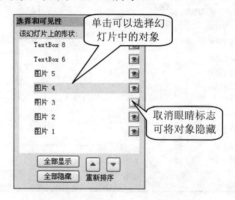

图 3-4-11 "选择和可见性"窗格

2. 如何设置图片边框线

使用"设置图片格式"对话框可以对图片边框的线型进行设置，这里介绍图片边框线设置的知识。

在对话框的"复合类型"下拉列表框中可以选择边框的类型，一共有"单线"、"双线"和"三线"等5种类型。"短划线类型"下拉列表用于选择短划线的类型，其包含实线、圆点和放点等共8个选项，如图3-4-12所示。图3-4-13所示为选择"划线－点"选项所获得的边框效果。

"线端类型"下拉列表用于设置线端端点的类型，包括正方形、圆形和平面这三个选项，图3-4-14所示是分别使用"正方形"选项和"圆形"选项所获得的效果对比。

"连接类型"下拉列表用于设置两条线段连接时显示的样式，拥有"圆形"、"棱台"和"斜接"这三个选项。图3-4-15所示为依次使用"圆形"、"棱台"和"斜接"连接类型的效果对比。

图 3-4-12 "短划线类型"下拉列表中的选项

图 3-4-13 "划线－点"线型的效果

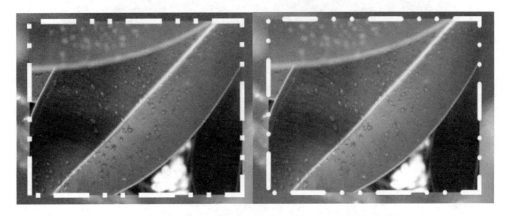

图 3-4-14 选择"正方形"和"圆形"选项所获得的效果对比

图 3-4-15 分别使用三种连接类型的效果对比

✍ 巩固练习

1. 在"开始"选项卡的_____组中单击"选择"按钮，选择菜单中的_____命令将打开_____，使用该窗格能够快速选择幻灯片中的对象。

2. 在使用"设置图片格式"对话框设置图片边框时，对话框中的_____下拉列表框可以选择边框的类型，_____下拉列表用于设置线端端点的类型，_____下拉列表用于设置两条线段连接时显示的样式。

举一反三

对实验 4 的效果进行修改,制作飘落的立体照片效果,如图 3-4-16 所示。

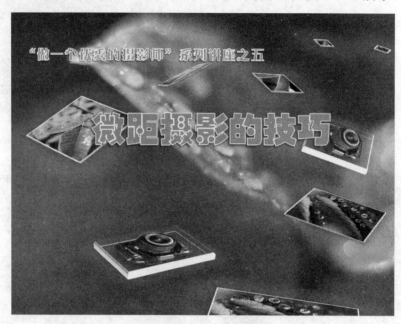

图 3-4-16　制作飘落的立体照片效果

实验 5　使用相册——两直线的相对位置

PowerPoint 2010 提供了相册功能,通过创建相册,能够方便地制作展示型课件,用户可以在相册中应用主题、为图片添加相框和自定义相册的外观等,使相册美观而富有个性。下面以一个实例来介绍相册功能在课件制作中的应用。

实验目标

(1) 掌握创建相册的方法。
(2) 掌握对相册进行编辑的方法。

实验分析

本节实验介绍使用 PowerPoint 2010 的相册功能来快速制作展示型课件的方法。展示型课件的幻灯片中一般应该包括两个部分的内容,一个是以图片的形式展示需要讲解的内容,另一个是以文本的形式对图片展示的内容进行提纲挈领的描述。因此，课件的幻灯片中一般需要插入图片，并且使用文本框来提供说明。实际上，对于这样的课件，每张幻灯片的结构都是相同的，用户往往需要重复相同的操作多次。PowerPoint 2010 提供了相册功能，能够自动批量在各个幻灯片中插入文字，并且用户可以通过设置为幻灯片中的图片配备文本框。这无疑能够简化操作，大大提高课件制作效率。

实验过程

任务 1　创建相册

步骤 1　启动 PowerPoint 2010，在"插入"选项卡的"图像"组中单击"相册"按钮，如图 3-5-1 所示。

图 3-5-1　单击"相册"按钮

步骤 2　打开"相册"对话框，在对话框中单击"文件/磁盘"按钮，如图 3-5-2 所示。在打开的"插入新图片"对话框中选择需要使用的图片，如图 3-5-3 所示。单击"插入"按钮将选择的图片插入到相册中。

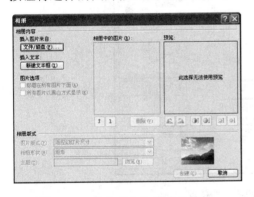

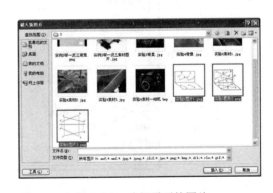

图 3-5-2　单击"文件/磁盘"按钮　　　　　　图 3-5-3　选择需要的图片

步骤 3　在"图片版式"下拉列表中选择图片在相册中的版式，这里选择一种带有标题的图片版式，如图 3-5-4 所示。

步骤 4　在"相册中的图片"列表中选择"实验 5 图片 3"选项，单击其下的按钮将其放到列表的最后。这样使其作为相册中的最后一张图片，如图 3-5-5 所示。单击"确定"按钮即可创建相册。

任务 2　编辑相册

步骤 1　在"插入"选项卡的"图像"组中单击"相册"按钮上的下三角按钮，在打开的菜单中选择"编辑相册"选项打开"编辑相册"对话框。在"相册中的图片"列表中选择"实验 5 图片 1"选项,单击"新建文本框"按钮。此时列表中会添加一个文本框选项,如图 3-5-6 所示。为每一个图片添加文本框,如图 3-5-7 所示。

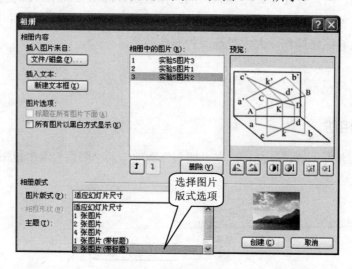

图 3-5-4　设置图片版式

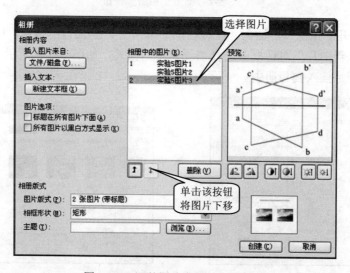

图 3-5-5　调整图片在相册中的位置

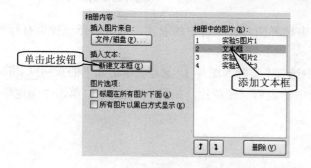

图 3-5-6　添加文本框

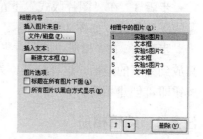

图 3-5-7　为每一张图片添加文本框

步骤 2 单击"主题"文本框旁的"浏览"按钮，如图 3-5-8 所示。此时将打开"选择主题"对话框，在对话框中选择需要的主题，单击"选择"按钮使用该主题作为相册主题，如图 3-5-9 所示。

图 3-5-8　单击"浏览"按钮　　　　图 3-5-9　选择主题应用到相册

步骤 3 单击"更新"按钮关闭对话框，相册的结构根据设置发生变化。此相册包含 4 张幻灯片，第一张是封面幻灯片，由 PowerPoint 自动创建，输入文字后的效果如图 3-5-10 所示。相册添加了三张照片，分别位于三张幻灯片中，每张幻灯片包含标题文本框和一个内容文本框，添加文字并对文字格式进行设置后的效果如图 3-5-11 所示。

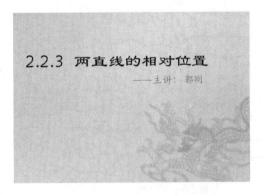
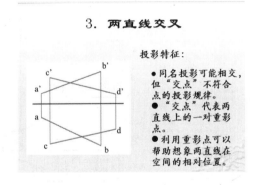

图 3-5-10　添加文字后的封面幻灯片　　　　图 3-5-11　添加文字后的内容幻灯片

✉ 实验总结

本实验介绍了使用 PowerPoint 2010 的相册功能来制作课件的方法。PowerPoint 2010 的相册功能能够快速在课件中插入大量的图片，并且能够对插入图片的幻灯片版式进行设置，从而能够方便快捷地制作图片配说明文字这类课件。使用相册功能制作相册时，首先用户可以在创建相册时完成相册版式设置、主题和文本框的添加。如果对创建的相册效果不满意，可以使用"编辑相册"对话框来对相册的结构进行编辑修改。完成相册的创建和修改后，也就是确定了课件的结构，即可输入所需内容完成课件的制作。

📖 知识积累

1. 相册中的照片能够添加相框吗？

在"相册"对话框或"编辑相册"对话框的"相框形状"下拉列表框中选择图片相框形状样式可以设置相框的形状，如图 3-5-12 所示。

图 3-5-12 设置相框形状

2. 如何对相册中照片的亮度和对比度进行调整

在"相册"或"编辑相册"对话框的"相册中的图片"列表中选择需要调整的图片，单击"预览"窗口下方的按钮可对图片的亮度和对比度进行调整，单击旋转按钮可顺时针或逆时针旋转图片，如图 3-5-13 所示。

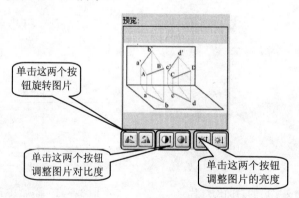

图 3-5-13 对图片进行调整

✒️ 巩固练习

1. 在"相册"对话框中，_____按钮用于打开"插入新图片"按钮插入新图片，_____按钮用于在幻灯片中添加文本框，_____下拉列表中的选项用于设置幻灯片图片的版式布局。

2. 在"编辑相册"对话框中，按钮 ⬆ 用于将"相册中的图片"列表中选择的图片_____，按钮 ⬇ 用于_____，按钮 🔁 用于将图片_____。

举一反三

使用 PowerPoint 2010 的相册功能制作历史课件,制作完成的效果如图 3-5-14 所示。

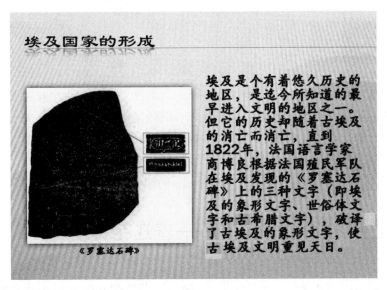

图 3-5-14　课件制作完成后的效果

第4章 声音和视频的使用

随着多媒体技术的发展，课件制作技术也逐渐提高，单一的文字和图表已经无法满足课件辅助教学的需求。如果能够将多种视觉和听觉效果应用到课件中，无疑会使演示文稿更具有感染力，给受众留下深刻的印象。PowerPoint 2010 对声音和视频的支持有了进一步的增强，用户除了能够插入外部的声音和视频文件并控制它们的播放之外，还可以直接对插入的文件进行裁剪。

实验1 在课件中使用声音——春江花月夜（一）

在课件中使用声音，是制作多媒体课件的需要。PowerPoint 2010 对声音提供了很好的支持，能以多种方式向课件中插入声音。本实验将介绍向课件中插入外部声音文件和录制声音的操作方法。

☞ 实验目标

（1）掌握在课件中插入外部声音文件的方法。
（2）掌握使用 PowerPoint 录音的方法。

◎ 实验分析

本实验介绍在 PowerPoint 课件中插入声音的方法。课件中的声音可以来自外部文件，外部的音频文件可以直接使用 PowerPoint 的"插入音频"命令插入到幻灯片中。同时，如果在课件中需要添加旁白或解说，用户可以直接使用 PowerPoint 2010 进行录制，录制完成的声音将能够直接插入到幻灯片中。

✍ 实验过程

任务1 插入外部音乐

步骤1 打开需要插入声音的幻灯片，在"插入"选项卡的"媒体"组中单击"音频"按钮上的下三角，在菜单中选择"文件中的音频"命令，如图 4-1-1 所示。

图 4-1-1　选择"文件中的音频"选项

步骤 2　在打开的"插入音频"对话框中选择需要插入的音乐文件,单击"插入"按钮,如图 4-1-2 所示。此时在当前的幻灯片中即会出现声音图标和播放控制面板,声音文件即插入到幻灯片中,如图 4-1-3 所示。

图 4-1-2　"插入音频"对话框

图 4-1-3　声音插入幻灯片

任务 2　插入录音

步骤 1　选择需要添加录音的幻灯片,在"插入"选项卡中单击"音频"按钮上的下三角,选择菜单中的"录制音频"选项。此时会打开"录音"对话框,在"名称"文本框中输入录制的声音文件的名称,单击"录音"按钮,PowerPoint 2010 开始录制话筒中的声音。完成录音后单击"停止"按钮停止声音的录制,单击"播放"按钮可预览声音录制的效果,如图 4-1-4 所示。

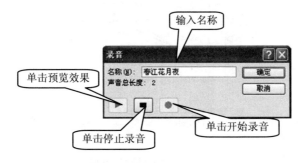

图 4-1-4　"录音"对话框

步骤 2　录音效果满意后,单击"确定"按钮关闭"录音"对话框,录制的声音将插入幻灯片,在幻灯片中出现声音图标,如图 4-1-5 所示。

图 4-1-5　在幻灯片中插入录音

✉ 实验总结

使用 PowerPoint 2010 可以以多种形式在幻灯片中插入声音，用户既可以插入外部声音文件，又可以直接使用 PowerPoint 2010 来录制声音。在 PowerPoint 2010 中，声音的插入使用"插入"选项卡的"媒体"组中的相关命令来实现，操作起来十分简单。

📖 知识积累

1．如何使用剪辑库中的声音

PowerPoint 2010 自带了一个"剪辑管理器"，内置了大量的声音对象，并且能够获取 Office 网上的资源。在"插入"选项卡的"媒体"组中单击"音频"按钮上的下三角，在打开的菜单中选择"剪贴画音频"命令。此时将打开"剪贴画"任务窗格，在窗格中单击相应的选项，即可将声音文件插入到幻灯片中，如图 4-1-6 所示。

图 4-1-6　"剪贴画"窗格

将鼠标移到"剪贴画"窗格中的声音选项上，单击其右侧出现的下三角按钮，在菜单中选择"预览/属性"命令将打开"预览/属性"对话框预览声音效果，如图 4-1-7 所示。

图 4-1-7　预览声音效果

2．如何获取录制的声音文件

在使用 PowerPoint 2010 录音后，录音文件是直接插入到幻灯片中的。如果需要获得录制的声音文件，可以采用下面的方法操作：保存包含录音的演示文稿，只是保存类型选择"网页"，保存后会得到一个 HTML 文件和相应的文件夹，在该文件夹中可以找到 WAV 格式的音频文件，该文件即是录制的声音文件。

巩固练习

1．在选择幻灯片中，单击"插入"选项卡的"媒体"组中＿＿＿＿按钮上的下三角，在打开的菜单中选择＿＿＿＿命令可以插入外部声音文件。

2．在"剪贴画"任务窗格中，＿＿＿＿声音选项即可插入声音。如果要预览"剪贴画"任务窗格中的声音，可以将鼠标移到相应的选项上，单击该选项右侧的下三角按钮，在获得的菜单中选择＿＿＿＿命令。

举一反三

打开实验 1 的课件，为课件的第一个页面录制背景资料朗读，如图 4-1-8 所示。

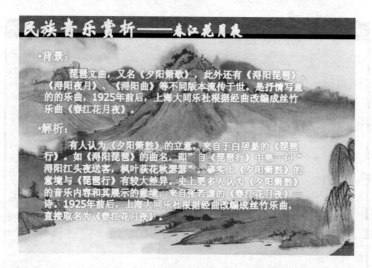

图 4-1-8　录制背景资料朗读

实验 2　声音的编辑——春江花月夜（二）

在课件中添加了声音后，有时需要对声音的播放进行设置，同时 PowerPoint 2010 也具有对声音进行简单编辑的能力。下面通过本实验来介绍 PowerPoint 2010 中对声音的设置和编辑的方法。

☞实验目标

（1）掌握设置声音播放方式的方法。
（2）掌握使用 PowerPoint 对声音进行编辑的方法。

∽实验分析

在课件中添加声音后，需要对声音进行一些设置。在默认情况下，插入幻灯片的声音会在切换到下一张幻灯片时自动停止播放。如果是作为背景音乐使用，则需要音乐能够一直播放下去，直到退出演示文稿。此时，就需要将音乐的播放设置为跨幻灯片播放。另外，插入幻灯片中的音乐默认情况下是只能在本幻灯片中播放一次的，如果需要音乐一直播放下去，则应该将其设置为循环播放。

PowerPoint 2010 提供了对声音进行简单编辑的能力，使用 PowerPoint 能够对插入到幻灯片中的声音进行裁剪，去掉声音中不需要的部分。同时，也可以为声音添加淡入和淡出效果，以增强声音播放的效果。这些操作都可以使用"播放"选项卡的"编辑"中的设置项来设置。

实验过程

任务 1　设置声音的播放方式

步骤 1　启动 PowerPoint 2010，打开素材文件（文件路径：配套光盘\4\春江花月夜.pptx）。在幻灯片中选择声音图标，在"播放"选项卡的"音频选项"组中"开始"下拉列表中选择"跨幻灯片播放"选项，勾选"循环播放，直到停止"复选框，勾选"放映时隐藏"复选框使课件播放时声音图标不可见，如图 4-2-1 所示。

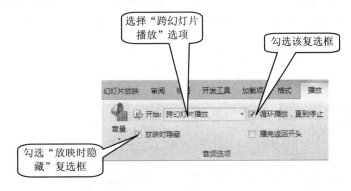

图 4-2-1　设置声音播放的开始方式

提示：如果需要声音播放完成后退出，可以在"音频选项"组中勾选"播完返回开头"复选框。勾选"循环播放，直到停止"复选框，则音乐将在当前幻灯片中循环播放，直到切换到下一张幻灯片或结束放映时才停止。在"开始"下拉列表中选择"跨幻灯片播放"，声音文件在切换到其他幻灯片时也将继续播放，在将声音当作背景音使用时，必须选择这一选项。

步骤 2　在"音频选项"组中单击"音量"按钮，在打开的列表中勾选相应的选项对声音播放时音量的大小进行设置，如图 4-2-2 所示。

图 4-2-2　设置音量

任务 2　编辑声音

步骤 1　在"播放"选项卡的"编辑"组中的"淡入"和"淡出"微调框中输入时间值，可以设置声音淡入的时间和淡出的时间，如图 4-2-3 所示。

图 4-2-3　设置淡入和淡出时间

步骤 2　在"编辑"组中单击"剪裁音频"按钮打开"剪裁音频"对话框,在对话框音频条上拖动绿色滑块设定声音播放的开始时间,拖动红色滑块设定声音播放的终止时间,如图 4-2-4 所示。完成设置后单击"确定"按钮关闭对话框,幻灯片中的声音被裁剪。

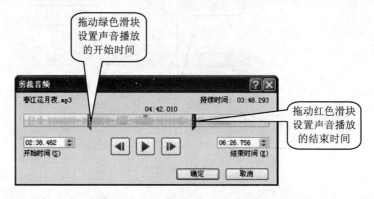

图 4-2-4　设置声音播放的开始和结束时间

提示:如果需要对声音开始和结束的时间进行精确设置,可以在"剪裁音频"对话框的"开始时间"和"结束时间"微调框中直接输入时间值。在对话框中单击"播放"按钮 ▶ 可以播放音乐,预览音乐裁剪后的效果。

实验总结

本实验介绍了在 PowerPoint 2010 中对声音的播放进行设置和对声音进行编辑处理的方法。相对于以前的版本,PowerPoint 2010 的音频处理能力有所增强,用户可以设置声音播放开始的方式,通过裁剪音频来设置声音开始的起始时间和结束时间。同时也可以为声音的播放添加淡入淡出效果,以获得更好的播放效果。

知识积累

1. 如何设置声音图标的样式

在 PowerPoint 中,幻灯片中插入声音后会自动插入一个声音图标。这个声音图标实际上是一个图片,在选择该图标后,就可以打开"格式"选项卡对其进行设置。这里的设置项与图片的设置项是完全相同的,可以设置图标的颜色、为图标添加艺术效果并设置其样式等。例如，为声音图标添加"浅色屏幕"艺术效果设置图片样式后的效果，如图 4-2-5 所示。

图 4-2-5　对声音图标进行设置后的效果

2．声音图标可以更改吗？

在插入声音后，如果觉得 PowerPoint 默认的声音图标不好看，可以更改这个图标。在幻灯片中右击声音图标，选择关联菜单中的"更改图片"命令。此时将打开"插入图片"对话框，在对话框中选择图标文件，如图 4-2-6 所示。单击"插入"按钮，声音图标即被更改为指定图片，如图 4-2-7 所示。

图 4-2-6　选择图片文件

图 4-2-7　更改图标

✎巩固练习

1．在课件播放时，如果需要声音不随着幻灯片的切换而停止，应该在"播放"选项卡"音频选项"组的_____下拉列表中选择_____选项。

2．在课件播放时，如果希望声音在幻灯片中一直播放下去，应该在"播放"选项卡的"音频"组中勾选_____复选框。

举一反三

对本实验的音乐进行设置，使其只能在当前幻灯片中播放，同时更改声音图标的样式，如图 4-2-8 所示。

图 4-2-8　制作完成后的效果

实验 3　声音播放的控制——指点领读

在播放课件时，常常需要对声音的播放进行控制，以根据需要来开始声音的播放。下面介绍在 PowerPoint 2010 中使用触发器来控制声音播放的方法。

实验目标

（1）掌握触发器的指定方法。
（2）掌握利用触发器控制声音播放的设置技巧。

实验分析

本实验介绍英语课件中常见的指点领读的实现技巧。在英语课上，老师经常需要通过录音来领读，这在课件中要求当老师点击相应的文字的时候能够播放对应的朗读音。这种交互效果，需要通过为声音的播放指定触发器来实现。在 PowerPoint 中，触发器是幻灯片中的一个对象，单击这个对象能够触发相应的动作，如动画的播放和声音的播放等。

本实验在制作过程中，创建每一个单词朗读所对应的文字文本框。选择需要控制播放的声音，指定文字文本框作为触发它播放的触发器即可。在幻灯片播放时，不需要通过单击声音图标来播放声音，因此需要将声音图标隐藏起来使它们不可见。

实验过程

任务1　添加素材

步骤1　启动 PowerPoint 2010，在幻灯片中插入素材图片并放置在幻灯片的合适位置。在"插入"选项卡的"媒体"组中单击"音频"按钮上的下三角，在菜单中选择"文件中的音频"命令。在打开的"插入音频"对话框中选择需要插入的音频文件，单击"插入"按钮将其插入到幻灯片中，如图 4-3-1 所示。使用相同的方法依次插入另外三个声音文件。

图 4-3-1　选择需要插入的声音文件

步骤2　在幻灯片中选择插入艺术字，分别输入英文词组，同时将将它们放置到幻灯片的适当位置，如图 4-3-2 所示。

图 4-3-2　在幻灯片中创建艺术字

任务 2　对声音的播放进行控制

步骤 1　按住 Ctrl 键依次单击幻灯片中的声音图标同时选择它们，在"播放"选项卡的"音频选项"组中勾选"放映时隐藏"复选框，如图 4-3-3 所示。

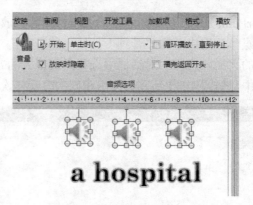

图 4-3-3　勾选"放映时隐藏"复选框

步骤 2　在"动画"选项卡的"高级动画"组中单击"触发"按钮，在打开的菜单中选择"单击"命令，在下级菜单中选择 a hospital 文本框所对应的选项作为触发器，如图 4-3-4 所示。使用相同的方法，将其他两个音频的播放触发器设置为对应的文字文本框。播放此幻灯片，声音图标将不再显示。当鼠标放置到文字上时，鼠标指针变为手形，单击该文字将播放对应的单词朗读，如图 4-3-5 所示。

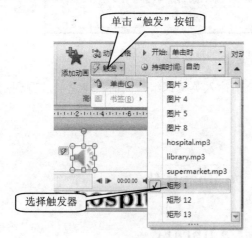　　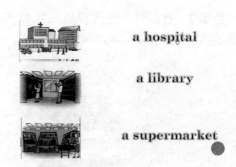

图 4-3-4　指定触发器　　　　图 4-3-5　单击文字播放单词朗读

✉ 实验总结

本实验介绍了使用触发器控制声音播放的方法。使用触发器控制声音播放的关键是为声音文件指定触发器，触发器可以是幻灯片中的各种对象，如文本框、图片和图形等。触发器的使用实际上为用户控制声音的播放提供了更多的方式，为创建具有强大交互功能的课件提供了条件。

📖 知识积累

1．PowerPoint 2010 中有哪些控制声音播放开始的方式

在课件中，除了使用触发器来控制声音的播放外，声音播放的开始还有下面的一些方式。选择幻灯片中的声音图标，在"播放"选项卡 "音效选项"组的"开始"下拉列表中选择"自动"选项，当播放到当前幻灯片时，声音将自动播放。如果选择"单击时"选项，则在幻灯片播放时，只有单击声音图标，声音才会开始播放，如图 4-3-6 所示。

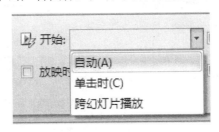

图 4-3-6 "开始"下拉列表

如果声音图标没有隐藏，在幻灯片播放时，将鼠标放置到声音图标上，将会出现声音播放控制栏，单击左侧的"播放"按钮即可开始声音的播放，如图 4-3-7 所示。此时该按钮将变为"暂停"按钮，单击该按钮将能暂停声音的播放。

图 4-3-7 单击"播放"按钮开始声音的播放

2．如何使用触发器实现声音播放的停止和暂停

PowerPoint 可以为声音指定触发器来实现声音播放的暂停或停止，下面介绍具体的操作方法。选择声音图标，在"动画"选项卡的"高级动画"组中单击"添加动画"按钮，在打开的菜单中选择"暂停"选项，如图 4-3-8 所示。单击"触发"按钮，在菜单中选择"单击"命令，在下级列表中选择一个对象指定为暂停动作的触发器，如图 4-3-9 所示。要实现声音的停止可以采用和设置暂停操作触发器相同的方法，将幻灯片中的某个对象指定为声音停止的触发器即可。

3．如何设置让声音在经过若干张幻灯片后自动播放

在"动画"选项卡的"高级动画"组中单击"动画窗格"按钮打开"动画窗格"，如

图 4-3-10 所示。在打开的"动画窗格"中单击声音选项右侧的箭头按钮,在打开的菜单中选择"效果选项"命令,如图 4-3-11 所示。

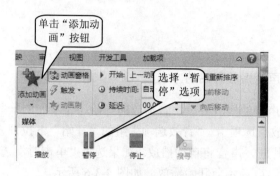

图 4-3-8　选择"暂停"选项

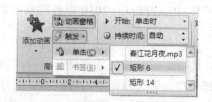

图 4-3-9　指定触发器

图 4-3-10　单击"动画窗格"按钮

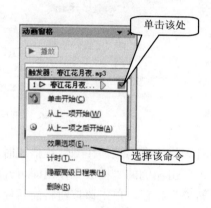

图 4-3-11　选择"效果选项"命令

此时将打开"播放音频"对话框,在对话框的"停止播放"栏中可以设置音乐从当前幻灯片起在播放多少张幻灯片后停止,如图 4-3-12 所示。

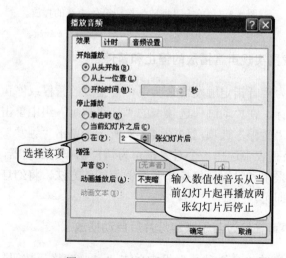

图 4-3-12　"播放音频"对话框

巩固练习

1. 选择幻灯片中的声音图标，在"动画"选项卡的"高级动画"组中单击_____按钮，在打开的菜单中选择_____命令即可在下级菜单为声音指定触发器了。
2. 要为声音添加暂停触发器，可以在"动画"选项卡的"高级动画"组中单击_____按钮，在打开的列表中选择"暂停"选项选择动作类型，然后再指定触发器即可。

举一反三

为实验 2 的幻灯片添加控制声音播放、暂停和停止的控制按钮，制作完成的效果如图 4-3-13 所示。

图 4-3-13　制作完成的效果

实验 4　在课件中使用视频——宾至如归

在 PowerPoint 2010 幻灯片中是可以加入视频对象的，课件中的视频对象是对图形、图像、文字和声音等内容的有效补充，能够使演示文稿更加生动，极大地扩展所要表达的内容。

实验目标

（1）掌握在课件中插入视频的方法。
（2）掌握对课件中的视频样式进行设置的方法。
（3）掌握对课件中视频的播放进行设置的方法。

实验分析

本实验介绍课件中插入视频、对视频进行设置以及使用触发器控制视频播放的方法。在 PowerPoint 2010 课件中，视频的插入、设置和控制的方法与声音的使用方法是基本相同的。插入课件中的外部视频文件，可以像图片那样设置其播放窗口的样式，同时与声音的设置一样，可以设置视频播放的开始方式。另外，可以通过将幻灯片中的对象设定为触发器来实现对视频播放、暂停和停止的控制。

实验过程

任务1　在课件中插入视频

步骤 1　打开需要插入影片的幻灯片，在"插入"选项卡中单击"视频"按钮上的下三角，在打开的菜单中选择"文件中的视频"命令，如图 4-4-1 所示。在打开的"插入视频文件"对话框中选择需要插入的视频，如图 4-4-2 所示。

图 4-4-1　单击"文件中的视频"命令　　　　图 4-4-2　"插入视频文件"对话框

步骤 2　单击"插入"按钮关闭"插入视频文件"对话框，视频被插入到当前幻灯片中。拖动视频窗口，可以移动视频的位置。拖动视频窗口上的控制柄，可以调整视频播放窗口的大小，如图 4-4-3 所示。

任务2　视频的设置

步骤 1　在"格式"选项卡中单击"视频样式"组中的"其他"按钮，在打开的列表中选择视频样式应用于选择的视频，如图 4-4-4 所示。

> 提示：PowerPoint 幻灯片中的影片永远是位于顶层的，在"格式"选项卡中可以设置影片与其他对象间的层级关系，但其设置只在幻灯片编辑时有效。例如，对影片应用"置于底层"命令，当幻灯片播放时，影片仍然会在最顶层播放。

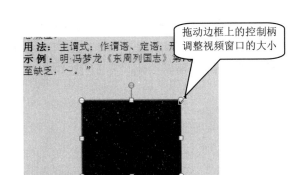

图 4-4-3 调整视频窗口的大小

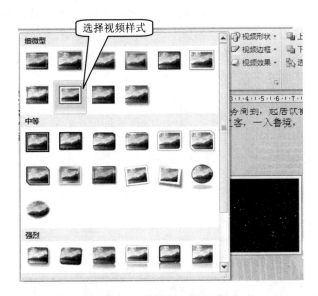

图 4-4-4 对视频应用视频样式

步骤 2 在"播放"选项卡的"视频选项"组中勾选"全屏播放"复选框,如图 4-4-5 所示。此时,进入幻灯片放映视图后,影片将全屏播放。

图 4-4-5 设置影片全屏播放

提示:勾选"循环播放,直到停止"复选框,在幻灯片放映过程中,影片将会自动循环播放,直到放映下一张幻灯片或停止幻灯片放映为止。勾选"播完返回开头"复选框,当影片播放完后,画面将停留在第一帧,否则影片将停留在影片的最后一帧。勾选"未播放时隐藏"复选框,在幻灯片放映过程中会自动隐藏视频播放窗口。另外,与声音一样,可以通过"音量"列表中的选项来设置视频播放的音量。

使用"编辑"组中的命令来对视频进行裁剪并为视频添加淡入淡出效果。

步骤 3 选择幻灯片中的视频,在"播放影片"下拉列表中选择"单击时"选项,则幻灯片放映时,单击视频窗口开始视频播放,如图 4-4-6 所示。

图 4-4-6 设置视频播放的开始方式

任务 3   视频播放的控制

步骤 1 在幻灯片中插入三个文本框输入文字,并设置文字和文本框的样式,这三个文本框将用作影片播放的控制按钮。选择幻灯片中的视频,在"动画"选项卡的"高级动画"组中单击"动画窗格"按钮打开动画窗格。单击"添加动画"按钮,在打开的列表中选择"播放"选项,如图 4-4-7 所示。

图 4-4-7 选择"播放"选项

步骤 2 在"动画窗格"中选择"宾至如归.avi"选项,在"动画"选项卡的"高级动画"组中单击"触发"按钮,在打开的菜单中选择"单击"命令,在下级列表中选择用于作为触发器的文本框,如图 4-4-8 所示。在"动画窗格"中可以看到播放动作被添加了触发器,如图 4-4-9 所示。

图 4-4-8 指定触发器

图 4-4-9 播放动作被添加了触发器

步骤 3 使用与上面相同的步骤为视频播放的暂停和停止添加动画效果，并且为它们添加触发器。完成触发器添加后的"动画窗格"如图 4-4-10 所示。按 F5 键播放幻灯片，此时即可通过播放控制按钮来控制影片的播放了。影片播放时的效果，如图 4-4-11 所示。

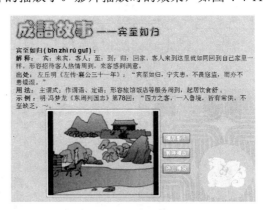

图 4-4-10　添加触发器后的"动画窗格"　　　　图 4-4-11　影片播放效果

✉ 实验总结

本实验介绍了在课件中使用视频的方法。课件中视频的插入和播放的设置，与声音文件基本相同。用户可以在幻灯片中插入外部视频文件，同时对视频播放窗口的样式进行设置。与声音文件一样，用户也可以在"播放"选项卡中对视频开始播放的方式进行设置，同时可以通过指定触发器来控制视频播放的暂停和停止。在 PowerPoint 2010 中，也可以像声音那样对视频进行裁剪和添加渐入渐出效果。

📖 知识积累

1. 如何使用剪贴画视频

在"插入"选项卡的"媒体"组中单击"影片"按钮上的下三角，在菜单中选择"剪贴画视频"命令，此时将打开"剪贴画"窗格，如图 4-4-12 所示。在窗格中单击相应的选项即可将该影片插入到幻灯片中，如图 4-4-13 所示。

在 PowerPoint 中的剪辑管理器将 GIF 动画也归为影片一类，因此这里插入的实际上是 GIF 动画。但在插入外部 GIF 动画时，则需要单击"插入"选项卡"图片"组中的"图片"按钮，以图片的形式插入，而不能以外部视频文件的形式插入。

2. 如何插入互联网上的视频

在"插入"选项卡的"媒体"组中单击"视频"按钮上的下三角箭头按钮，在打开的菜单中选择"来自网站的视频"命令，此时将打开"从网站插入视频"对话框，如图 4-4-14 所示。将从视频所在网站复制得来的嵌入代码粘贴到对话框的文本框中，单击"插入"按钮，即可将视频以链接的形式插入到幻灯片中。播放幻灯片时，PowerPoint 将自动从网站下载视频播放。

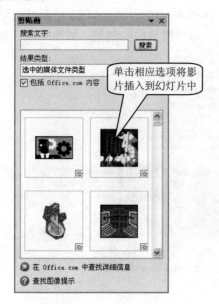

图 4-4-12 "剪贴画"窗格

图 4-4-13 幻灯片中插入动画

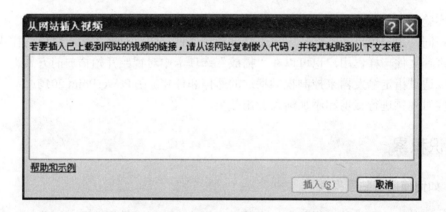

图 4-4-14 "从网站插入视频"对话框

巩固练习

1. 要在幻灯片中插入外部视频文件，可以在_____选项卡的"媒体"组中单击"视频"按钮上的下三角，选择菜单中的_____命令打开_____选择需要插入的文件。

2. 在"播放"选项卡的"视频选项"组中，勾选_____复选框，在幻灯片放映过程中，影片将会自动循环播放，直到放映下一张幻灯片或停止幻灯片放映为止。勾选_____复选框，当影片播放完后，画面将停留在第一帧，否则影片将停留在影片的最后一帧。勾选_____复选框，在幻灯片放映过程中会自动隐藏视频播放窗口。

举一反三

对实验 4 的视频窗口进行设置，获得立体播放窗口，如图 4-4-15 所示。

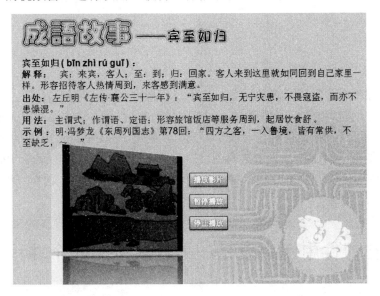

图 4-4-15　制作立体播放窗口

第 5 章 课件中的各种常用对象

在多媒体课件中常常需要多种对象，这不仅包括声音、视频和图像等，还包括表格、图表和外部文件创建的对象等。使用 PowerPoint 2010，教师能够在课件中方便地创建各种类型的表格，也可以制作效果独特的表格。同时，利用 PowerPoint 2010 的 SmartArt 图形功能，教师还能快速创建各种关系结构图。作为 Windows 系统下的演示文稿制作软件，PowerPoint 2010 还能利用 OLE 技术使用各种其他应用程序创建的文件，这无疑为课件的制作提供了大量的可用素材。

实验 1　在课件中使用表格——汽油机的四个冲程

表格具有条理清楚、对比性强等特点，使用表格能够将枯燥的数据清晰明了地展现在观众面前。PowerPoint 2010 能够在幻灯片中创建表格并对其样式进行设置，下面将介绍在课件中使用表格的有关技巧。

☞ 实验目标

（1）掌握在课件中创建表格的方法。
（2）掌握表格的各种操作技巧。
（3）掌握表格中文字的添加方法。
（4）掌握表格样式的设置方法。

⌒ 实验分析

本实验介绍在 PowerPoint 课件中插入表格并对表格进行设置的方法。PowerPoint 对表格提供了很好的支持，用户能够采用多种方法向幻灯片中添加表格。对于创建的表格，用户能够使用"布局"选项卡中的命令来对表格进行操作，这包括设置表格中单元格的大小、合并和拆分单元格以及插入行列等。使用"设计"选项卡，可以设置表格的外观样式、设置表格中文字的艺术字样式以及对表格进行绘制。本实验将利用 PowerPoint 提供的有关命令来完成表格的创建、单元格布局的编辑修改、单元格样式的设置以及单元格中文字格式的设置等操作。

实验过程

任务1 绘制表格

步骤1 启动 PowerPoint 2010,打开素材文件(文件路径:配套光盘\素材\part5\在课件中使用表格——汽油机的四个冲程(素材).pptx)。在课件中选择需要插入表格的幻灯片,在"插入"选项卡中单击"表格"按钮,在打开的列表上方是一个网格框,在网格框中移动鼠标确定表格的行数和列数,如图 5-1-1 所示。完成表格的行数和列数的设定后单击鼠标,在幻灯片中即可创建需要的表格,该表格将自动使用默认的表格样式,如图 5-1-2 所示。

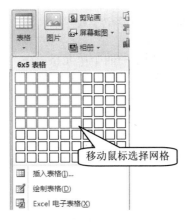

图 5-1-1 设置表格的行列数　　　　　图 5-1-2 按默认的样式创建表格

步骤2 选择表格,打开"设计"选项卡,在"表格样式"组的列表中选择内置的表格样式应用于创建的表格,如图 5-1-3 所示。拖动表格边框上的控制柄可以调整表格的大小,如图 5-1-4 所示。

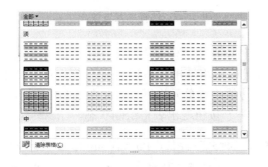
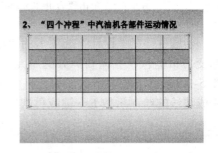

图 5-1-3 选择表格样式　　　　　　　图 5-1-4 调整表格的大小

任务2 修改表格布局

步骤1 选择幻灯片中的表格,在"设计"选项卡中单击"绘图边框"组中的"擦除"

按钮，如图 5-1-5 所示。此时鼠标光标变为橡皮擦状，使用鼠标在需要合并的两个单元格间的边线上单击擦除该边线，如图 5-1-6 所示。完成所有的擦除工作后，在表格外单击取消"擦除"工具。

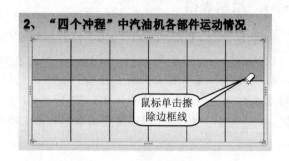

图 5-1-5　单击"擦除"按钮　　　　　　　　图 5-1-6　擦除边框线

步骤 2　按住 Shift 键在单元格中单击同时选择最右侧列中的四个单元格，在"设计"选项卡的"合并"组中单击"合并单元格"按钮，如图 5-1-7 所示。可以将 4 个单元格合并为一个单元格，如图 5-1-8 所示。

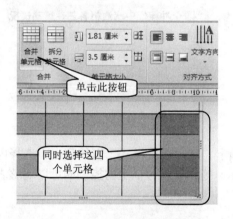

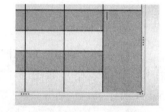

图 5-1-7　单击"合并单元格"按钮　　　　　图 5-1-8　选择单元格被合并

步骤 3　在"设计"选项卡的"绘制边框"组中单击"绘制表格"按钮，此时鼠标光标变为铅笔状，在需要拆分的单元格中绘制边线即可将该单元格拆分为两个单元格，如图 5-1-9 所示。在拆分的新单元格中再添加一条边线将该单元格拆分，如图 5-1-10 所示。完成边线的绘制后按 Esc 键或再次单击"绘制表格"按钮退出表格绘制状态。

> **提示：** 在"布局"选项卡的"合并"组中单击"拆分"按钮，PowerPoint 给出"拆分单元格"对话框，在对话框中输入行数和列数能将单元格按照设定的值来进行拆分。使用绘制图形的方法来拆分单元格比使用"拆分"命令更为灵活，使用"拆分"命令拆分单元格将获得等宽的单元格，而使用绘制图形的方法将能够拆分出任意大小的单元格。

第 5 章　课件中的各种常用对象　151

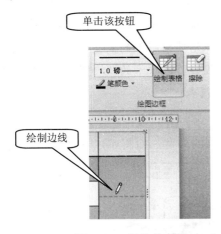

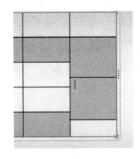

图 5-1-9　拆分单元格　　　　　　　　图 5-1-10　再次拆分后的结果

步骤 4　将鼠标放置到表格的边线上，拖动边线可以改变单元格的大小，如图 5-1-11 所示。

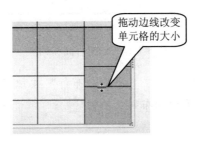

图 5-1-11　改变单元格的大小

步骤 5　将插入点光标放置到表格左上角第一个单元格中，在"设计"选项卡的"表格样式"组中单击"边框"按钮上的下三角。在打开的列表中选择"斜下框线"选项，如图 5-1-12 所示。此时将在该单元格中添加斜线表头，如图 5-1-13 所示。

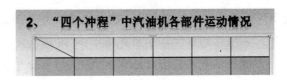

图 5-1-12　选择"斜下框线"选项　　　　　图 5-1-13　添加斜线表头

152 PowerPoint 多媒体课件制作实验与实践

提示：对于边框设置列表中的选项，当前面的图标为黄色高亮显示时，表示显示单元格中该位置的框线。如果单击该选项取消其图标上的高亮显示，则单元格中的该边框将不再显示。这里，也可以在"设计"选项卡的"绘制边框"组中单击"绘制表格"按钮后在单元格中绘制出斜线来。

步骤 6 在"布局"选项卡的"单元格大小"组的"行高"和"列宽"微调框中输入数值，设置当前单元格所在行的行高和所在列的列宽，如图 5-1-14 所示。

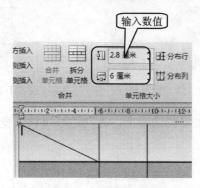

图 5-1-14 设置行高和列宽

提示：在"单元格大小"组中单击"平均分布行"按钮 分布行 能够使行高在表格中平均分配。单击"平均分布列"按钮 分布列 能够在表格中平均分配列宽。

任务 3 为表格添加文字

步骤 1 在需要输入文字的单元格中单击，出现输入点光标，这时即可在单元格中输入文字。分别在单元格中输入文字，选择单元格文字后在"开始"选项卡的"字体"组中设置文字的大小和颜色，如图 5-1-15 所示。

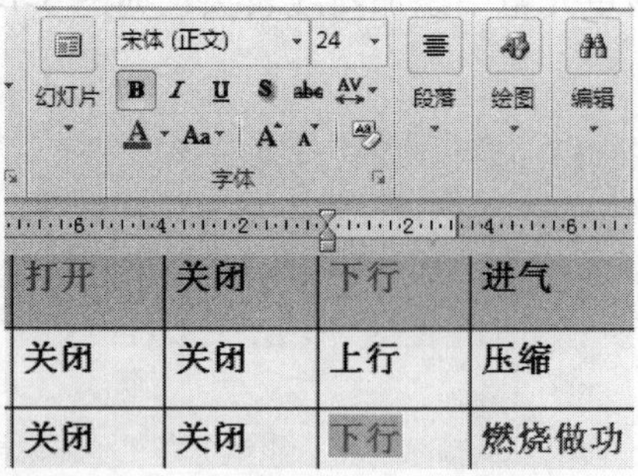

图 5-1-15 设置文字的大小和颜色

提示：如果是生成的新表格，输入点光标会自动放置于左上角第一个单元格中。要想将光标移动到下一个单元格中，可以按 Tab 键，也可以在单元格中单击。按 Shift+Tab 键可将光标往回移动一个单元格。当按 Tab 键将光标移动到一个已有文字的单元格中时，单元格中所有文字会高亮显示，此时可以直接输入新文字替换单元格中的所有文字。如果在表格最后一个单元格按 Tab 键，则会在表格底部增加一行。另外，通过按←、→、↑或↓也可控制光标的移动。

步骤 2 选择单元格中的文字后，在"段落"组中单击"居中"按钮使文字在单元格中居中放置。单击"对齐文本"按钮，在打开的菜单中选择"中部对齐"命令，如图 5-1-16 所示。

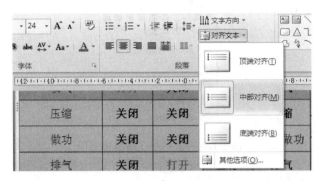

图 5-1-16 选择"中部对齐"命令

步骤 3 将插入点光标放置到左上角添加了斜线的单元格中，添加空格使插入点光标进入斜线左上角的范围内，输入需要的文字并设置其大小，如图 5-1-17 所示。按 Enter 键另起一行，输入斜线下方需要的文字并设置其大小，如图 5-1-18 所示。

图 5-1-17 在斜线上方添加文字　　　　图 5-1-18 在斜线下方添加文字

提示： 如果斜线下方的空间无法容纳设置样式后的文字，可以再按 Enter 键增加一个空行。在向带有斜线的单元格中添加文字时，还可以使用文本框。在文本框中输入文字，将带有文字的文本框放置到表头的上下部分即可。

任务 4　设置表格样式

步骤 1 选择整个工作表，在"设计"选项卡的"表格样式"组中单击"底纹"按钮上的下三角，在打开的列表中选择"无填充颜色"选项取消对单元格的颜色填充，如图 5-1-19 所示。

步骤 2 在"设计"选项卡的"表格样式"组中单击"效果"按钮，在打开的菜单中选择"阴影"命令，在下级列表中选择 PowerPoint 内置的阴影样式应用到表格，如图 5-1-20 所示。使用相同的方法对表格应用映像效果，如图 5-1-21 所示。

步骤 3 对表格各单元格的大小进行调整，效果满意后完成本实验的制作。本实验制作完成后的表格效果，如图 5-1-22 所示。

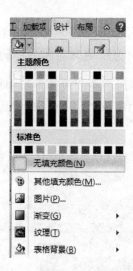

图 5-1-19 取消单元格的填充色

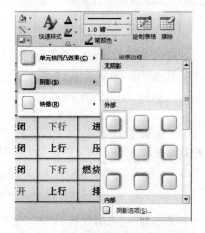

图 5-1-20 应用阴影效果

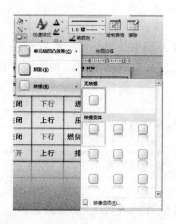

图 5-1-21 应用映像效果

冲程名称＼部件名称	进气门	排气门	活塞	燃料	火花塞
吸气	打开	关闭	下行	进气	
压缩	关闭	关闭	上行	压缩	点火
做功	关闭	关闭	下行	燃烧做功	
排气	关闭	打开	上行	排气	

2、"四个冲程"中汽油机各部件运动情况

图 5-1-22 制作完成的表格效果

✉ 实验总结

本实验介绍了在 PowerPoint 2010 课件中使用表格的有关知识和操作技巧。PowerPoint 2010 对表格提供了很好的支持，用户不仅可以创建表格，而且能够方便地对表格的布局进行修改。与图形一样，用户可以使用 PowerPoint 2010 内置的样式来美化表格，也可以为表格添加阴影、映像和凹凸效果。通过本实验的制作，读者能够掌握绘制各类特殊结构表格的方法、熟悉表格中文字的设置技巧同时掌握美化表格的方法。

📖 知识积累

1. PowerPoint 2010 创建表格有哪几种方式

在制作 PowerPoint 课件时，除了本实验介绍的创建表格的方式外，还有下面三种方法来创建表格。

（1）使用占位符创建表格。在"开始"选项卡中单击"新建幻灯片"按钮上的下三角，在打开的幻灯片版式列表中选择一款带有表格内容的幻灯片版式，如"标题和内容"幻灯片，如图 5-1-23 所示。在幻灯片的占位符中单击"插入表格"按钮，如图 5-1-24 所示。

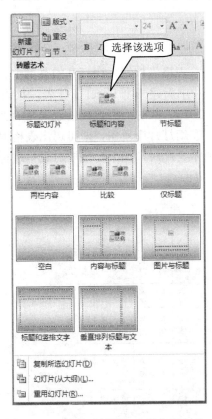
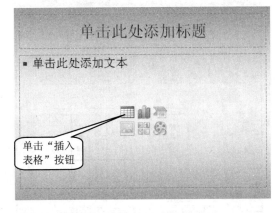

图 5-1-23　选择"标题和内容"幻灯片　　　　图 5-1-24　单击"插入表格"按钮

此时将打开"插入表格"对话框，在对话框中输入表格的行列数，单击"确定"按钮即可在幻灯片中创建表格，如图 5-1-25 所示。

图 5-1-25 "插入表格"对话框

（2）绘制表格。在"插入"选项卡中单击"表格"按钮，在菜单中选择"绘制表格"命令。在幻灯片中拖动鼠标绘出表格的边框，释放鼠标得到一个只有一栏的表格，如 5-1-26 所示。在"设计"选项卡中单击"绘制表格"按钮，在表格中从上向下拖动鼠标绘制出表格的列，在表格中从左向右拖动鼠标绘制表格的行，如图 5-1-27 所示。获得需要的表格后，单击鼠标右键，完成表格的绘制。

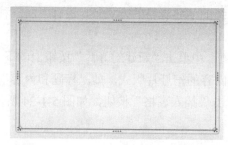 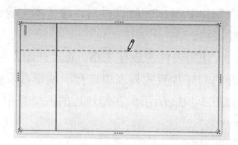

图 5-1-26 绘制表格边框　　　　　　　　图 5-1-27 绘制行列

（3）创建 Excel 表格。在"插入"选项卡中单击"表格"按钮，在打开的菜单中选择"Excel 电子表格"命令。此时，在 PowerPoint 幻灯片中新建一个 Excel 工作表，且该工作表处于激活状态，其操作界面属于 Microsoft Excel 2010。此时，可直接创建需要的工作表格，如图 5-1-28 所示。完成表格的创建和编辑后，在幻灯片中单击，即可退出表格编辑状态，将创建的表格插入到幻灯片中，如图 5-1-29 所示。此时，如果还需要对表格进行编辑，可以直接双击幻灯片中的表格进入 Excel 的编辑界面。

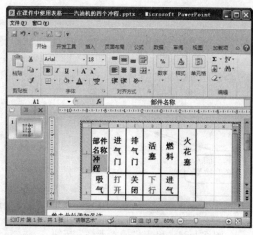 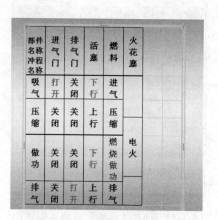

图 5-1-28 创建 Excel 工作表　　　　　　图 5-1-29 表格插入幻灯片

2. 如何自定义单元格文字版式

选择整个表格后，打开"布局"选项卡，单击"对齐方式"组中的"单元格边距"按钮，在打开的列表中单击"自定义边距"选项，如图 5-1-30 所示。此时，可打开"单元格文字版式"对话框，使用该对话框可设置单元格中文字的版式，如图 5-1-31 所示。设置完成后，单击"预览"按钮可查看设置效果，效果满意后单击"确定"按钮应用设置。

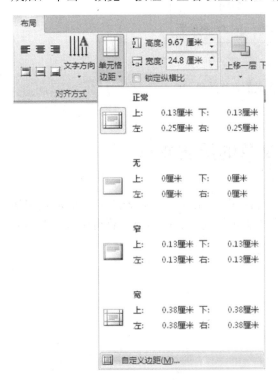
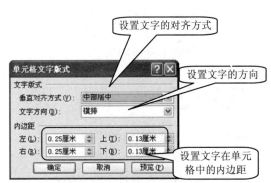

图 5-1-30　选择"自定义边距"命令　　　　图 5-1-31　设置文字版式

巩固练习

1．要设置单元格所在行列的行高和列宽，可以使用鼠标拖动_____来实现，也可以在"布局"选项卡的"单元格大小"组的_____和_____微调框中输入数值来设置。

2．在 PowerPoint 2010 中，合并单元格有两种方法，一种方法是使用"布局"选项卡的_____组中的_____命令。另一种方法是在"设计"选项卡中单击_____按钮，直接将单元格中的边线_____即可。

举一反三

利用实验 1 的背景在幻灯片中创建表格，效果如图 5-1-32 所示。

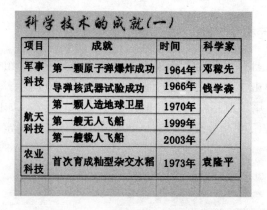

图 5-1-32 制作完成的表格效果

实验 2　图表的应用——土地改革的历史意义

图表是利用图形的形式表现数据的表格。利用图形化的形式来表达信息更加直观清晰，便于理解，比起单纯的数据表格，能够更好地展现数据变化趋势，获得更好的演示效果，使演示文稿更具说服力。

☞ 实验目标

（1）掌握在课件中创建图表的方法。
（2）掌握设置图表标签的方法。
（3）掌握设置图表背景的方法。

✍ 实验分析

使用 PowerPoint 2010 可以向课件中插入各种类型的图表，包括在各学科中常用的柱状图、折线图和饼图等。要在课件中创建符合课件整体风格的图表，一般需要经过创建图表和设置图表这两个步骤。在插入图表时，可以根据需要选择图表类型，并在打开的 Excel 工作表中输入数据。完成图表的创建后，可以对图表的坐标轴、数值标签、各类标题和图例以及图表区域等进行设置。这些设置可以通过图表的"布局"选项卡、"设计"选项卡和"格式"选项卡中的命令来操作。

✈ 实验过程

任务 1　创建图表

步骤 1　启动 PowerPoint 2010，打开素材文件（文件路径：配套光盘\素材\part5\图表的应用——土地改革的历史意义(素材).pptx)。在"插入"选项卡的"插图"组中单击"图表"按钮打开"插入图表"对话框。在对话框左侧列表中选择需要插入图表的类型,如这里选择"柱形图",在右侧的"柱形图"列表中选择需要插入的柱形图,如图5-2-1所示。

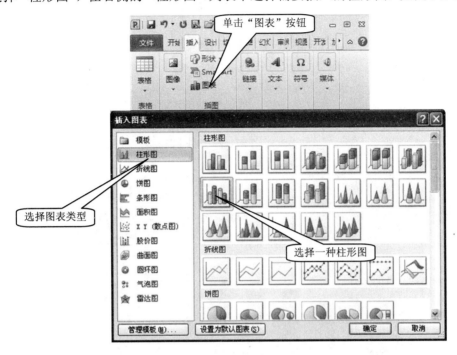

图 5-2-1 选择需要使用的图表

步骤 2 单击"确定"按钮关闭"插入图表"对话框,PowerPoint 2010 会打开 Excel 2010 工作表,如图 5-2-2 所示。这里,删除"系列 2"和"系列 3"这两列的数据,在类别列中输入年份,在"系列 1"列中输入各个年份对应的数值。拖动蓝色区域框线右下角使其包含当前数据区域,如图 5-2-3 所示。关闭 Excel 工作表,幻灯片中获得的图表如图 5-2-4 所示。

图 5-2-2 打开工作表   图 5-2-3 输入数据

任务 2 设置图表标签

步骤 1 选择图表,在"设计"选项卡的"图表样式"组中,选择 PowerPoint 内置的图表样式应用到图表,如图 5-2-5 所示。

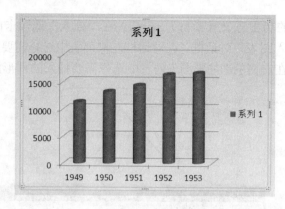

图 5-2-4　在幻灯片中创建图表

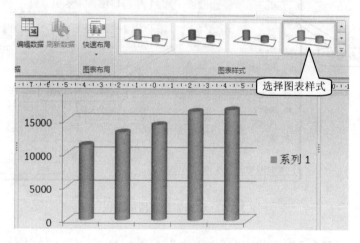

图 5-2-5　应用内置图表样式

步骤 2　在图表上方的图表标题文本框中单击放置插入点光标，输入图表的标题文字。选择图表标题文本框后，在"开始"选项卡的"字体"组中设置标题的字体和大小，如图 5-2-6 所示。

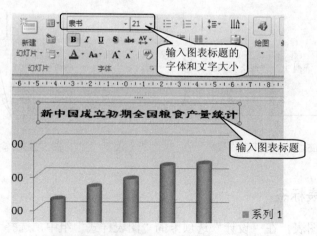

图 5-2-6　输入标题文字并对文字进行设置

步骤 3 在"设计"选项卡的"数据"组中单击"编辑数据"按钮打开 Excel 工作表，在工作表中将 B1 单元格中的文字"系列 1"更改为"粮食总产量"，如图 5-2-7 所示。关闭 Excel 后，图表中的系列标签中的文字发生改变，如图 5-2-8 所示。

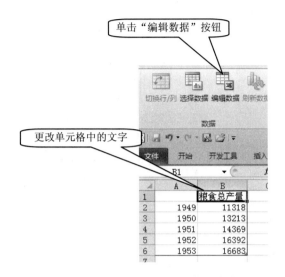
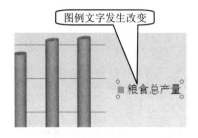

图 5-2-7　更改单元格中的文字　　　　　图 5-2-8　改变图例文字

步骤 4 在"布局"选项卡的"标签"组中单击"数据标签"按钮，在打开的菜单中选择"显示"命令，图表中将显示数据标签，如图 5-2-9 所示。

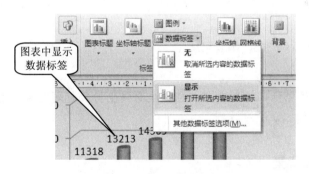

图 5-2-9　使图表显示数据标签

步骤 5 在"布局"选项卡的"标签"组中单击"坐标轴标题"按钮，在打开的菜单中选择"主要横坐标轴标题"命令，在下级列表中选择"坐标轴下方标题"选项。此时在主要坐标轴的下方将显示坐标轴标题，如图 5-2-10 所示。将插入点光标放置到标题文本框中，输入需要的文字。拖动文本框将其放置到横坐标轴的右侧，如图 5-2-11 所示。

步骤 6 在"布局"选项卡的"标签"组中单击"坐标轴标题"按钮，在打开的菜单中选择"主要纵坐标轴标题"命令，在下级列表中选择"横排标题"选项。此时在纵坐标轴的左侧将显示坐标轴标题，如图 5-2-12 所示。将插入点光标放置到标题文本框中，输入需要的文字。拖动文本框将其放置到纵坐标轴的上方，如图 5-2-13 所示。

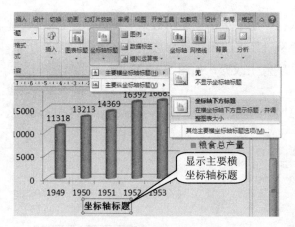

图 5-2-10 使主要横坐标轴标题显示　　图 5-2-11 输入文字并放置到坐标轴右侧

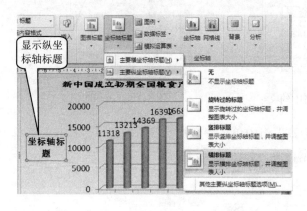
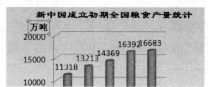

图 5-2-12 使主要纵坐标轴标题显示　　图 5-2-13 输入文字并放置到坐标轴上方

> 提示：如果要隐藏坐标轴标题，可以在"主要横坐标轴标题"和"主要纵坐标轴标题"列表中选择"无"选项。

任务 3　设置图表背景

步骤 1　选择图表，在"布局"选项卡的"背景"组中单击"图表背景墙"按钮，在打开的菜单中选择"其他背景墙选项"命令，如图 5-2-14 所示。此时将打开"设置背景墙格式"对话框，在左侧列表中选择"填充"选项，在右侧选择"渐变填充"单选按钮。渐变填充效果的设置使用默认设置即可，如图 5-2-15 所示。图表背景墙的渐变填充效果如图 5-2-16 所示。

步骤 2　选择图表，在"布局"选项卡的"背景"组中单击"图表基底"按钮，在打开的菜单中选择"其他基底选项"命令，如图 5-2-17 所示。此时将打开"设置基底格式"对话框，使用与上一步骤相同的设置为基底添加渐变填充效果，如图 5-2-18 所示。图表基底的填充效果如图 5-2-19 所示。

图 5-2-14　选择"其他背景墙选项"命令　　　图 5-2-15　使用渐变填充

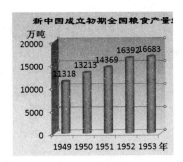

图 5-2-16　背景墙的渐变填充效果

图 5-2-17　选择"其他基底选项"命令　　　图 5-2-18　为基底添加渐变效果

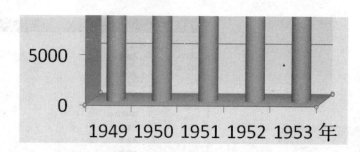

图 5-2-19　基底添加渐变效果

> 提示：选择图表，在"背景"组中单击"三维旋转"按钮，可打开"设置图表区域格式"对话框，在对话框中可以设置图表的旋转效果。

步骤 3　在图表区右击，选择关联菜单中的"设置图表区格式"命令打开"设置图表区格式"对话框。在对话框右侧选择"填充"选项，使用与背景墙相同的渐变填充方式来填充图表背景，如图 5-2-20 所示。选择"阴影"选项，对图表区应用预设阴影效果，如图 5-2-21 所示。

图 5-2-20　应用填充效果

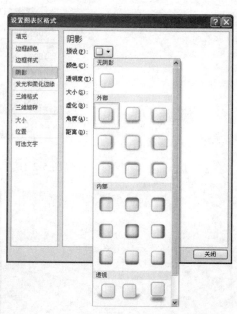

图 5-2-21　应用预设阴影效果

步骤 4　拖动图表边框上的控制柄对图表的大小进行适当调整，拖动图表边框调整图表在幻灯片中的位置。本实验制作完成后的效果如图 5-2-22 所示。

实验总结

本实验介绍了一个历史课件中的图表的创建方法。通过本实验的制作，读者能够掌握在课件中插入图表以及对图表数据进行重新编辑的方法。同时，读者能够了解图表中图例和两轴标题的创建以及设置方法。另外，可以对图表的图表区、背景墙和基底等进行设置，使图表色调和样式能够与课件的整体效果一致。

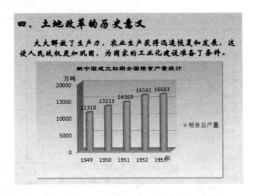

图 5-2-22　图表制作完成后的效果

📖 知识积累

1．如何自定义坐标轴

图表中的坐标轴作为图表的一个重要组成部分，用户是可以进行设置的。例如，对纵坐标轴进行设置，可以在"布局"选项卡的"坐标轴"组中单击"坐标轴"按钮，选择"主要纵坐标轴"命令，在打开的下级列表中选择"其他主要纵坐标轴选项"命令将打开"设置坐标轴格式"对话框。使用该对话框可以对图表中纵坐标轴的数字、线条颜色和线型等进行设置，如图 5-2-23 所示。

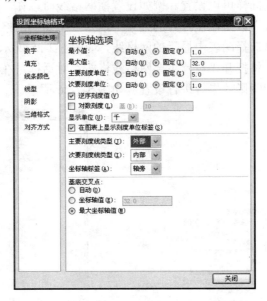

图 5-2-23　"设置坐标轴格式"对话框

如果要对图表中坐标轴的数字格式进行设置，可以在"设置坐标轴格式"对话框左侧选择"数字"选项，在对话框右侧设置坐标轴上数字显示的格式，如图 5-2-24 所示。

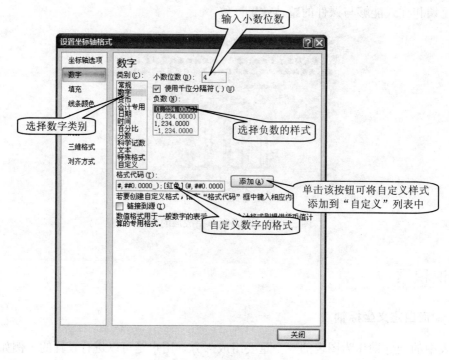

图 5-2-24　设置数字显示格式

2．如何设置网格线

在图表中，网格线同样可以设置。例如设置横网格线时，在"布局"选项卡的"坐标轴"组中单击"网格线"按钮，在打开的菜单中选择"主要横网格线"命令。在下级列表中选择相应的选项可以选择图表中显示的网格线，如图 5-2-25 所示。如果选择"其他主要横网格线选项"命令，将打开"设置主要网格线格式"对话框，在对话框中可以对横网格线的线条颜色、线型和阴影效果等进行设置，如图 5-2-26 所示。

图 5-2-25　"主要横网格线"下级列表　　　图 5-5-26　"设置主要网格线格式"对话框

巩固练习

1. 在幻灯片中插入图表后，如果需要对图表的数据进行修改，可以首先选择图表，然后在_____选项卡的_____组中单击_____按钮启动 Excel 进行修改。

2. 如图 5-2-27 所示，请在括号中填写图表各组成部分的名称。

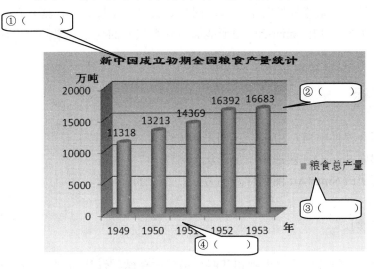

图 5-2-27　图表各个部件

举一反三

根据幻灯片中表格的数据制作频数分布直方图。幻灯片中直方图制作完成后的效果如图 5-2-28 所示。

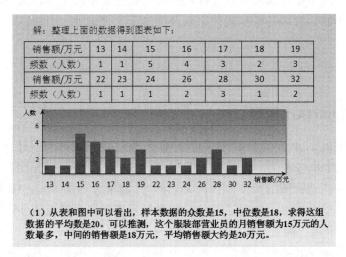

图 5-2-28　幻灯片中图表制作完成后的效果

实验 3 SmartArt 图形的应用——并联电路的特点

SmartArt 图形是从 PowerPoint 2007 开始新增的图形功能，它是一种智能化的图形，是一种用户信息的视觉表达。使用 SmartArt 图形，能够快捷直观地表现层级关系、附属关系、并列关系以及循环关系等常见关系结构，同时能获得漂亮精美并且具有立体感和画面感的关系图形。在课件中使用 SmartArt 图形能够在获得很好的视觉效果同时，有效地传达知识和信息。

☞ 实验目标

（1）掌握在课件中插入 SmartArt 图形的方法。
（2）掌握向 SmartArt 图形中添加形状的方法。
（3）掌握更改 SmartArt 图形样式的方法。

⌒ 实验分析

本实验是一个物理课件《串联和并联》最后的总结幻灯片的制作。在课件中，知识要点的总结需要直观地描述出知识点之间的关系，同时也要尽量地美观醒目。在制作课件时，使用 SmartArt 图形来表现知识点间的各种结构关系，是一个快捷高效的方法。

本实验在制作过程中，首先创建 SmartArt 图形，然后根据需要在图形中添加下级结构。在 SmartArt 图形中添加层级结构是十分方便的，既可以使用"文本窗格"也可以通过"设计"选项卡中的命令来实现。SmartArt 图形中的文字是放置在文本框中的，因此图形中的对象样式的设置和文本框样式的设置一样，既可以设置文本的字体、大小和段落样式，也可以修改文本框形状、应用各种样式效果以及添加形状效果等。

☙ 实验过程

任务 1 创建 SmartArt 图形

步骤 1 启动 PowerPoint 2010，选择需要插入 SmartArt 图形的幻灯片。在"插入"选项卡的"插图"组中单击 SmartArt 按钮，此时将打开"选择 SmartArt 图形"对话框。在对话框左侧列表中单击选择图形类型，在中间选项栏中将显示该类 SmartArt 图形包含的所有图形模板。选择了一个图形，在对话框的右侧将显示选择图形模板的外观预览图和简介，如图 5-3-1 所示。单击"确定"按钮，幻灯片中插入选择的图形。

步骤 2 在 SmartArt 图形对象的文本框中单击进入文字编辑状态，在文本框中输入需要的文字，如图 5-3-2 所示。

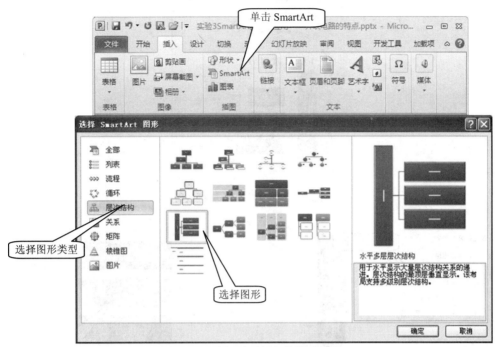

图 5-3-1 选择需要插入的图形文件

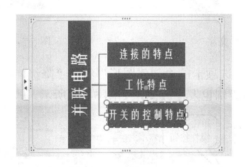

图 5-3-2 在 SmartArt 图形中输入文字

步骤 3 选择文字"并联电路"所在的文本框,在"开始"选项卡的"段落"组中单击"文字方向"按钮。在打开的列表中选择"所有文字旋转 90°"选项使文字变为竖排放置,如图 5-3-3 所示。

任务 2 向 SmartArt 图形中添加形状

步骤 1 单击 SmartArt 图形框左侧中间的在向箭头打开"文本窗格"。打开"文本窗格"后,将输入点光标放置于文本末尾。按 Enter 键,此时可在文本之后添加一行,如图 5-3-4 所示。同时在 SmartArt 图形中也会自动添加一个新的形状,如图 5-3-5 所示。

提示: 如果将光标放置于文本的开头后按 Enter 键,则可在该文本前添加一行,同时在该文本对应的 SmartArt 图形前添加一个新图形。实际上,也可以在文本框中单击放置插入点光标,直接在文本框中输入文字。

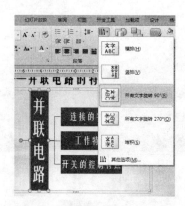

图 5-3-3　使文字变为竖排放置

图 5-3-4　新添加一行文字

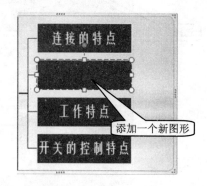

图 5-3-5　新添加一个图形

步骤 2　单击"设计"选项卡的"创建图形"组的"降级"按钮,文本的级别将降低,同时文本所对应的图形的级别也发生改变,如图 5-3-6 所示。

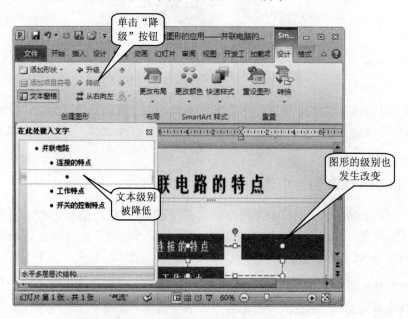

图 5-3-6　降低文本级别

提示：在"文本窗格"中选择文本，按 Tab 键，可降低文本的层级，而按 Shift+Tab 键则可提升文本的层级。另外，直接选择 SmartArt 图形中的某个图形，单击"扩大选择范围"或"缩小选择范围"按钮，也可实现 SmartArt 图形的层级关系的改变。

步骤 3 在"文本窗格"中输入需要的文本，如图 5-3-7 所示。使用相同的方法，为其他两段文字添加下级文本，如图 5-3-8 所示。

图 5-3-7 输入文本

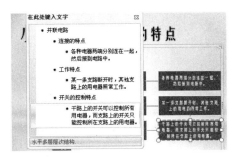
图 5-3-8 完成下级文本的输入

任务 3　更改 SmartArt 图形的样式

步骤 1 在"设计"选项卡的"SmartArt 样式"组中单击 PowerPoint 2010 的内置样式选项更改图形的样式，如图 5-3-9 所示。

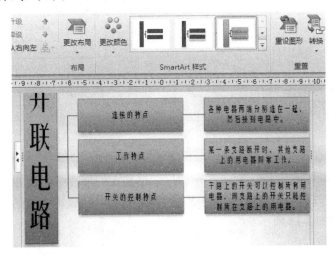

图 5-3-9 更改图形的样式

步骤 2 在 SmartArt 图形中按 Shift 键依次单击其中的文本框同时选择它们，单击"格式"选项卡"形状"组中的"更改形状"按钮。在打开的形状列表中选择图形，即可更改文本框的形状，如图 5-3-10 所示。

步骤 3 在 SmartArt 图形中按 Shift 键依次单击其中的文本框同时选择它们，设置文字的大小和文字在文本框中的对齐方式，拖动文本框边框上的控制柄对文本框的大小进行调整,如图 5-3-11 所示。

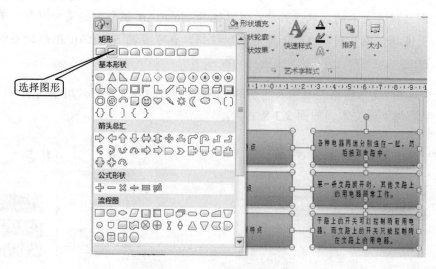

图 5-3-10　更改文本框形状

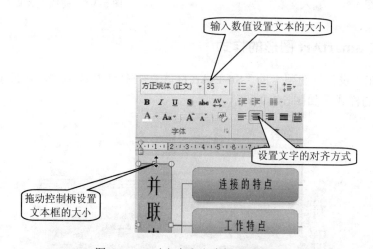

图 5-3-11　对文字和文本框进行设置

步骤 4　使用鼠标拖动 SmartArt 图形边框调整其在幻灯片中的位置,拖动边框上的控制柄对 SmartArt 图形的大小进行适当调整。效果满意后,完成本实验的制作。本实验制作完成后的效果如图 5-3-12 所示。

✉ 实验总结

本实验介绍了在课件中使用 SmartArt 图形的方法。通过实验读者能够掌握 SmartArt 图形的创建方法和修改其布局的方法,同时熟悉 SmartArt 图形中文字和文本框的设置技巧。在 PowerPoint 课件中,使用 SmartArt 图形能够快速地制作美观的结构图形来表现知识点之间的各种关系。

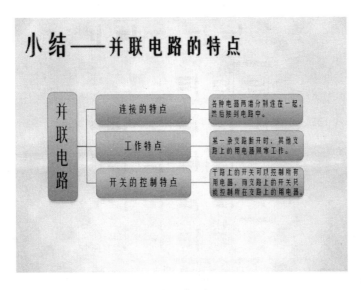

图 5-3-12 本实验制作完成后的效果

📖 知识积累

1. 如何更改 SmartArt 图形的布局

在幻灯片中选择 SmartArt 图形，在"设计"选项卡的"布局"组中单击"其他"按钮 ，在列表中选择相应的选项可以快速更改 SmartArt 图形的布局，如图 5-3-13 所示。在列表中选择"其他布局"命令将能够打开图 5-3-1 所示的"选择 SmartArt 图形"对话框，用户可以在对话框中选择需要的 SmartArt 图形替换当前的图形。

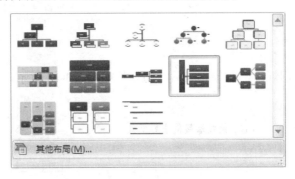

图 5-3-13 "布局"列表

2. 如何快速更改 SmartArt 图形的颜色

PowerPoint 提供了预设的颜色方案以便用户快速更改 SmartArt 图形的整体色彩效果。在幻灯片中选择 SmartArt 图形，在"设计"选项卡中单击"SmartArt 样式"组中的"更改颜色"按钮，在打开的列表中选择相应的选项即可将颜色方案应用到 SmartArt 图形中，如图 5-3-14 所示。

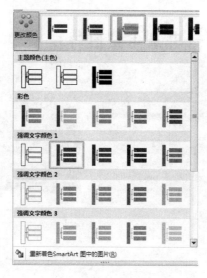

图 5-3-14 选择颜色样式

✍ 巩固练习

1. 要在幻灯片中插入 SmartArt 图形，可以在_____选项卡的_____组中单击"SmartArt 图形"命令打开"选择 SmartArt 图形"对话框，在对话框中选择相应的图形即可完成 SmartArt 图形的插入。

2. 在"文本窗格"中，将插入点光标放置于文本的开头后按_____键，可在该文本前添加一行，同时在该文本对应的 SmartArt 图形前添加一个新图形。按_____键可以降低插入点光标所在段落文本的级别，按_____键可以提升文本的级别。

举一反三

制作配图的大纲幻灯片，制作完成后的幻灯片如图 5-3-15 所示。

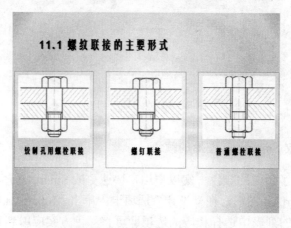

5-3-15 制作完成的幻灯片效果

实验 4　在课件中使用几何画板文件——圆锥侧面展开图

在 Windows 环境中，应用程序间能够很方便地实现资源共享。作为创建演示文稿的 PowerPoint，在图形处理、动画制作和文字排版等方面存在着不足，但可以通过资源共享的方式来使用其他应用软件创作的对象，来获得更多的演示素材。本实验将以在课件中使用几何画板文件为例来介绍在幻灯片中使用其他应用程序创建的文件的方法。

☞ 实验目标

（1）掌握在幻灯片中创建包对象的方法。
（2）掌握对包对象进行编辑的方法。
（3）掌握在播放演示文稿时激活包对象的方法。

⌒ 实验分析

几何画板是一个适合于中学数学教师、物理教师开展计算机辅助教学以及学生学习的工具软件平台，能够动态地探究数学和物理等学科中的问题，使枯燥的内容变得形象生动。在使用 PowerPoint 制作理科课件时，很多情况下都要用到几何画板文件。在 PowerPoint 中，使用对象包装程序可以创建能够插入到幻灯片中的程序包。这种程序包在被激活时，可以调用相关联的应用程序来播放包中的文件（例如对于声音文件可使用与之关联的 Windows Media Player 来播放）或打开并显示包中的文件（例如调用 Word 打开包中的 Word 文档）。利用 PowerPoint 的这种程序包功能，可以实现课件中对几何画板文件的引用。

在 PowerPoint 课件中使用几何画板文件时，首先需要将文件以包对象的形式插入到幻灯片中。在幻灯片播放时调用文件所对应的应用程序来打开这个文件的过程，在 PowerPoint 中称为激活。因此，在插入了几何画板文件后，为了对文件的播放进行控制，需要为其指定触发器来激活该文件。要指定激活触发器，应该先在"动画"选项卡中为对象添加激活内容的"OLE 操作动作"，然后再为这个动作指定触发器。

插入到幻灯片中的包对象，默认情况下在幻灯片播放时将会显示为一个文字标签，如果不希望显示这个标签，可以使用"对象包装程序"将标签删除。

⚑ 实验过程

任务 1　创建包对象

步骤 1　启动 PowerPoint 2010，打开素材文件（文件路径：配套光盘\素材\part5\在课件中使用几何画板文件——圆锥侧面展开图（素材）.pptx）。在"插入"选项卡的"文本"

组中单击"对象"按钮打开"插入对象"对话框,在"对象类型"列表中选择"包"选项,如图 5-4-1 所示。

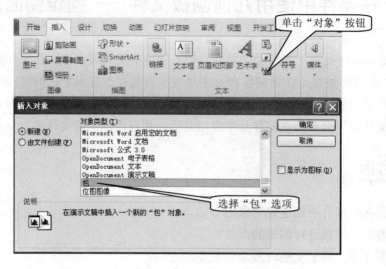

图 5-4-1 在"插入对象"对话框中选择"包"选项

步骤 2 单击"确定"按钮关闭"插入对象"对话框,此时将打开"对象包装程序"窗口。选择"文件"|"导入"命令打开"导入"对话框,在其中选择几何画板文件,如图 5-4-2 所示。单击"打开"按钮导入选择的文件,如图 5-4-3 所示。

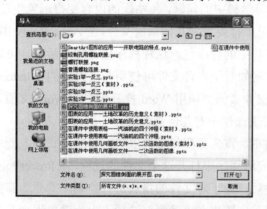

图 5-4-2 选择几何画板文件   图 5-4-3 导入文件

步骤 3 关闭"对象包装程序"窗口,PowerPoint 给出提示对话框,如图 5-4-4 所示。单击"是"按钮,对象包插入到幻灯片中,如图 5-4-5 所示。

图 5-4-4 PowerPoint 给出提示对话框   图 5-4-5 对象包插入到幻灯片中

任务2　删除包对象的标签

步骤1　鼠标右击插入到幻灯片中的包对象，在关联菜单中选择"包对象"|"编辑包"命令打开"对象包装程序"对话框，在其中选择"编辑"|"标签"命令打开"标签"对话框，在对话框中将对象的标签文字删除，如图5-4-6所示。

图 5-4-6　删除标签文字

提示：如果需要在演示文稿编辑状态下查看插入的对象包的内容，可以右击幻灯片中的包对象，选择关联菜单中的"包对象"|"激活内容"命令。PowerPoint将启动相关的应用程序打开该文件。

步骤2　单击"确定"按钮关闭"标签"对话框，关闭"对象包装程序"对话框。此时将给出提示对话框，提示是否对包对象的更改进行更新，如图5-4-7所示。单击"是"按钮更新对象，幻灯片中包对象的标签被删除，如图5-4-8所示。

图 5-4-7　提示更新　　　　　　　　　图 5-4-8　标签文字被删除

提示：当包对象的标签被删除后，包对象在幻灯片中将不可见。如果要选择该对象，可以在"开始"选项卡的"编辑"组中单击"选择"按钮，在获得的菜单中选择"选择窗格"命令打开选择窗格，在该窗格中选择包对象即可。

任务3　实现幻灯片播放时对象的激活

步骤1　选择插入幻灯片中的包对象，在"高级动画"组中单击"添加动画"按钮。在打开的菜单中选择"OLE 操作动作"命令，如图5-4-9所示。此时将打开"添加OLE操作动作"对话框，在对话框中选择"激活内容"选项，如图5-4-10所示。单击"确定"按钮关闭该对话框。

步骤2　在"高级动画"组中单击"触发"按钮，在打开的菜单中选择"单击"命令，在下级列表中选择作为触发器的文本框，如图5-4-11所示。

步骤3　按Shift+F5键播放当前幻灯片，单击幻灯片中的"观看动画演示"文本框，PowerPoint将打开"程序包"对话框，如图5-4-12所示。在对话框中单击"打开"按钮，

PowerPoint 将启动几何画板打开包文件,如图 5-4-13 所示。

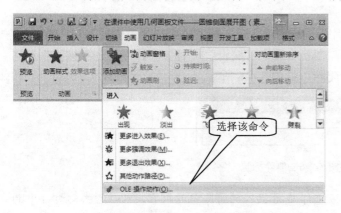

图 5-4-9　选择"OLE 操作动作"命令

图 5-4-10　"添加 OLE 操作动作"对话框

图 5-4-11　选择触发器

图 5-4-12　打开"包程序"对话框

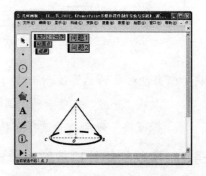

图 5-4-13　启动几何画板程序打开文件

✉ 实验总结

本实验介绍了在课件中使用几何画板文件的方法。在 PowerPoint 课件中使用几何画板文件时,PowerPoint 实际上是使用 OLE 技术(即对象链接和嵌入技术)调用几何画板程序来打开文件,因此要实现这种调用,用户计算机上必须正确安装几何画板程序。文件作为对象插入到幻灯片中,为了方便在需要时能够打开它,需要为对象添加"OLE 操作动作",

然后再为该动作添加启动方式,如本实验中使用触发器来启动操作。理论上说,使用 OLE 技术能够使你的课件使用任何 Windows 应用程序创建的文件,这无疑大大地丰富了课件的内容。

📖 知识积累

1. 什么是 OLE 技术

所谓的 OLE,即对象链接和嵌入技术,实际上是一种将其他应用软件制作的对象或资源作为自己的对象,应用到当前文档中的技术。本实验介绍的操作和在前面章节介绍的将 Word 文档粘贴到幻灯片中的操作均属于此技术的应用。OLE 是不同应用程序间共享数据的一种基本途径,不仅适用于 Office 应用软件,也适用于其他所有支持这一技术的软件。使用该技术甚至可以实现在网络上与其他站点进行数据交流。

使用 OLE 技术为幻灯片添加对象一般包括下面几种方式。首先就是大家熟悉的剪贴板。这种方式在前面章节中已经多次使用,就是直接复制其他应用软件中的数据,然后将其粘贴到当前幻灯片中。

第二种方式就是拖动操作。对于支持 OLE 技术的应用程序,可从一个应用程序窗口将对象直接拖放到另一个应用程序窗口中,以实现数据的交流。例如,将图片从 Photoshop 中拖放到 PowerPoint 的幻灯片中。

第三种方式就是插入对象的方式。在"插入对象"对话框中选择"新建"单选按钮时,在"对象类型"列表中选择类型后,将能够启动与该类型文件相关联的应用程序来直接创建该文件。如本实验就是启动"对象包装程序"来创建对象包。如果选择了"由文件创建"单选按钮,单击"浏览"按钮将能够打开"浏览"对话框。使用该对话框选择已经存在的文件后,能够将其直接作为对象插入到幻灯片中,如图 5-4-14 所示。

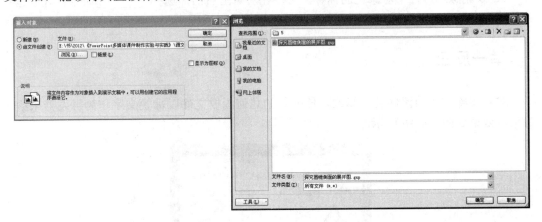

图 5-4-14 插入外部文件

2. 在幻灯片中如何使用链接对象

打开"插入对象"对话框,选择"由文件创建"单选按钮,勾选对话框中的"链接"

复选框，文件即以链接对象的方式插入，如图 5-4-15 所示。

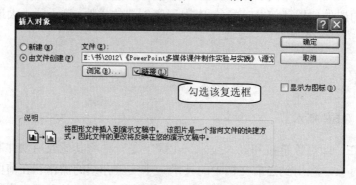

图 5-4-15　以链接对象的方式插入文件

使用链接方式时，对象并没有真正放置于演示文稿中，幻灯片中对象只是相当于一个指向对象的快捷方式，因此使用链接对象的方式并不会增大演示文稿的文件大小。对于链接方式来说，如果移动演示文稿到其他计算机上，但链接的对象文件没有随演示文稿被移动到新计算机中，或者在当前计算机上的链接文件存储位置发生改变，在播放演示文稿时都将会出现找不到链接文件导致链接失败。如果对链接文件进行了编辑修改，对这个文件的任何改变，都能在幻灯片中及时反映出来，无须再次插入文件。

巩固练习

1. 在"插入"选项卡的_____组中单击"对象"按钮将打开_____对话框，在对话框中选择_____单选按钮，在"对象类型"列表中选择_____选项即可创建包对象。

2. 要删除幻灯片中对象包的标签，可以在对象上右击，选择_____命令打开"包对象包装程序"窗口，选择_____命令打开"标签"对话框，删除对象标签即可。

举一反三

对本实验制作的课件进行修改，使插入的几何画板文件以标签文字作为触发器来激活对象，效果如图 5-4-16 所示。

图 5-4-16　以对象标签为触发器激活对象

第6章 在课件中实现动画

动画具有形象、生动和直观的特点，在教学课件中使用动画能够达到直观地描述对象的运动规律、展示事件的变化过程、表现对象之间的关系特征等效果。使用动画能够方便地突出学习内容的关键，减少学习过程中的不必要干扰。PowerPoint 动画一般有两种形式，一种是幻灯片的切换动画，另一种是幻灯片中对象的动画。PowerPoint 提供了进入、强调、退出和自定义路径这 4 种类型共 163 种动画效果，灵活地使用这些动画可以在课件中创建各种复杂动画效果。本章将介绍在课件中使用各类动画的方法和技巧。

实验 1　使用幻灯片切换动画——二次函数与二元一次方程

幻灯片的切换动画是制作课件时经常使用的一种动画效果。在 PowerPoint 2010 中，用户能够很方便地为课件中的幻灯片添加切换效果。

☞实验目标

（1）掌握为幻灯片添加切换效果的方法。
（2）掌握幻灯片切换效果的设置方法。

实验分析

本实验介绍在 PowerPoint 课件中为幻灯片添加切换动画效果的方法。幻灯片切换效果是一种加在幻灯片之间的特殊动画效果，它决定了在演示文稿放映时，一张幻灯片放映完毕后，下一张幻灯片将以何种方式出现在屏幕上。在一个课件中，往往会包含多张幻灯片，课件放映时如果直接切换幻灯片则显得单调而平淡，无法吸引学生的注意。此时，可以适当地为幻灯片添加切换动画效果，这样能有效地引起学生对新内容的注意，使课件场景能够自然过渡而不至于显得生硬。

在 PowerPoint 2010 中，与幻灯片切换动画有关的操作命令放置在功能区中独立的"切换"选项卡中。使用"切换"选项卡中的命令不仅能够为幻灯片添加 PowerPoint 的预设切换动画效果，而且能够方便地对动画效果进行设置。

实验过程

任务1 为幻灯片添加切换动画

步骤1 启动 PowerPoint 2010，打开素材文件（文件路径：配套光盘\素材\part6\使用幻灯片切换动画——二次函数与一元二次方程.pptx）。在课件中选择幻灯片，在"切换"选项卡的"切换到幻灯片"组中单击"其他"按钮 ，在打开的"切换方案"列表中选择需要应用的切换效果将其应用到选择的幻灯片，如图 6-1-1 所示。

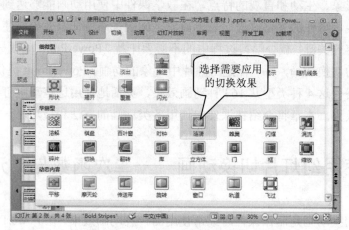

图 6-1-1 应用切换效果

> 提示：在为幻灯片添加了切换动画效果后，如果要取消添加的动画效果，可以在"切换方案"列表中选择"无"选项即可。

步骤2 在普通视图左侧的幻灯片窗格中的幻灯片上将显示动画图标，单击该图标即可在编辑状态下预览添加的动画效果，如图 6-1-2 所示。

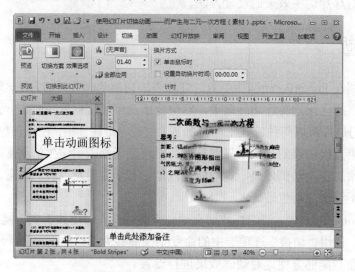

图 6-1-2 单击动画图标预览动画效果

任务 2 设置幻灯片切换动画

步骤 1 在"切换"选项卡的"切换到此幻灯片"组中单击"效果选项"按钮,在打开的列表中选择相应的选项,可以对切换动画效果进行设置,如图 6-1-3 所示。

步骤 2 在"切换"选项卡中打开"声音"下拉列表,在列表中选择相应的声音选项,如图 6-1-4 所示。该声音选项将伴随切换动画播放。

图 6-1-3 设置切换效果

图 6-1-4 选择声音

步骤 3 在"切换"选项卡的"计时"组中勾选"单击鼠标时"复选框,如图 6-1-5 所示。在演示文稿播放时,单击鼠标将切换幻灯片同时播放幻灯片切换动画。

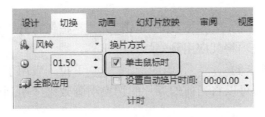
图 6-1-5 勾选"单击鼠标时"复选框

提示:如果勾选"设置自动换片时间"复选框,在其后的微调框中输入时间值,则在演示文稿播放时,幻灯片将在设定的时间值之后自动切换。

实验总结

本实验介绍了在 PowerPoint 2010 课件中为幻灯片添加切换动画效果的操作方法。PowerPoint 2010 内置了大量的预设切换动画效果供用户使用,用户可以直接将它们用于幻灯片中。同时,可以对添加的动画效果进行设置并为其添加声音。另外,在"切换"选项卡中,也可以对幻灯片的切换方式进行设置。

知识积累

1. 如何设置切换动画的速度

在为幻灯片添加了切换动画效果后,在"切换"选项卡的"计时"组的"持续时间"微调框中输入时间值即可设置动画的持续时间,这一时间决定了动画播放的速度,如图 6-1-6 所示。

2. 如何对课件中所有幻灯片应用相同的切换动画

在为一个幻灯片添加切换动画效果后,如果需要当前课件中所有幻灯片在切换时都使用这一动画效果,可以在"切换"选项卡中的"计时"组中单击"全部应用"按钮,如图 6-1-7 所示。

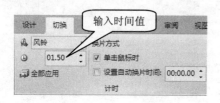

图 6-1-6 设置动画速度

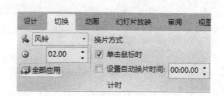

图 6-1-7 单击"全部应用"按钮

巩固练习

1. 在"切换"选项卡的_____组中单击_____按钮打开"切换方案"列表,在列表中选择切换动画效果选项将其应用到幻灯片中。

2. 在"切换"选项卡的_____组的_____下拉列表用于设置动画播放时的声音效果,单击_____按钮可以将当前幻灯片的切换动画效果应用到所有幻灯片中。

举一反三

为实验 1 课件中的其他幻灯片添加切换动画效果,并且使每个幻灯片能够在 5 秒后自动切换到下一张幻灯片。

实验 2 使用"进入"动画——凹面镜的性质

对象的进入动画效果是指对象在幻灯片放映过程中进入放映屏幕的动画效果,本实验将以制作凹面镜形状的演示动画为例来介绍 PowerPoint 的"进入"动画效果的创建以及动画效果的设置技巧。

实验目标

（1）掌握创建"进入"动画效果的方法。
（2）掌握设置"进入"动画效果的方法。
（3）掌握设置"进入"动画计时效果的方法。

实验分析

本实验制作的幻灯片在放映时，三条光线从左向右射向凹面镜，然后它们的反射光线汇聚于一点，接着出现交点字母和课件的结论文字。本实验在制作时，为了增强视觉效果，对光路图中的光线制作为蓝色辉光光线。这一效果是通过为图形添加发光和柔化边缘效果获得的。

在本实验中，光线射入和反射动画效果在 PowerPoint 中可以有很多方法来实现，如可以通过使用与背景相同的遮盖图形先盖住整个光线图形，然后遮盖图形向右移动即可获得光线从右向左射入的效果。这里，使用 PowerPoint 的进入动画效果来制作。PowerPoint 2010 提供了 38 种进入动画效果，对于本实验中这种较窄图形的延伸动画效果可以有多种进入动画供选择，这里使用 PowerPoint 2010 的"劈裂"动画效果。"劈裂"动画效果有 4 种方向，但这 4 种效果都是以图形的中央为基准延伸开去。而实验中光线的射入和反射效果需要由光线的一个端点向另一个端点的延伸效果，因此需要使光线的一个端点成为动画对象的中央。达到这一目的的方法也很简单，那就是复制光线图形，然后将其颜色设置为与背景完全相同。这样该图形将在幻灯片中不可见，将其端点与光线的端点放在一起后组合为一个对象。则最终可见的光线的一个端点就是组合图形的中央，此时添加"劈裂"动画效果即可获得需要的从一个端点向另一个端点延伸的动画效果了。

在为对象添加动画效果后，需要设置动画的开始时间和持续时间。在"动画"选项卡的"计时"组的"开始"下拉列表中选择相应的选项可以设置动画开始的方式，在"持续时间"微调框中输入数值可以设置动画的持续时间。本实验需要保持三条入射光线的射入速度基本一致，可以通过将它们的动画持续时间设置为相等来实现。

实验过程

任务 1 绘制凹面镜

步骤 1 启动 PowerPoint 2010，打开素材文件（文件路径：配套光盘\素材\part6\使用"进入"动画——凹面镜的性质（素材）.pptx）。在"插入"选项卡的"插图"组中单击"形状"按钮，在打开的下拉列表中选择"空心弧"选项，如图 6-2-1 所示。拖动鼠标在幻灯片中绘制图形，如图 6-2-2 所示。

步骤 2 在"格式"选项卡的"形状样式"组中单击"设置形状格式"按钮 打开"设置形状格式"对话框，在对话框左侧选择"填充"选项，以白色填充绘制的图形，如图 6-2-3

所示。选择"线条颜色"选项，将图形线条设置为"无线条"，如图 6-2-4 所示。选择"发光和柔化边缘"选项，首先在"发光"栏的"预设"列表中任选一种蓝色的发光效果，设置效果的"大小"和"透明度"。同样地，在"柔化边缘"栏的"预置"列表中任选一个柔化边缘效果，对"大小"进行设置，如图 6-2-5 所示。

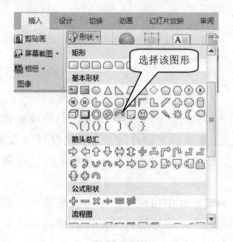

图 6-2-1 选择"空心弧"选项

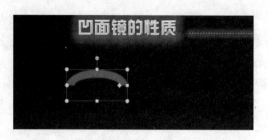

图 6-2-2 绘制图形

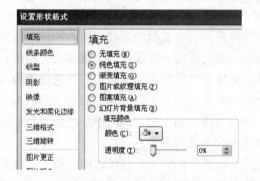

图 6-2-3 设置"填充"效果

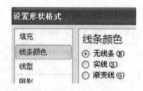

图 6-2-4 设置"线条颜色"

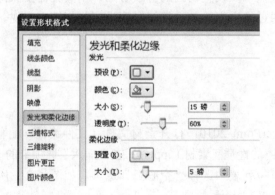

图 6-2-5 设置"发光和柔化边缘"效果

步骤 3 在"设置形状格式"对话框的左侧列表中选择"大小"选项，在右侧的"尺寸和旋转"栏中设置"旋转"角度和图形的大小,如图 6-2-6 所示。对图形的大小进行调整,制作完成后的效果如图 6-2-7 所示。

图 6-2-6　设置旋转角度和大小　　　　图 6-2-7　制作完成后的效果

任务 2　绘制光线

步骤 1　在"插入"选项卡的"插图"组中单击"形状"按钮,在列表中选择"矩形"选项,如图 6-2-8 所示。拖动鼠标在幻灯片中绘制一个窄条状矩形,如图 6-2-9 所示。

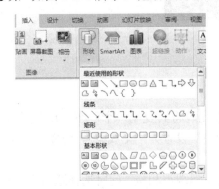
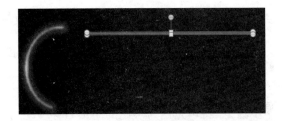

图 6-2-8　选择"矩形"选项　　　　图 6-2-9　绘制一个窄条状矩形

步骤 2　打开直线的"设置形状格式"对话框,设置矩形的填充颜色为白色,如图 6-2-10 所示。设置矩形边框线条的颜色为"渐变线",如图 6-2-11 所示。在对话框左侧列表中选择"线型"选项,将线条的宽度设置为"0.2 磅",如图 6-2-12 所示。选择"发光和柔化边缘"选项,设置线条的发光和柔化边缘效果。这里发光颜色与凹面镜相同,对发光效果和柔化边缘效果的"大小"和"透明度"等参数的设置如图 6-2-13 所示。制作完成的光线如图 6-2-14 所示。

图 6-2-10　设置填充方式　　　　图 6-2-11　设置线条颜色

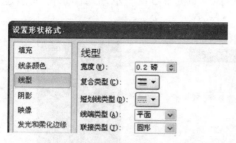
图 6-2-12　设置线条宽度

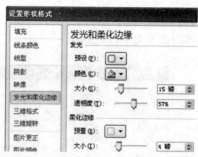
图 6-2-13　设置发光和柔化边缘效果

图 6-2-14　制作完成的光线

任务 3　制作光线从左向右射入的动画效果

步骤 1　按住 Ctrl 键向右拖动上一个任务创建的光线将其复制一个，在"设置形状格式"对话框中将其填充颜色设置为黑色，将"线条颜色"设置为"无线条"，将发光效果设置为"无发光"，并且取消图形的柔化边缘效果。

步骤 2　将填充色为黑色的矩形右移使之与光线矩形端点相接。同时选择这两个矩形，在"格式"选项卡的"排列"组中单击"对齐"按钮，在打开的菜单中选择"上下居中"命令使它们居中对齐，如图 6-2-15 所示。按 Ctrl+G 键将它们组合为一个对象。

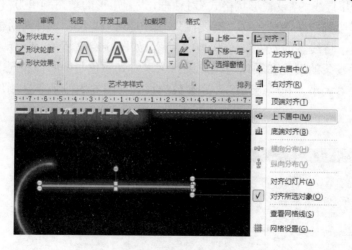

图 6-2-15　使图形居中对齐

步骤 3　在"动画"选项卡的"高级动画"组中单击"添加动画"按钮，在打开的列表中选择"更多进入效果"命令,在打开的"添加进入效果"对话框中选择"基本型"中的"劈裂"选项,如图 6-2-16 所示。

步骤 4　单击"确定"按钮。在"动画"选项卡的"动画"组中单击"效果选项"按钮,在打开的列表中选择"中央向左右展开"选项,如图 6-2-17 所示。

图 6-2-16　选择"劈裂"选项

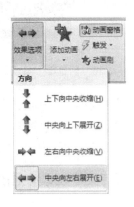

图 6-2-17　选择"中心向左右展开"选项

步骤 5　在"动画"选项卡的"计时"组中的"开始"下拉列表中选择"单击时"选项,在"持续时间"微调框中输入数值设置动画持续的时间,如图 6-2-18 所示。

步骤 6　按住 Ctrl 键拖动绘制的图形将其复制两个,按住 Shift 键同时选择这两个图形,在"动画"选项卡的"计时"组中将"开始"设置为"与上一动画同时",如图 6-2-19 所示。至此,入射光线的进入动画效果制作完成。

图 6-2-18　设置动画的开始方式和持续时间

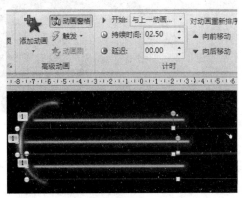

图 6-2-19　复制图形并设置动画开始方式

任务 4　制作光线经镜面反射的动画

步骤 1　选择第一条光线,按 Ctrl 键拖动该光线获得一个副本。拖动图形上方的绿色旋转控制柄旋转图形,并将其放置到第一条光线与镜面的相交处,如图 6-2-20 所示。在"动画"选项的"计时"组的"开始"选项卡中选择"上一动画之后"选项,如图 6-2-21 所示。

这样,动画将在前面三条光线动画完成后自动开始。

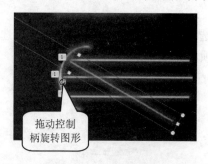

图 6-2-20　创建第一条反射光线

图 6-2-21　设置动画的开始方式

步骤 2　分别复制第二条和第三条入射光线,将它们适当旋转并将它们放置到入射光线与镜面的交叉点处,使它们的终点与交叉点重合,如图 6-2-22 所示。右击幻灯片中的凹透镜,选择关联菜单中的"置于顶层"命令将其放置到顶层。

任务 5　制作总结文字出现动画效果

步骤 1　在幻灯片中以艺术字的形式输入总结文字,在"动画"选项卡的"动画"组中,选择内置的预设进入动画效果,这里选择"形状"进入效果。在"动画"组中单击"效果选项"按钮,在打开的列表的"形状"栏中选择"菱形"选项设置动画效果。

步骤 2　在"动画"选项卡的"计时"组中的"开始"下拉列表中选择"上一动画之后"选项,如图 6-2-23 所示。这样,文字将在光线动画完成后以形状动画的形式显示出来。

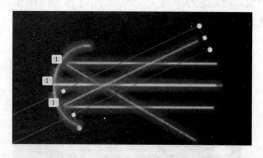

图 6-2-22　放置另两条反射光线

图 6-2-23　设置动画开始方式

步骤 3　复制结论文字,在文本框中选择所有的文字后输入字母"F"。将该文本框放置到反射光线的交点处,在"动画"选项卡的"计时"组中,将"开始"设置为"与上一动画同时",在"持续时间"微调框中输入数字"1"将动画持续时间设置为 1 秒,如图 6-2-24 所示。至此,本实验制作完成,制作完成后的幻灯片效果如图 6-2-25 所示。

✉ 实验总结

本实验使用 PowerPoint 的进入动画来制作有关凹面镜性质的课件。通过本实验的制作,读者能够掌握进入动画的创建方法,熟悉设置动画的开始方式和动画持续时间的方法。同时，读者还能掌握在制作动画时将动画中央移动到对象端点的操作技巧，这一技巧在后面的实验中还会用到。

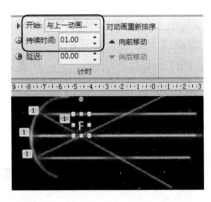

图 6-2-24 文字动画效果的设置

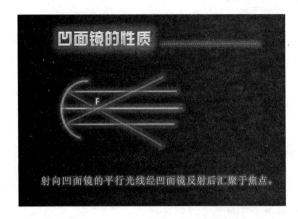

图 6-2-25 实验制作完成后的效果

知识积累

1．如何更改创建的动画

在为对象添加了动画效果后，有时会发现当前添加的动画并没有达到满意的效果，此时就需要更改当前的动画。在幻灯片中选择添加了动画的对象，在"动画"选项卡的"动画"组的"动画样式"列表中选择需要的动画样式，该动画效果将替换已经原有的动画，如图 6-2-26 所示。在该列表中选择"更多进入效果"命令，将打开"更改进入效果"对话框，对话框中将提供更多的动画效果供选择。

2．添加动画后对象上带有数字的方块的作用是什么

在为对象添加动画后，对象框上会出现带有数字的小方块，方块上的数字表示对象动画的播放顺序，其播放顺序按照编号由小到大，如图 6-2-27 所示。选择方块，即可选择添加到对象上的动画，可以在"动画"窗格中对其进行设置。

图 6-2-26 "动画样式"列表

图 6-2-27 对象框上显示的数字方块

巩固练习

1. 在幻灯片中选择某个对象，在"动画"选项卡的_____组中单击"添加动画"按钮，在打开的菜单中选择_____命令将打开"添加进入效果"对话框。
2. 在为对象添加动画效果后，使用"动画"选项卡的"动画"组中_____列表可以对动画效果进行设置。

举一反三

本实验的光线入射和反射动画效果还能用其他的进入动画来实现，请尝试利用其他动画效果来制作本实验动画。

实验3　使用"退出"动画效果——轴对称图形

退出动画是幻灯片中对象退出屏幕时的动画效果，添加退出动画和添加进入动画的方法基本相同。本实验将介绍在课件中退出动画效果的应用技巧。

实验目标

（1）掌握在课件中创建"退出"动画效果的方法。
（2）掌握应用"进入"和"退出"动画效果在一张幻灯片中依次显示多个对象的方法。

实验分析

本实验介绍综合使用"进入"和"退出"动画效果实现在一张幻灯片中依次显示多张图片的方法。幻灯片在播放时，将依次显示6张图片，使用鼠标单击来控制图片的切换，图片以动画形式出现和消失。

在制作课件时，经常需要展示多个对象，一般的方法是将它们放置到不同的幻灯片中，切换幻灯片即可展示不同的对象。由于使用了"进入"动画效果的对象在幻灯片中是从无到有，而使用了"退出"动画效果的对象在幻灯片中是从有到无。因此对同一个对象依次使用"进入"和"退出"动画效果即可实现对象在幻灯片中从无到有然后再消失的过程，本实验正是通过这种方式来使6张图片在同一张幻灯片中依次显示。

在为对象添加了"进入"和"退出"动画后，将动画的"开始"均设置为"鼠标单击"。这样，用户即可以通过放映时在幻灯片中单击鼠标来控制对象出现和消失。

另外，为了获得良好的效果，图片在幻灯片中放置的角度略有变化，但图片在幻灯片中出现的位置需要相同，这需要图片中心必须对齐。在制作时，可以同时选择所有的图片，依次使用 PowerPoint "对齐"菜单中的"左右居中"和"水平居中"命令来使所有的图片中心精确对齐。

实验过程

任务 1 在幻灯片中添加对象

步骤 1 启动 PowerPoint 2010，打开素材文件（文件路径：配套光盘\素材\part6\使用"退出"动画——轴对称图形（素材）.pptx）。在"插入"选项卡的"图像"组中单击"图片"按钮打开"插入图片"对话框，在对话框中选择需要插入的图片。

步骤 2 在"格式"选项卡的"图片样式"组的"快速样式"列表中选择图片样式单击，将其应用到选择的图片，如图 6-3-1 所示。在"格式"选项卡的"大小"组中的"形状宽度"微调框中输入数值设置图片的大小。将图片分别拖放到幻灯片的外部，只保留要显示的第一张图片。

任务 2 制作图片进入和退出动画效果

步骤 1 选择放置在幻灯片中的图片，将其适当旋转。在"动画"选项卡的"高级动画"组中单击"添加动画"按钮，在打开的菜单中选择"更多进入效果"命令。在打开的"添加进入效果"对话框中选择"温和型"栏中的"回旋"选项，如图 6-3-2 所示。单击"确定"按钮关闭对话框。在"动画"选项卡的"计时"组中将"开始"设置为"单击时"，将"持续时间"设置为 1 秒。

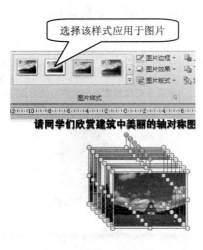

图 6-3-1 对图片应用快速样式　　图 6-3-2 选择"回旋"选项

步骤 2 再次单击"动画"选项卡"高级动画"组中的"添加动画"按钮，在打开的菜单中选择"更多退出效果"命令打开"添加退出效果"对话框。在对话框中选择"华丽型"栏中的"螺旋飞出"选项，如图 6-3-3 所示。单击"确定"按钮关闭对话框，在"动画"组的"计时"选项卡中对"开始"和"持续时间"参数进行设置，这里使用与进入动画相同的设置值。

步骤 3 依次选择放置于幻灯片外的图片，将它们分别旋转不同的角度。使用上面介绍的方法根据图片出现的顺序依次为这些图片添加与上面相同的进入和退出效果，如图 6-3-4 所示。

图 6-3-3 选择"螺旋飞出"选项

图 6-3-4 依次为图片添加动画效果

步骤 4 按住 Shift 键依次单击所有的图片同时选择它们，在"格式"选项卡的"排列"组中单击"对齐"按钮，在打开的菜单中选择"左右居中"命令。然后再次打开该菜单选择"上下居中"命令。此时所有的图片将会集中在一起放置，它们的几何中心将重合。将这些图片放置到幻灯片的适当位置，如图 6-3-5 所示。至此，本实验制作完成，播放幻灯片时的效果如图 6-3-6 所示。

图 6-3-5 放置对齐操作后的图片

图 6-3-6 本实验制作完成的效果

✉ 实验总结

通过对图片同时使用"进入"动画效果和"退出"动画效果实现了在同一张幻灯片中

依次显示多张图片的方法。由于 PowerPoint 的"进入"和"退出"效果具有大量的内置动画效果可供选择，这使得用户能够灵活地设置图片的进入和退出的方式，从而能够获得很好的视觉效果。

知识积累

1. 如何快速为多个对象添加相同的动画效果

在制作课件时，往往需要为多个对象添加相同的动画效果。例如，本实验中，需要为每个图片都添加相同的"进入"和"退出"动画。如果一个一个地创建，则效率很低。实际上，PowerPoint 2010 提供了一个"动画刷"工具能够快速地实现动画效果的复制。"动画刷"工具的作用和使用方法与"格式刷"工具类似。在幻灯片中选择一个创建动画的对象，在"动画"选项卡的"高级动画"组中单击"动画刷"按钮选择该工具，如图 6-3-7 所示。在幻灯片中单击另一个对象，该对象即拥有了与前一个对象完全相同的动画效果。

但是要注意，此时的"动画刷"工具只能使用一次。如果需要将动画效果复制给多个对象，则应该双击"动画刷"按钮，然后依次单击幻灯片中的对象即可。完成动画效果的复制后，按"Esc"键或再次单击"动画刷"按钮即可取消动画复制状态。

2. 如何更改动画播放的先后顺序

在为多个对象添加动画效果后，往往需要更改对象动画播放的先后顺序。在幻灯片中选择一个添加了动画的对象后，在"动画"选项卡的"计时"组中单击"向前移动"按钮，则该对象动画的播放顺序将前移一位。如果单击"向后移动"按钮，则对象动画的播放顺序将后移一位，如图 6-3-8 所示。

图 6-3-7 选择"动画刷"工具

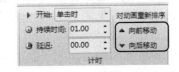
图 6-3-8 "向前移动"和"向后移动"按钮

巩固练习

1．选择对象后，在"动画"选项卡的_____组中单击_____按钮，在打开的菜单中选择_____命令将打开"添加退出效果"对话框。

2．选择添加动画的对象后，在"动画"选项卡的_____组中单击_____按钮，单击其他的对象将能复制选择对象的动画效果。

举一反三

在本实验中，前一张图片消失后，后一张图片要出现需再次单击鼠标。请对本实验的动画进行修改，使前一张图片消失后后一张图片能够自动出现。

实验 4　使用"强调"动画效果——单摆

在 PowerPoint 中，"强调"动画是为了突出幻灯片中某个部分内容而设置的特殊动画效果。下面以制作物理课件中的单摆动画效果为例，来介绍强调动画效果的应用。

☞ 实验目标

（1）掌握在课件中使用陀螺旋动画制作单摆动画效果的方法。
（2）掌握陀螺旋动画效果的设置方法。
（3）掌握幻灯片中多个动画效果的衔接技巧。

实验分析

本实验介绍使用 PowerPoint 制作单摆动画效果的方法。在幻灯片播放时，单击鼠标，幻灯片中的单摆开始往复摆动。在第一次摆出时，会随着单摆出现虚线单摆来标示关键位置。在单摆完成第一个半周期的摆动后，幻灯片中出现说明文字。

PowerPoint 2010 没有提供直接制作单摆效果的动画方式，但可以通过使用"强调"动画效果中的"陀螺旋"动画来制作单摆效果。"陀螺旋"动画能够实现对象绕中心作圆周运动的动画效果，由于其旋转的中心是对象的几何中心，因此在制作时采用与实验 2 制作光线射入效果一样的方法。就是将绘制的单摆复制一个，取消复制对象的轮廓线和形状填充使其不可见。将这个不可见图形与单摆图形对齐放置后组合，获得的组合对象的中心就是单摆的端点了。

在课件中，为单摆图形添加了"陀螺旋"动画效果后，设置动画的旋转角度只能获得对象从起点→终点的动画效果。单摆摆动一个周期的动画效果应该是从起点→终点→起点，单摆图形运动到终点后需要其能够自动以动画的形式回到起点，要实现这样的动画过程，需要在"陀螺旋"动画设置对话框的"效果"选项卡中勾选"自动翻转"复选框。同时为了使动画效果尽量符合单摆的运动规律，需要动画过程中单摆图形能够有一个变化过程。要实现这样的动画效果，需要在"陀螺旋"动画设置对话框的"效果"选项卡中对"平滑开始"和"平滑结束"的时间进行设置。另外，本实验中动画效果如要一直进行下去不停止，需在"陀螺旋"动画设置对话框的"计时"选项卡中将"重复"方式设置为"直到幻灯片尾"。

在单摆第一个半周期中，需要随着单摆出现标示动能和势能转换位置的虚线单摆。这些虚线单摆的出现可以借鉴实验 3 的方法，使用"进入"动画效果使其在单摆运动到转换位置时再出现。为了实现随单摆运动出现的效果，需要为虚线单摆的进入动画设置"延迟"时间，使它们的出现与单摆图形的动画同步。这种制作方法，同样适用于本实验中说明文字的进入动画效果。

实验过程

任务1　制作单摆对象

步骤1　启动 PowerPoint 2010，打开素材文件（文件路径：配套光盘\素材\part6\使用"强调"动画效果——单摆（素材）.pptx）。在"插入"选项卡的"插图"组中单击"形状"按钮，在打开的列表中选择"直线"选项。按住 Shift 键拖动鼠标在幻灯片中绘制一条垂直的直线，在"格式"选项卡中单击"形状样式"组中的"形状轮廓"按钮上的下三角，将直线的颜色设置为黑色，并将直线设置为宽度为 3 磅的实线。此时的直线如图 6-4-1 所示。

步骤2　在"形状"列表中选择"椭圆形"选项，在幻灯片中按住 Shift 键拖动鼠标绘制一个圆形，使用黑色填充圆形并取消其轮廓线，如图 6-4-2 所示。

图 6-4-1　创建的直线　　　　图 6-4-2　创建圆形

步骤3　将圆形拖放到直线的下端，使圆形的边界与下端正好重合。同时选择这两个图形，按 Ctrl+G 键将它们组合为一个对象。至此完成单摆的制作，如图 6-4-3 所示。

步骤4　按 Ctrl+C 键复制组合后的对象，按 Ctrl+V 键粘贴对象。在"格式"选项卡的"排列"组中单击"旋转"按钮，在菜单中选择"垂直翻转"命令将对象垂直翻转。将翻转后的对象上移，使其端点与单摆的上端点重合，如图 6-4-4 所示。

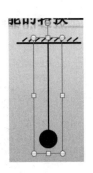　　

图 6-4-3　放置圆形并组合对象　　图 6-4-4　使两个对象的上下端点重合

步骤 5 选择翻转后的单摆对象中的直线，打开"设置形状格式"对话框。在对话框左侧列表选择"线条颜色"选项，在右侧将"透明度"设置为 100%。选择翻转后的单摆对象中的圆形，在"设置形状格式"对话框左侧列表中选择"填充"选项，在对话框右侧将"透明度"设置为 100%。这样，翻转后的单摆对象将不可见。

任务 2　制作单摆动画

步骤 1　在幻灯片中选择单摆，打开"设置形状格式"对话框，在"大小"栏中设置对象的旋转角度。这里使单摆旋转 45°，如图 6-4-5 所示。在"动画"选项卡"动画"组中单击"其他"按钮，在打开的列表中选择"强调"栏中的"陀螺旋"选项，如图 6-4-6 所示。

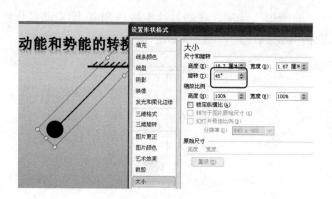

图 6-4-5　设置旋转角度　　　　　　　图 6-4-6　选择"陀螺旋"选项

步骤 2　在"动画"选项卡的"高级动画"组中单击"动画窗格"按钮 打开"动画窗格"，在其中选择动画选项，然后单击其右侧的下三角按钮，在打开的菜单中选择"效果选项"命令，如图 6-4-7 所示。此时将打开"陀螺旋"对话框的"效果"选项卡，在"数量"下拉列表中勾选"逆时针"选项设置旋转的方向，在"自定义"文本框中输入角度值设置陀螺旋动画的旋转角度，如图 6-4-8 所示。按 Enter 键确认旋转角度的设置。

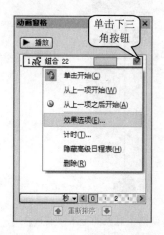
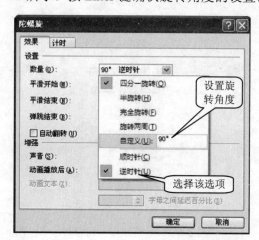

图 6-4-7　选择"效果选项"命令　　　　图 6-4-8　设置动画旋转角度

步骤 3 在"平滑开始"和"平滑结束"微调框中输入时间值，同时勾选"自动翻转"复选框，如图 6-4-9 所示。打开"计时"选项卡，在"开始"下拉列表中选择"单击时"选项设置动画开始的方式。在"期间"下拉列表中选择"中速（2 秒）"选项设置动画的速度。在"重复"下拉列表中选择"直到幻灯片末尾"选项使动画一直播放，如图 6-4-10 所示。完成设置后单击"确定"按钮关闭该对话框，单摆动画制作完成。

图 6-4-9 勾选"自动翻转"复选框

图 6-4-10 "计时"选项卡的设置

任务 3　制作标示单摆位置的对象出现动画

步骤 1 在幻灯片中选择单摆，将其复制一个。选择该组中构成单摆的圆形和连线，由于单摆的圆形没有轮廓线，这里首先在"格式"选项的"形状样式"组中单击"形状轮廓"按钮，在打开的菜单中设置单摆的轮廓线的粗细为 3 磅，将轮廓线设置为虚线。选择作为摆锤的圆形，取消其颜色填充，此时获得一个虚线单摆图形，如图 6-4-11 所示。

步骤 2 移动虚线单摆使之与单摆重合，在"动画"选项卡的"动画"组的"动画样式"列表中选择"进入"动画的"出现"动画效果。在"计时"选项卡中的"开始"下拉列表中选择"与上一动画同时"选项。

步骤 3 将虚线单摆复制两个，旋转它们，使其中一个垂直放置，另一个旋转到右侧与垂直线 45°的位置，如图 6-4-12 所示。选择竖直放置的虚线单摆，在"计时"选项卡中将"延迟"时间设置为 1 秒。选择右侧的虚线单摆，在"计时"选项卡中将"延迟"时间设置为 2 秒。此时幻灯片中的图像效果如图 6-4-13 所示。

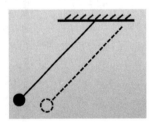

图 6-4-11　获得虚线单摆

任务 4　添加说明文字

步骤 1 在幻灯片中插入三个艺术字，它们分别是字母 A、B 和 C，将它们分别放置到虚线单摆摆锤的右侧。使用"动画刷"工具，将三个虚线单摆的动画效果分别复制给它们旁边的字母，如图 6-4-14 所示。

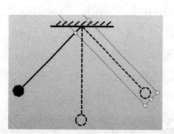
图 6-4-12 复制虚线单摆

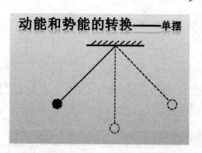
图 6-4-13 幻灯片中的图形效果

步骤 2 在幻灯片中再插入两段艺术字,分别用来说明演示动画中能量转换的过程,为这两段文字添加相同的"淡出"进入动画效果。在"计时"选项卡中将"开始"均设置为"从上一段动画开始","延迟"均设置为 2 秒。完成后的效果如图 6-4-15 所示。至此,本实验制作完成,幻灯片播放的效果如图 6-4-16 所示。

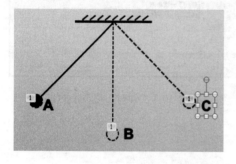
图 6-4-14 创建艺术字并添加动画效果

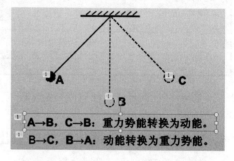
图 6-4-15 插入幻灯片中的艺术字效果

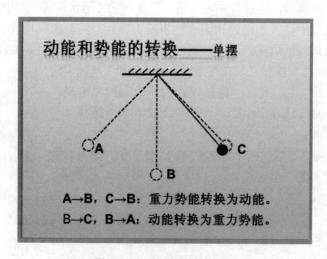
图 6-4-16 幻灯片播放效果

✉ 实验总结

本实验介绍了使用"陀螺旋"动画制作单摆课件的方法。对于以对象中心为基点的动画效果，使用组合对象来改变中心的位置是一种常用的动画制作技巧，本实验再次使用了这个制作技巧。对于动画效果的设置，PowerPoint 2010 将常用的设置项放置到了功能区的"动画"选项卡中，但是更多的设置项可以在动画的设置对话框中来进行，就像本实验在"陀螺旋"对话框中的设置那样。

知识积累

1．PowerPoint 中设置动画同步的方式有哪些

"动画"选项卡的"计时"选项卡的"开始"下拉列表有三个选项，它们是"单击时"、"与上一动画同时"和"上一个动画之后"。当选择"与上一个动画同时"选项时，当前动画与上一个动画同步，这个选项常用于多个动画效果的叠加，可以实现多个动画同步开始。如果选择"上一个动画之后"选项，则当前动画将在前一个动画结束后开始。如果选择"单击时"选项，则只有在幻灯片中单击鼠标时动画才开始播放。

2．如何调整动画的计时

打开动画设置对话框后，在"计时"选项卡中可以对动画的计时进行设置，如图 6-4-17 所示。这里，"开始"下拉列表的作用与"动画"选项卡的"计时"组中的"开始"下拉列表的作用相同。"延迟"微调框的作用与"计时"选项卡的"持续时间"微调框作用相同，都是用来设置上一动画与当前动画的开始之间的延迟时间。"期间"下拉列表框的作用与"计时"组中的"持续时间"微调框的作用相同，只是这里提供了预设选项供用户选择，用户也可以直接在列表框中输入时间值进行设置。"重复"下拉列表框用于设置动画重复的次数，也可以在该列表框中输入数值来设置动画重复的次数。

图 6-4-17　"计时"选项卡

巩固练习

1．在"陀螺旋"动画效果设置对话框的　　选项卡中，勾选＿＿＿＿＿＿＿＿复选框，可以使对象在运动到终点后自动以动画形式返回起点。

2．在"陀螺旋"动画效果的设置对话框中，"计时"选项卡的＿＿＿＿＿＿＿＿下拉列表框用于设置动画的持续时间，＿＿＿＿＿＿＿＿下拉列表框用于设置动画的重复次数。

举一反三

使用"陀螺旋"动画效果制作一个时钟，该时钟具有显示时、分和秒的功能，效果如

图 6-4-18 所示。

图 6-4-18 制作完成的 PowerPoint 时钟

实验 5 使用"路径"动画效果——探究平抛运动

在 PowerPoint 中,"路径"动画指的是使对象沿着路径进行运动的动画效果。PowerPoint 提供了大量预设路径供用户使用,同时也可以像编辑曲线那样对路径进行编辑。本实验将介绍使用预设路径和自定义路径的方法来制作动画效果的方法。

☞ 实验目标

(1) 掌握在课件中使用预设动画的方法。
(2) 掌握在课件中自定义路径的方法。
(3) 掌握为动画添加声音效果的方法。

～ 实验分析

本实验将使用 PowerPoint 制作模拟平抛实验的动画。在动画播放时,击锤落下击打钢片,此时将伴随有击打声。幻灯片中的一个小球作自由落体运动,另一个小球作平抛运动。

在实验中,击锤绕锤柄端点旋转一定的角度后击打钢片,这种旋转动画将使用"陀螺旋"动画效果来制作,具体的制作方法与上一个实验相同。这里为了增强动画效果,将为动画添加击打的声音,可以使用动画设置对话框的"效果"选项卡来进行设置。

钢片左侧圆球的落下动画,是一个沿直线运动的动画效果,可以使用 PowerPoint 预设的"直线"动画效果来创建。在创建完成后,通过调整路径端点的位置来对圆球的运动距离进行设置。钢片右侧圆球的运动路径是一条抛物线,可以先为图形添加自定义动画效果,绘制与抛物线路径相似的路径。然后通过对端点进行编辑来改变路径的形状使其与抛物线类似。

为了使小球运动尽可能地接近实际运动规律,可以在动画的设置对话框的"效果"选项卡中对"平滑开始"时间进行设置。同时,为了使两个小球的运动同步,可以在动画的设置对话框的"计时"选项卡中将"开始"设置为"上一动画之后"使其在击锤击打钢片动画完成后同时开始。将它们的"期间"设置得相同,使它们具有相同的运动时间。

实验过程

任务1 制作击锤击打动画

步骤1 启动 PowerPoint 2010,打开素材文件(文件路径:配套光盘\素材\part6\使用"路径"动画效果——探究平抛运动(素材).pptx)。在幻灯片中选择击锤,将其复制一个。在"格式"选项卡的"排列"组中单击"旋转"按钮,在打开的菜单中选择"垂直翻转"命令将其垂直翻转180°。将复制的击锤放置到原击锤上方,同时选择这两个图形,在"排列"组中单击"对齐"按钮,在打开的菜单中选择"左右居中"命令使它们居中对齐,如图6-5-1所示。按 Ctrl+G 键将它们组合为一个对象。分别选择上面击锤的锤柄和锤头,取消他们的轮廓线和颜色填充,此时获得的击锤如图6-5-2所示。

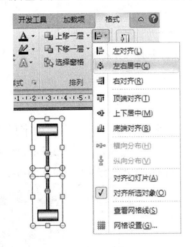
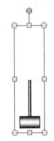

图 6-5-1 对齐两个图形　　　　　　图 6-5-2 击锤效果

步骤2 将击锤放置到钢片的左侧,使击锤正好和钢片接触。鼠标右击击锤对象,在关联菜单中选择 "置于底层"命令将其置于底层,此时图形效果如图6-5-3所示。打开"设置形状格式"对话框,设置对象的旋转角度,如图6-5-4所示。

图 6-5-3 放置击锤　　　　　　　　图 6-5-4 设置对象的旋转角度

步骤 3 选择击锤,在"动画"选项卡的"动画"组的"动画样式"列表中选择"强调"动画效果中的"陀螺旋"动画。打开"陀螺旋"动画设置对话框的"效果"选项卡,在"数量"下拉列表中将动画设置为逆时针旋转 30°。在"声音"下拉列表中选择声音选项为动画添加声音效果,如图 6-5-5 所示。在"计时"选项卡的"期间"下拉列表框中输入动画持续时间,这里输入 0.1。

图 6-5-5 为动画添加声音效果

任务 2 制作小球坠落动画

步骤 1 在幻灯片中选择钢片左侧的那个小球,在"动画"选项卡的"动画"组的"动画样式"列表中选择"动作路径"栏中的"直线"选项,如图 6-5-6 所示。单击"动画"组中的"效果选项"按钮,在打开的列表中选择"下"选项,如图 6-5-7 所示。

图 6-5-6 选择"直线"选项

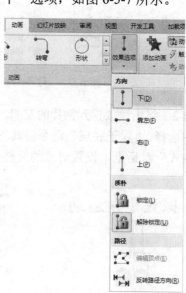

图 6-5-7 选择"下"选项

步骤 2　此时在幻灯片中出现小球运动的动画路径，路径上的绿色箭头表示运动路径的起点，路径上的红色箭头表示运动路径的终点。使用鼠标拖动这个箭头可以改变路径起点和终点的位置，这里将终点放置到表示地面的直线上，如图 6-5-8 所示。

图 6-5-8　放置路径端点

步骤 3　打开"向下"路径动画的设置对话框，在"效果"选项卡中将"平滑开始"设置为 0.5 秒，如图 6-5-9 所示。在"计时"选项卡中将"开始"设置为"上一动画之后"，将"期间"设置为"快速（1 秒）"，如图 6-5-10 所示。

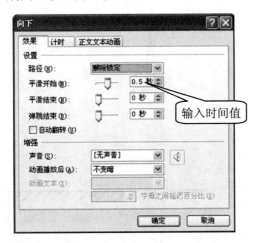

图 6-5-9　"效果"选项卡的设置

图 6-5-10　"计时"选项卡的设置

任务 3　制作小球平抛动画

步骤 1　选择钢片右侧的小球，在"动画"选项卡的"动画"组的"动画样式"列表中选择"动作路径"栏中的"自定义路径"选项，如图 6-5-11 所示。在小球的中心处单击创建路径的起点，移动鼠标将获得跟随鼠标移动的直线。在幻灯片中单击创建路径顶点，在路径终点处双击添加端点完成路径的绘制，如图 6-5-12 所示。

步骤 2　鼠标右击绘制完成的路径，在关联菜单中选择"编辑顶点"命令进入路径编辑状态。路径编辑的技巧与曲线绘制的技巧相同，拖动顶点可以改变路径的形状。顶点同样分为平滑顶点、直线点和角部顶点这三类顶点。选择顶点后，拖动顶点两侧控制柄可以改变路径的形状。例如，鼠标右击路径中间的顶点，选择关联菜单中的"平滑顶点"命令，拖动顶点上的控制柄对路径形状进行调整，如图 6-5-13 所示。

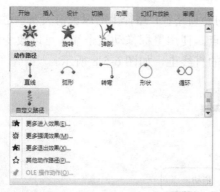

图 6-5-11　选择"自定义路径"选项

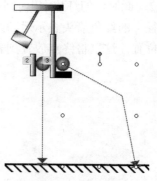

图 6-5-12　创建路径

步骤 3　打开"自定义路径"动画的设置对话框,在"效果"选项卡中将"平滑开始"时间设置为 0.5 秒。在"计时"选项卡中将"开始"设置为"与上一动画同时",将"期间"设置为"快速(1 秒)"。在"动画"选项卡的"预览"组中单击"预览"按钮 预览动画,根据动画预览的效果对小球的路径和地面的位置进行调整。调整完成后的效果如图 6-5-14 所示。

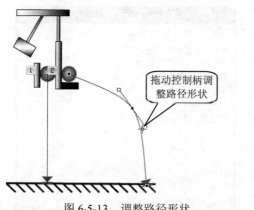

图 6-5-13　调整路径形状

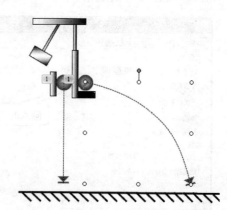

图 6-5-14　调整路径和地面位置后的效果

步骤 4　在幻灯片中添加说明文字。至此,本实验制作完成,播放动画的效果如图 6-5-15 所示。

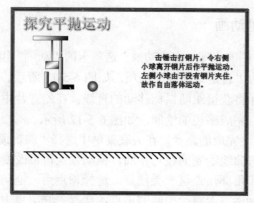

图 6-5-15　动画播放时的效果

实验总结

本实验介绍了在使用"路径"动画模拟平抛运动的方法。通过本实验的制作，能够掌握通过拖放路径端点来更改路径起点和终点的方法，同时掌握在幻灯片中制作任意形状路径的方法。另外，还能进一步熟悉在幻灯片中实现多个对象动画同步的设置方法。

知识积累

1．添加路径动画后路径能随对象移动吗？

在路径动画的设置对话框的"效果"选项卡中，"路径"下拉列表有两个选项，它们是"锁定"和"解除锁定"，如图 6-5-16 所示。如果选择"解除锁定"选项，在幻灯片中移动对象时，路径将随着对象移动。如果选择"锁定"选项，则在幻灯片中移动对象时，路径将留在原处，不随对象移动。在"动画"选项卡的"动画"组中，单击"效果选项"按钮，在打开的列表中同样有这两个选项供用户选择。这里要注意，不论选择哪个选项，如果移动路径，对象都不会跟随路径移动。

2．为动画添加声音的使用技巧

在动画设置对话框的"效果"选项卡中打开"声音"下拉列表，在列表中选择"其他声音"选项，如图 6-5-17 所示。此时打开"添加音频"对话框，使用该对话框可以选择需要添加的"*.wav"格式的声音文件。

图 6-5-16 "路径"选项

图 6-5-17 选择"其他声音"选项

如果需要动画播放时停止正在播放的前一声音，可以在"声音"下拉列表中选择"停止前一声音"选项。另外，在选择了声音后，单击"声音"下拉列表右侧的"音量"按钮可以打开"音量"调节面板，拖动功能面板上的滑块可以调节播放音量的大小，如图 6-5-18

所示。

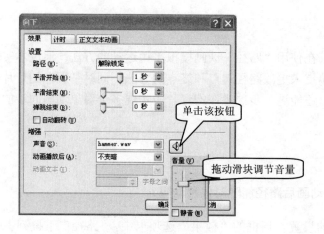

图 6-5-18　调节音量

🖊 巩固练习

1. 在为对象添加"路径"动画效果后，拖动路径上的红色箭头可以调整_____，拖动绿色箭头可以调整_____。

2. 在动画设置对话框的"效果"选项卡中，在_____下拉列表中选择相应的选项可以为动画添加声音效果，单击该下拉列表框右侧的按钮，拖动打开面板中的滑块可以_____。

🌊 举一反三

使用"路径"动画制作展开的卷轴动画效果，如图 6-5-19 所示。

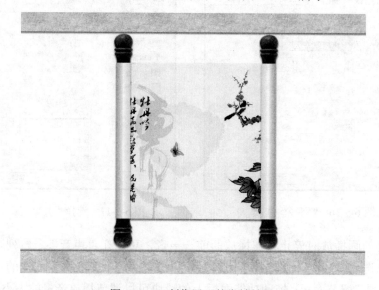

图 6-5-19　制作展开的卷轴效果

实验 6　使用高级日程表——倒计时时钟

熟悉 Flash 的朋友都知道，Flash 动画的创作是基于时间轴的，用户能够方便地通过时间轴来调整对象动画之间的时间关系。实际上，PowerPoint 也具有一个和 Flash 类似的时间轴，那就是"动画窗格"中的高级日程表。本实验将介绍使用这个高级日程表来同步多个动画的方法。

☞ 实验目标

（1）掌握通过在"动画窗格"中调整动画条的位置来设置动画播放时间的方法。
（2）掌握使用"动画窗格"操作动画的方法。

✍ 实验分析

本实验介绍 PowerPoint 倒计时时钟的制作方法。在动画播放时，单击鼠标开始 10 秒倒计时。此时以数字的形式显示倒计时剩余时间，同时以 1 秒钟为周期显示圆盘扫描动画效果。

在实验中，圆盘扫描效果使用"进入"动画的"轮子"动画效果。在该动画的设置对话框中，在"计时"选项卡中，将动画的持续时间设置为 1 秒。由于本实验是 10 秒倒计时，该动画应该重复 10 次，因此还需要在选项卡中将"重复"设置为 10。

倒计时时钟中数字的显示时间为 1 秒，数字需要经历由不显示到显示然后消失的过程。因此每一个数字需要添加"进入"和"退出"这两个动画效果。由于数字较多，在对一个数字创建动画并进行设置后，采用复制后更改文字的方法来创建其他数字的动画效果，这样能够起到节省制作时间的目的。

在完成所有数字对象动画的创建后，可以在"动画窗格"中通过高级日程表来对动画的开始和结束进行安排，此时只需拖动窗格中的动画条即可方便地设置后一个动画效果与前一个动画效果在时间上的关系。

另外，由于这里的数字对象较多，使用鼠标来放置这些数字既麻烦又不容易对齐。这里可以使用全选所有的数字后依次使用"左右居中"和"上下居中"命令来快速实现所有数字以中心为基准对齐。

🕊 实验过程

任务 1　制作计时盘动画效果

步骤 1　启动 PowerPoint 2010，打开素材文件（文件路径：配套光盘\素材\part6\使用高级日程表——倒计时时钟（素材）.pptx）。在幻灯片中绘制一个圆形，对图形应用渐变填充。在"动画"选项卡的"动画"组中,选择"动画样式"列表中的"轮子"动画效果,如图 6-6-1 所示。

步骤 2 打开"动画窗格",在窗格列表中单击"动画选项"右侧的下三角按钮,在打开的菜单中选择"计时"命令打开"轮子"动画设置对话框的"计时"选项卡。在"期间"下拉列表中选择"快速(1 秒)"选项,在"重复"下拉列表栏中选择"10"选项,如图 6-6-2 所示。

图 6-6-1 选择"轮子"动画效果

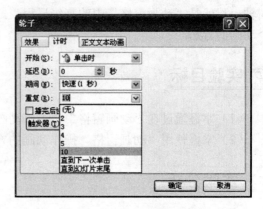

图 6-6-2 "计时"选项卡中的设置

步骤 3 在幻灯片中同时选择绘制的椭圆和表盘对象,在"格式"选项卡的"排列"组中单击"对齐"按钮,在打开的菜单中选择"左右居中"命令。然后再次打开"对齐"菜单,选择其中的"上下居中"命令。这样选择的两个对象将会中心对齐,如图 6-6-3 所示。

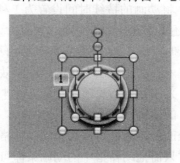

图 6-6-3 使选择的对象中心对齐

任务 2 制作数字倒计时动画

步骤 1 在幻灯片中插入艺术字"9",设置其字体和大小。在"动画"选项卡的"动画"组中选择"动作样式"列表中的"淡出"动画效果选项。在"动画"选项卡的"计时"组中,将"开始"设置为"与上一动画同时",在"持续时间"微调框中将动画的持续时间设置为 0.5 秒。

步骤 2 在"动画"选项卡的"高级动画"组中单击"添加动画"按钮,在打开的列表中选择"退出"栏中的"淡出"选项,如图 6-6-4 所示。在"动画"选项卡的"计时"组中,将"开始"设置为"在上一动画之后",将"持续时间"设置为 0.5 秒。

图 6-6-4　选择"退出"栏中的"淡出"选项

步骤 3　将数字"9"复制 9 个,将它们分别更改为数字"8"～"0",这些数字将具有与数字"9"相同的动画效果,如图 6-6-5 所示。同时选择复制的数字,对它们先使用"左右居中"命令,然后使用"上下居中"命令。此时,这些数字将中心对齐放置,如图 6-6-6 所示。

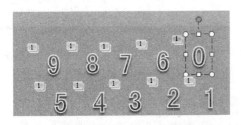

图 6-6-5　复制数字

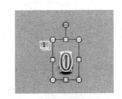

图 6-6-6　对齐数字

任务 3　调整动画间的时间关系

步骤 1　在"动画窗格"中,将鼠标放置到动画选项的时间条上将会获得动画开始和结束时间的提示,拖动时间条改变其位置可以改变动画的延迟时间。这里,拖动各个动画的时间条,使它们在窗格中依次呈阶梯状排列,如图 6-6-7 所示。

步骤 2　在"动画窗格"中选择数字"0"的退出动画选项,按 Delete 键删除该选项取消对象的退出动画效果,如图 6-6-8 所示。使用相同的方法将数字"9"的进入动画删除。

步骤 3　在幻灯片中输入文字"剩余时间"和"秒",调整时间盘、倒计时数字和新添加的文字之间的位置关系。效果满意后完成本实验的制作,本实验幻灯片播放效果如图 6-6-9 所示。

✉ 实验总结

本实验介绍了在 PowerPoint 中创建倒计时时钟的方法。本例的关键是设置动画之间的时间关系,在前面的实验中,设置这种时间关系是通过对"动画"选项卡"计时"组中的各个设置项进行参数设置,或对动画设置对话框的"计时"选项卡的各个参数进行设置来实现的。这种设置方式的好处是精确，但缺点是不够直观。在"动画窗格"中通过改变动画条的位置来设置各个动画之间的时间关系则是一个十分直观方便的方法，创作者只需拖动动画条，根据动画条与其他动画条位置的关系就能十分方便地改变动画开始的延迟时间，方便地设置动画的时序。

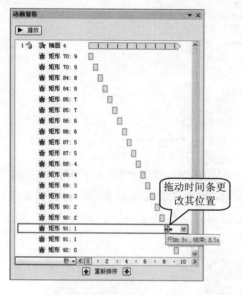

图 6-6-7 改变时间条的位置

图 6-6-8 删除动画效果

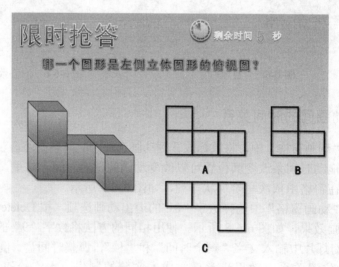

图 6-6-9 实验制作完成后的效果

📖 知识积累

1. 在"动画窗格"中如何调整选项的动画条的显示大小

在"动画窗格"中拖动动画条，有时会遇到由于动画条显示较短小而无法精确定位时间点的情况。此时，可以在"动画窗格"中单击"秒"按钮，在打开的列表中选择"放大"选项，如图 6-6-10 所示。此时将放大动画条的显示尺寸，方便定位。另外，在"动画窗格"中拖动时间轴上的滑块能够定位到指定的时间点，如图 6-6-11 所示。

图 6-6-10　使动画条放大显示

图 6-6-11　时间点的定位

2．在"动画窗格"中能否设置动画持续时间

在"动画窗格"中使用鼠标拖动动画条左右端点的边框可以改变动画条的长度，长度的改变意味着动画的播放时长将发生改变，如图 6-6-12 所示。

图 6-6-12　更改动画条的长度来改变动画播放的时长

3．如何更改动画选项在"动画窗格"中的排列顺序

"动画窗格"中动画选项的排列顺序是按照动画创建的先后顺序来排列的，即先创建的动画排在前面。这个顺序是可以更改的，在动画窗格中拖动动画选项可以将其放置到列表的任意位置。同时，在选择一个动画选项后，在窗格底部单击左侧的"重新排序"按

钮⬆将能够使该动画选项上移一行，单击右侧的"重新排序"按钮⬇将使动画选项下移一行，如图 6-6-13 所示。

图 6-6-13 对列表重新排序

✎巩固练习

1．在"动画窗格"中，拖动动画条能够改变动画的_____，拖动动画条的边框可以改变动画的_____。

2．如果要删除添加给对象的动画，可以在"时间轴"窗格中选择动画选项后按下_____，如果要调整动画选项在窗格中的位置，可以单击按钮⬆使动画选项_____，单击按钮⬇使动画选项_____。

≋举一反三

使用本实验的方法制作进度条动画效果，如图 6-6-14 所示。

图 6-6-14 制作进度条效果

第7章 在课件中实现交互

交互性是衡量课件好坏的重要标准，多媒体课件与其他教学媒体和教学材料的一个重要区别就是在于其具有交互性。与传统的介质（如印刷材料）相比，课件除了能够以多样化的形式展示更为丰富的内容之外，还可以灵活地控制内容出现的形式和时机，为不同层次的学生提供不同的内容呈现方式，同时对不同学生的学习提供相异的反馈信息。课件的交互主要体现在两个方面，一方面是用户对课件的使用和操作，另一方面是实现用户与课件之间的交流，如输入信息和课件及时提供反馈信息。本章将主要介绍在 PowerPoint 课件中实现交互的各种常用方式。

实验1 使用超链接——寻访丝绸之路

在演示文稿中，超链接是指向特定幻灯片的一种连接方式，使用它可以实现幻灯片放映时向特定页面的跳转。超链接是 PowerPoint 演示文稿中实现交互的一种常用手段，可以被添加超链接的对象包括文本、图形、图像以及图表等多种对象。

☞ 实验目标

（1）掌握在幻灯片中使用超链接来打开指定幻灯片的方法。
（2）掌握 PowerPoint 中模拟热区的方法。

⌒ 实验分析

本实验介绍在 PowerPoint 使用超链接来实现幻灯片播放跳转的方法。在很多情况下，放映课件时都不是一个从头到尾的线性过程，往往需要在幻灯片间进行跳转，在特定的时候展示特定幻灯片的内容。这需要演示文稿具有一定的交互性，能够按照预先设定的方式进行幻灯片间的跳转，对特定的事件做出正确的反应。在 PowerPoint 中，幻灯片间跳转一般可以使用超链接来实现。要在课件中创建超链接，方法很简单，可以在选择对象后，打开"插入超链接"对话框，在对话框中指定链接的目标即可。

热区是课件中一种常用的交互方式，所谓热区实际上也是一种按钮，只是这种按钮在页面上不可见，其作用是划定一个区域，用于对该区域的鼠标动作（如扫过或单击）做出反应。在 PowerPoint 中模拟热区很简单，制作的方法是先绘制热区，然后为热区添加超链接或作为触发器即可。绘制热区，可以使用 PowerPoint 的绘图工具绘制图形，然后取消图形的轮廓线，同时将图形的填充设置为透明使其不可见。在本实验中，由于热区用于指向特定的幻灯片，因此在绘制热区后为其设置超链接。

一般情况下，热区需要在鼠标进入时有提示信息，鼠标离开后提示信息消失。如果使用超链接，则只需在创建超链接时添加超链接的屏幕提示就可以了。

实验过程

任务1　在幻灯片中添加热区

步骤 1　启动 PowerPoint 2010，打开素材文件（文件路径：配套光盘\素材\part7\使用超链接——寻访丝绸之路（素材）.pptx）。打开需要添加超链接的幻灯片，在"插入"选项卡的"插图"组中单击"形状"按钮，在打开的列表中选择"椭圆"选项。在图片的"西安"位置拖动鼠标绘制一个圆形，如图 7-1-1 所示。

步骤 2　打开图形的"设置形状格式"对话框，在左侧列表中选择"线条颜色"选项，在右侧选择"无线条"单选按钮取消图形的轮廓线。选择"填充"选项，将"透明度"设置为 100%使图形完全透明，如图 7-1-2 所示。

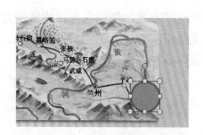

图 7-1-1　在地图上绘制一个圆形

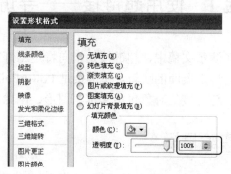

图 7-1-2　将"透明度"设置为 100%

任务2　为图形添加超链接

步骤 1　在幻灯片中选择绘制的圆形，在"插入"选项卡的"链接"组中单击"超链接"按钮打开"插入超链接"对话框。在左侧的"链接到"列表中选择"本文档中的位置"选项，在右侧的"请选择文档中的位置"列表中选择链接的目标幻灯片，如图 7-1-3 所示。

步骤 2　在"插入超链接"对话框中单击"屏幕提示"按钮打开"设置超链接屏幕提示"对话框，在"屏幕提示文字"文本框中输入提示文字，如图 7-1-4 所示。

步骤 3　分别单击"确定"按钮关闭对话框，超链接添加完成。放映演示文稿，将鼠标放置到图片中"西安"的位置，鼠标指针变为手形，同时给出提示，如图 7-1-5 所示。此时单击该区域将跳转到指定的幻灯片。

第 7 章　在课件中实现交互　**217**

图 7-1-3　设置超链接目标

图 7-1-4　"设置超链接屏幕提示"对话框

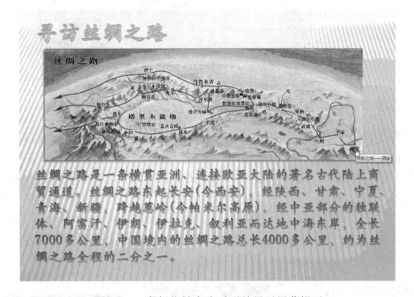

图 7-1-5　鼠标指针变为手形并显示屏幕提示

✉ 实验总结

本实验介绍了在 PowerPoint 课件中使用超链接实现幻灯片切换的操作方法。在 PowerPoint 中，超链接是一种内容跳转技术，使用超链接可以实现从课件中的任意一个点跳转到另一个内容上，使用超链接可以方便地对课件内容进行组织以适应不同授课者和教学情景的需要。超链接的创建在 PowerPoint 中十分简便，用户只需为对象指定链接的目标就可以了，这一目标可以是当前演示文稿中的幻灯片，也可以是其他外部演示文稿的幻灯片，甚至可以用于启动外部的应用程序。

知识积累

1. 如何编辑创建的超链接

在幻灯片中右击链接的对象，在关联菜单中选择"编辑超链接"命令打开"编辑超链接"对话框，使用该对话框可以重新选择超链接的目标并修改屏幕提示的内容。单击"删除链接"按钮，可以删除当前创建的超链接，如图 7-1-6 所示。

图 7-1-6 "编辑超链接"对话框

2. 超链接有哪些链接方式

使用超链接不仅能够在当前演示文稿内实现幻灯片的切换，还可以实现在幻灯片切换时打开外部文件、切换到其他演示文稿的特定幻灯片或发送邮件等功能。打开"插入超链接"对话框，在"链接到"列表中选择"现有文件或网页"选项，在"查找范围"列表框中选择文件夹，在"当前文件夹"列表中选择目标幻灯片，如图 7-1-7 所示。单击"书签"按钮打开"在文档中选择位置"对话框，该对话框将列出选择 PowerPoint 文档中的幻灯片，如图 7-1-8 所示。单击"确定"按钮关闭该对话框，则超链接将指向外部 PowerPoint 文档的幻灯片。

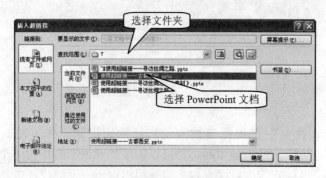

图 7-1-7 选择 PowerPoint 文档

图 7-1-8 选择演示文稿

PowerPoint 2010 中可链接的外部文件包括 PowerPoint 演示文稿、"*.exe"应用程序、图片文件和互联网上的 Web 页面等。如果在幻灯片播放时需要链接到互联网上的某个 Web 页面，可在"地址"输入框中输入页面的 URL 地址指向该页面。在幻灯片放映时，PowerPoint 会启动默认的浏览器打开该页面。如果链接对象是一个图片文件，在幻灯片放映时，PowerPoint 同样会使用 IE 浏览器打开该图片文件。而对于其他类型的文件，PowerPoint 会启动与该文件类型相关联的应用程序来打开它。

在"插入超链接"对话框中，在"链接到"栏中选择"新建文档"选项，在右侧对文档名称、文档保存路径及何时编辑等选项进行设置，如图 7-1-9 所示。这里，如果选择"以后编辑新文档"选项，则 PowerPoint 将在指定的位置创建一个文档留待用户以后进行编辑。在幻灯片放映时，单击该超链接可打开这个文档。如果选择"开始编辑新文档"选项，则在关闭"插入超链接"对话框后 PowerPoint 会立即创建一个新的演示文稿并打开该演示文稿供用户制作。

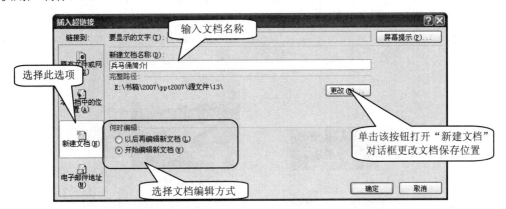

图 7-1-9 新建文档

如果需要链接到某个电子邮件地址，可在"链接到"栏中选择"电子邮件地址"选项后对邮件地址和邮件主题进行设置，如图 7-1-10 所示。当幻灯片播放时，单击幻灯片中添加了超链接的对象，PowerPoint 会启动 Outlook，在完成邮件正文后发送邮件到指定邮箱。

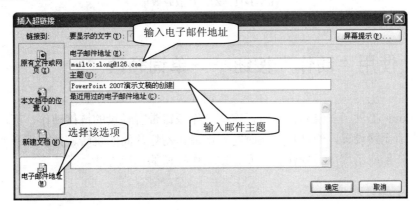

图 7-1-10 链接到电子邮件地址

巩固练习

1. 选择幻灯片中的对象，在_____选项卡的_____组中单击"超链接"按钮可以打开"插入超链接"对话框创建超链接。

2. 在"插入超链接"对话框中单击_____按钮将打开"设置超链接屏幕提示"对话框，使用该对话框可为超链接添加_____。

举一反三

为"实验 1 举一反三（素材 1）.pptx"文件中的"华清池"文本框添加超链接，在幻灯片放映时使其能够打开"实验 1 举一反三（素材 2）.pptx"文件中的第一张幻灯片。该幻灯片放映时的效果如图 7-1-11 所示。

图 7-1-11　幻灯片放映效果

实验 2　使用"动作"按钮——单词领读

PowerPoint 提供了一组动作按钮，这些动作按钮带有预设的链接动作，可以直接添加到幻灯片中而无须设置，幻灯片放映时能实现诸如幻灯片间的跳转、播放声音或影片以及激活另一个外部应用程序等操作。下面介绍动作按钮的使用方法。

实验目标

（1）掌握在课件中添加动作按钮的方法。

（2）掌握为动作按钮添加声音的方法。

实验分析

在第 4 章的实验 3 中介绍了使用触发器来播放声音的方法，在该实验中单击幻灯片中的单词能够获得单词的领读声。但在实际应用中，很多英语课件要求将鼠标指针放置到某个单词上获得该单词的读音。由于触发器只能对鼠标的单击动作做出反应，因此要获得鼠标移过时的反应使用触发器是无法实现的。

PowerPoint 提供了一组预设的动作按钮，这些按钮可以通过"动作设置"对话框来对相关的动作进行设置。"动作设置"对话框提供了对鼠标单击和鼠标移过动作的设置，用户可以像超链接那样设置鼠标单击或移过动作按钮时的链接目标，同时还可以为动作添加声音效果。正是利用了动作按钮的这一特征，通过为鼠标移过动作添加单词朗读声音，才可以实现英语课件中需要的效果。

本实验在制作时，绘制动作按钮，使用动作按钮盖住幻灯片中的文字区域。为鼠标移过动作添加声音效果，同时取消按钮的轮廓线并将填充颜色的透明度设置为 100%使按钮不可见。此时，按钮即相当于一个热区，当鼠标移过这个区域时，就能播放朗读声音了。

实验过程

任务 1　添加动作按钮

步骤 1　启动 PowerPoint 2010，打开素材文件（文件路径：配套光盘\素材\part7\使用"动作"按钮——单词领读（素材）.pptx）。在"插入"选项卡的"插图"组中单击"形状"按钮，在打开的下拉列表中的"动作按钮"栏中选择任意一个动作按钮，如图 7-2-1 所示。

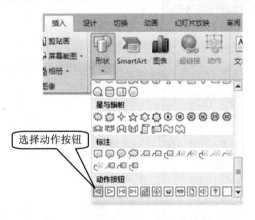

图 7-2-1　选择任意一个动作按钮

步骤 2　在幻灯片中拖动鼠标绘制该动作按钮，使按钮盖住需要朗读的单词。此时，PowerPoint 会自动弹出"动作设置"对话框，由于选择的这个按钮是"上一页"按钮，默认情况下对话框的"单击鼠标"选项卡的"超链接到"单选按钮处于选择状态，且下列表选项为"上一张幻灯片",这表示鼠标单击该按钮产生的动作是跳转到上一张幻灯片,如图 7-2-2 所示。

步骤 3 在"动作设置"对话框中选择"无动作"单选按钮,取消默认的鼠标单击动作,如图 7-2-3 所示。

图 7-2-2 绘制按钮并打开"动作设置"对话框

图 7-2-3 选择"无动作"单选按钮

任务 2 为"动作"按钮添加声音

步骤 1 在"动作设置"对话框中打开"鼠标移过"选项卡,勾选"播放声音"复选框,在下拉列表中选择"其他声音"选项,如图 7-2-4 所示。此时将打开"添加音频"对话框,在其中选择声音文件,如图 7-2-5 所示。单击"确定"按钮分别关闭"添加音频"对话框和"动作设置"对话框完成第一个动作按钮声音的添加。

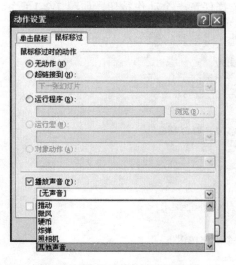
图 7-2-4 选择"其他声音"选项

图 7-2-5 选择需要添加的声音

步骤 2 复制该动作按钮,使其覆盖幻灯片中的其他两个单词,如图 7-2-6 所示。选择第二个动作按钮,在"插入"选项卡的"链接"组中单击"动作"按钮,打开"动作设置"对话框。在"鼠标移过"选项卡的"播放声音"下拉列表使用与上一步相同的方法选择朗读声音文件替换掉现有的声音文件,如图 7-2-7 所示。使用相同的方法更改第三个动作按钮的播放声音。

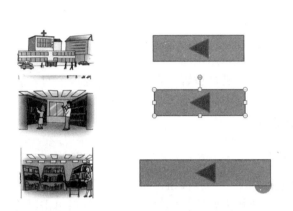

图 7-2-6　复制按钮

图 7-2-7　更改播放的声音

提示:在"动作设置"对话框中,为动作按钮添加的声音效果只能是"*.wav"格式的声音文件。在实际应用中,需要先将其他格式的声音文件转换为该格式后再使用。

步骤 3　在幻灯片中同时选择这三个动作按钮,取消它们的轮廓线,同时使填充颜色透明显示,如图 7-2-8 所示。至此,本实验制作完成。在幻灯片放映时,鼠标经过文字时能够播放相应的朗读声,如图 7-2-9 所示。

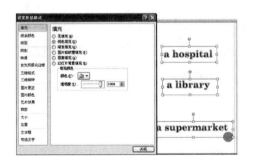

图 7-2-8　将按钮填充色变得透明

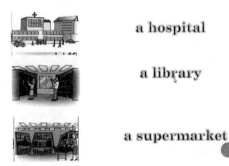

图 7-2-9　鼠标移过文字时出现朗读声

实验总结

本实验介绍在 PowerPoint 课件中使用"动作"按钮的方法。PowerPoint 提供了多个动作按钮,这些按钮预设了常用的动作,在幻灯片中绘制了按钮后无须进行设置即可实现对应的交互动作。用户可以通过"动作设置"对话框来对按钮的动作进行重新设置,同时还可以为按钮添加动作发生时的声音效果。相对于超链接只能实现鼠标单击操作,动作按钮还提供了"鼠标移过"操作，在制作课件时灵活应用动作按钮能够实现诸多交互效果。

📖 知识积累

1. 如何更改动作按钮的形状

在幻灯片中添加动作按钮后，选择该动作按钮，使用"格式"选项卡中的命令可以像图形对象那样对按钮的大小、旋转角度和样式等进行设置。在"格式"选项卡的"插入形状"组中单击"编辑形状"按钮，选择打开菜单中的"更改形状"命令，在打开的列表中选择相应的选项即可更改选择动作按钮的形状。

2. 如何在幻灯片放映时运行外部程序

打开"动作设置"对话框，选择"运行程序"单选按钮，单击"浏览"按钮打开"选择一个要运行的程序"对话框。在对话框中选择需要运行的"*.exe"文件后单击"确定"按钮关闭对话框即可，如图 7-2-10 所示。

图 7-2-10　选择需要运行的程序

✍ 巩固练习

1. 在幻灯片中选择添加的"动作"按钮，在_____选项卡的_____组中单击"动作"按钮打开_____对话框对按钮的动作进行修改。

2. 在"动作设置"对话框中，勾选_____复选框，在其下的下拉列表中选择_____选项可以为"动作"按钮添加外部声音。

🌊 举一反三

使用"动作"按钮在课件中实现幻灯片的翻页，以及跳转到第一页和跳转到最后一页的操作，如图 7-2-11 所示。

第一节　Excel的基础知识

一、Excel2003功能概述

1985年Microsoft Excel问世，被公认为是功能最完整、技术最先进和使用最简便的电子表格软件。Excel可以创建和修改工作表、三维图表，以及分析管理数据。

图 7-2-11　为课件添加翻页按钮

实验 3　使用触发器来实现交互——制作选择题

触发器是 PowerPoint 中实现交互的一种重要的手段，使用触发器能够对动画的播放进行控制。本实验将介绍在课件中使用触发器的方法。

☞实验目标

（1）掌握使用触发器控制动画播放的方法。
（2）掌握使用触发器制作选择题幻灯片的方法。

实验分析

本实验介绍使用触发器制作选择题课件的方法。课件播放时，使用鼠标单击进行答案选择。如果选择错误的答案，幻灯片中会出现提示信息，提示信息显示 2 秒后消失。如果选择正确答案，正确答案的字母上将加上对钩，同时显示回答正确提示。

在制作课件时，为提示信息添加"进入"动画可以实现其由不可见变得可见，为其添加"退出"动画可以使其由可见变为消失，通过触发器来控制提示信息的"进入"动画的开始以使提示信息出现。

具体的制作方法是，以正确答案文本框作为触发器控制回答正确提示文字和对钩的出现。由于选择题其他三个选项是错误答案，在选择任意一个时都需要给出错误提示，因此这里的出错提示信息是 3 个，为它们每一个的"进入"动画指定对应的答案文本框作为触发器，这样就能够保证在单击任一个错误答案时都有相同的出错提示出现。要使错误提示在出现 2 秒后消失，只需将"退出"动画延迟 2 秒开始即可。

实验过程

任务 1　在幻灯片中添加对象

步骤 1　启动 PowerPoint 2010 并打开素材文件（文件路径：配套光盘\素材\part7\使用触发器来实现交互——制作选择题（素材）.pptx）。在幻灯片中创建 5 个文本框，在文本框中分别输入选择题题干和各选择答案。设置文本框中文字样式并放置这些文本框，如图 7-3-1 所示。

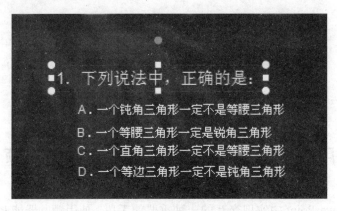

图 7-3-1　创建选择题

步骤 2　在"插入"选项卡的"插图"组中单击"形状"按钮，在下拉列表中选择"爆炸形状 1"，如图 7-3-2 所示。拖动鼠标在幻灯片中绘制图形，为图形添加文字，并设置图形和文字效果，如图 7-3-3 所示。这里绘制的图形将作为回答错误提示信息。

图 7-3-2　选择需要绘制的图形　　　　图 7-3-3　绘制图形并添加文字

步骤 3　在"动画"选项卡的"动画"组的"添加动画"列表中选择"进入"动画效果，

如图 7-3-4 所示。在"计时"选项卡中将动画的"持续时间"设置为 0.1 秒。

步骤 4 在"高级动画"组的"添加动画"列表中选择"退出"动画效果，如图 7-3-5 所示。在"计时"组中将"持续时间"设置为 0.1 秒，将"延迟"设置为 2 秒。这样该提示将在显示 2 秒后自动消失。

图 7-3-4 为对象添加"进入"动画效果　　　　图 7-3-5 为对象添加"退出"动画效果

步骤 5 将对象复制三个，将最上面一个对象拖放到幻灯片的其他位置，并将其中的文字更改为回答正确时的提示信息，如图 7-3-6 所示。在幻灯片中插入一个对钩符号√，为其添加与提示信息相同的进入动画效果。将对钩符号放置在正确答案的字母上，如图 7-3-7 所示。

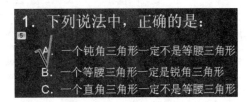

图 7-3-6 输入回答正确提示信息　　　　图 7-3-7 放置对钩符号

任务 2　为各个对象添加触发器

步骤 1 在幻灯片中选择"对钩"符号，在"高级动画"组中单击"触发"按钮，选择打开菜单中的"单击"命令。在下级菜单中选择正确答案所在的文本框，这里选择"TextBox5"选项，如图 7-3-8 所示。此时，选择答案 A 所在的文本框被指定为"对钩"进入动画开始的触发器，在幻灯片放映时单击选择答案 A 则"对钩"出现。

提示：由于幻灯片中对象较多，在指定触发器时无法知道作为触发器的对象的名称。要解决这个问题可以使用下面的方法操作。在"开始"选项卡的"编辑"组中单击

"选择"按钮,在菜单中选择"选择窗格"命令打开"选择窗格"。在幻灯片中选择将作为触发器的对象,"选择窗格"中该对象的选项将被选择,此时即可知道该对象的名称了。

图 7-3-8　选择文本框选项

步骤 2　在"动画窗格"中选择正确提示信息的"进入"动画选项,在"动画"选项卡中单击"触发器"按钮,为该动画添加与对钩相同的触发器,如图 7-3-9 所示。"动画"选项卡的"计时"组中将其"开始"设置为"与上一动画同时",如图 7-3-10 所示。在"动画窗格"中选择正确提示信息的"退出"动画选项,按 Delete 键将其删除。

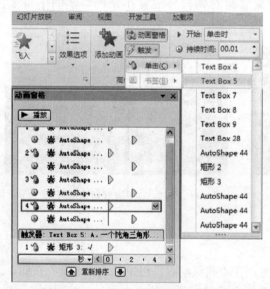

图 7-3-9　选择动画后为其添加触发器

图 7-3-10　设置"开始"项

步骤 3　在"动画窗格"中选择错误提示信息的"进入"动画选项,在"动画"选项卡中单击"触发器"按钮,为该动画添加触发器,如图 7-3-11 所示。在"动画窗格"中将该提示信息的"退出"动画选项拖放到其进入动画选项的下方,同时拖动动画条时动画延迟 2 秒开始,如图 7-3-12 所示。

第 7 章　在课件中实现交互　　**229**

图 7-3-11　为错误提示信息的进入动画添加触发器　　图 7-3-12　将退出动画拖放到进入动画的下方

步骤 4　使用相同的方法为其他的错误信息指定触发器，触发器依次为选择题的错误答案文本框。与上一步骤一样调整"退出"动画在"动画窗格"中的位置和延迟时间，添加完触发器的"动画窗格"如图 7-3-13 所示。至此，本实验制作完成，幻灯片放映的效果如图 7-3-14 所示。

图 7-3-13　"动画窗格"对话框　　　　　　　图 7-3-14　幻灯片播放效果

✉ 实验总结

本实验介绍了使用触发器制作选择题课件的方法。在 PowerPoint 中，触发器相当于一个触发条件，使用它可以控制动画、视频和声音的播放。一个触发器可以同时控制多个动画的播放，但同一个对象动画只能添加一个触发器，因此在本实验中才为每个错误选项创建一个出错提示信息。与超链接相比，触发器是针对同一张幻灯片中的动画，而超链接则用于实现幻灯片的跳转和打开其他程序。使用触发器能够设置动画的播放条件，同时起到精简幻灯片结构的作用。触发器是课件中实现交互的重要手段，灵活应用可以获得很多实用的交互效果。

知识积累

1. 在 PowerPoint 中哪些对象可以设置为触发器

在 PowerPoint 中，插入幻灯片的图片、绘制的图形和预设按钮等都可以用作触发器。文本框、图表以及 SmartArt 图形等也都可以作为触发器使用，在幻灯片中组合的对象也可以作为触发器使用。

2. 如何设置触发器

在 PowerPoint 2010 中有两种方法可以设置触发器，一种方法是使用本实验中介绍的方法，在"动画"选项卡的"高级动画"组的"触发"菜单中进行选择。这种方法操作十分方便快捷，是 PowerPoint 2010 新增的功能。

另一种方法是适用于 PowerPoint 2010 之前所有版本的方法，那就是在"动画窗格"中单击某个动画选项右侧的下三角按钮，选择打开列表中的"计时"选项打开该动画设置对话框的"计时"选项卡。单击其中的"触发器"按钮获得触发器设置项，选择其中的"单击下列对象时启动效果"单选按钮，在右侧的下拉列表中选择作为触发器的对象，如图 7-3-15 所示。完成后单击"确定"按钮关闭对话框即可。

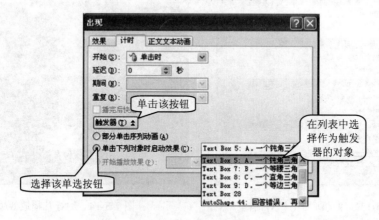

图 7-3-15　设置触发器

巩固练习

1. 在"动画窗格"中选择一个动画选项，在"动画"选项卡的_____中单击"触发"按钮，选择菜单中的_____命令即可选择作为触发器的对象。

2. 在"动画窗格"中单击动画选项右侧的下三角按钮,在打开的列表中选择_____选项,在打开的对话框中单击"触发器"按钮,勾选其中的_____单选按钮即可在右侧的下拉列表中选择作为触发器的对象了。

举一反三

制作填空题课件,当鼠标单击填空位置时,该位置出现正确答案,如图 7-3-16 所示。

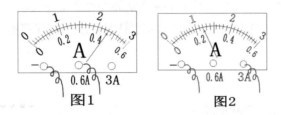

图 7-3-16 制作填空题课件

实验 4 使用控件实现的交互——Flash 播放器

PowerPoint 提供了对 ActiveX 控件的支持,允许将控件直接插入到幻灯片中,用户可以通过对控件的编程来实现对控件的调用,这样可以实现复杂的程序功能。控件的使用避免了繁琐的编程工作,使特殊功能的实现变得简单,也为创建具有应用程序特征的功能强大的演示文稿提供了极大的便利。本实验将以控制 Flash 动画播放为例来介绍在课件中使用控件的方法。

☞ 实验目标

(1)掌握使用 ActiveX 控件播放 Flash 动画的方法。
(2)掌握在课件中对 Flash 播放进行控制的方法。
(3)掌握课件中 PowerPoint 控件的添加、设置和编程方法。

 实验分析

本实验介绍使用 ActiveX 控件来控制 Flash 动画播放的方法。在幻灯片播放时,Flash

动画将加载,单击"播放"按钮将开始 Flash 动画的播放,单击"停止"按钮将暂停动画的播放,单击"步进"和"步退"按钮将使动画的播放进度以一定的帧数步进和步退。单击"跳转到开始"和"跳转到结束"按钮将使动画播放从头开始或跳转到结尾结束。

Flash 动画是当前流行的动画方式,在 PowerPoint 课件中使用 Flash 动画能够弥补 PowerPoint 动画制作能力的不足,获得一些复杂的动画演示效果。在 PowerPoint 中插入 Flash 动画一般有两种方法,即插入对象法和使用控件法。以对象的方式插入 Flash 动画的方法在前面章节中已经进行了介绍,相对这种方法,使用控件法将更加灵活方便,不仅能够使动画嵌入到幻灯片中,获得良好的放映效果,同时还能够方便地实现对动画播放的控制。

本实验在幻灯片中加载 Shockwave Flash Object 控件,通过在"属性"对话框中设置 movie 属性的值来指定需要播放的 Flash 动画。在幻灯片中添加"命令按钮"控件,通过设置 Caption 属性来设置按钮显示的文字。对动画播放的控制是通过代码调用控件的方法或通过更改控件属性来实现的,这些程序代码分别放置在"命令按钮"控件的 Click 事件响应代码中。这样,当鼠标单击按钮产生 Click 事件时,这些程序将被执行。

实验过程

任务 1 使用控件播放 Flash 动画

步骤 1 启动 PowerPoint 2010,打开素材文件(文件路径:配套光盘\素材\part7\使用控件实现交互——Flash 播放器.pptx)。打开"开发工具"选项卡,在"控件"组中单击"其他控件"按钮,如图 7-4-1 所示。在打开的"其他控件"对话框中选择 Shockwave Flash Object 控件,如图 7-4-2 所示。

图 7-4-1 单击"其他控件"按钮   图 7-4-2 选择 Shockwave Flash Object 控件

步骤 2 此时鼠标指针变为十字形,在幻灯片中单击即可插入 Shockwave Flash Object 控件。使用鼠标拖动幻灯片中的控件改变控件在幻灯片中的位置,拖动控件上的控制柄可以改变控件的大小,如图 7-4-3 所示。对于 Shockwave Flash Object 控件来说,其大小就是幻灯片放映时 Flash 动画的播放尺寸。

步骤 3 在"开发工具"选项卡的"控件"组中单击"属性"按钮 属性,打开"属性"对话框,在对话框中设置控件属性,如图 7-4-4 所示。这里,将 EmbedMovie 属性设置为 True,使 Flash 动画嵌入到幻灯片中。在"Movie"属性文本框中输入 Flash 文件的完整路径和文件名,指明控件需要播放的文件。将 Scale 属性设置为 ShowAll,这样动画能够在控件中完整显示出来。由于本实验是使用按钮来控制 Flash 动画的播放,不需要在控件加载时自动播放,这里将 Playing 属性设置为"False"。

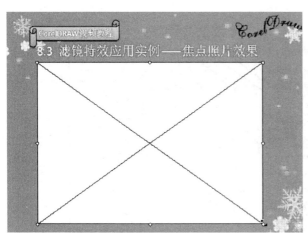

图 7-4-3 调整控件大小　　　　图 7-4-4 设置控件属性

任务 2　实现"播放"和"停止"功能

步骤 1 在"开发工具"选项卡的"控件"组中单击"命令按钮"控件,在幻灯片中绘制一个命令按钮,如图 7-4-5 所示。

图 7-4-5 创建命令按钮

步骤 2 选择绘制的控件,在"属性"对话框中将 AutoSize 属性设置为 True,这样可以使按钮的大小自动适应按钮表面标题文字的大小。将控件的 Caption 属性更改为"播放",这一属性值将设定显示于按钮控件表面的标题文字。选择 Font 选项,单击该选项右侧出现的按钮 ... 打开"字体"对话框,使用该对话框可设置命令按钮标题文字的外观。这里更改文字的大小,如图 7-4-6 所示。完成设置后单击"确定"按钮关闭"字体"对话框。将制作完成的按钮复制一个,在"属性"对话框中将其 Caption 属性更改为"停止",幻灯片中的两个"命令按钮"控件外观效果如图 7-4-7 所示。

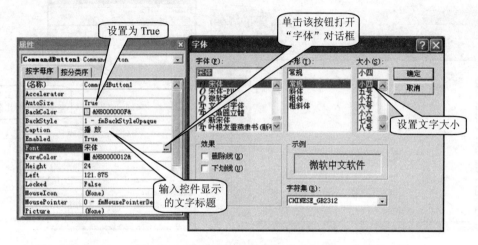

图 7-4-6 设置"命令按钮"控件的属性

图 7-4-7 添加两个"命令按钮"控件的外观效果

步骤 3 在控件被选择的情况下,单击"开发工具"选项卡的"控件"组中的"查看代码"按钮 ,打开 Visual Basic 编辑器的代码编辑窗口,为"命令按钮"控件的 Click 事件添加代码。在幻灯片中双击"停止"按钮打开代码编辑窗口,为该按钮添加 Click 事件代码,如图 7-4-8 所示。程序代码如下所示:

```
Private Sub CommandButton1_Click()
ShockwaveFlash1.Play
ShockwaveFlash1.Loop = True
End Sub
Private Sub CommandButton2_Click()
ShockwaveFlash1.Stop
End Sub
```

📖提示:ShockwaveFlash1.Play 语句是调用 Shockwave Flash Object 控件的 Play 方法来实现动画的播放。ShockwaveFlash1.Loop=True 语句是将控件的 Loop 属性设置为 True,从而使动画能够循环播放。ShockwaveFlash1.Stop 语句是调用 Shockwave Flash

Object 控件的 Stop 方法暂停动画的播放。

图 7-4-8 为"开始"和"停止"按钮添加事件代码

任务 3 实现对播放进度的控制

步骤 1 复制"播放"和"停止"按钮,在"属性"对话框中分别将它们的 Caption 属性更改为"步进"和"步退"。此时的按钮外观如图 7-4-9 所示。在代码编辑窗口中分别为"步进"和"步退"按钮添加 Click 事件代码,代码如下所示:

图 7-4-9 设置完成后按钮的外观

```
Private Sub CommandButton3_Click()
ShockwaveFlash1.GotoFrame (ShockwaveFlash1.CurrentFrame + 40)
ShockwaveFlash1.Play
End Sub

Private Sub CommandButton4_Click()
ShockwaveFlash1.GotoFrame (ShockwaveFlash1.CurrentFrame - 40)
ShockwaveFlash1.Play
End Sub
```

提示:CurrentFrame 是 Flash 控件的方法,用于获取当前放映的帧数。GotoFrame 为 Flash 控件的方法,用于使播放头跳转到指定的帧。这里,单击"步进"按钮,动画将前进 40 帧后播放。单击"步退"按钮,动画将后退 40 帧后播放。

步骤 2 复制"步进"和"步退"按钮,在"属性"对话框中分别将它们的 Caption 属性更改为"跳转到开始"和"跳转到结尾"。调整按钮位置,此时按钮外观如图 7-4-10 所示。在代码编辑窗口中分别为这两个按钮添加 Click 事件代码,程序代码如下所示:

```
Private Sub CommandButton5_Click()
ShockwaveFlash1.Rewind
ShockwaveFlash1.Play
```

```
End Sub

Private Sub CommandButton6_Click()
ShockwaveFlash1.GotoFrame (ShockwaveFlash1.TotalFrames)
End Sub
```

提示：TotalFrames 是 Flash 控件的属性，其值为 Flash 动画的总帧数。Rewind 为 Flash 控件的方法，用于跳转到动画的开始播放。

图 7-4-10　添加按钮后的效果

步骤 3　对幻灯片中各个对象的位置进行调整，效果满意后在"文件"选项卡中单击"另存为"选项打开"另存为"对话框，在"保存类型"下拉列表中选择"启用宏的 PowerPoint 演示文稿（*.pptm）"选项。输入文件名后单击"保存"按钮保存文档，如图 7-4-11 所示。按 F5 键播放幻灯片，幻灯片的播放效果如图 7-4-12 所示。

图 7-4-11　"另存为"对话框的设置

图 7-4-12　幻灯片的播放效果

提示：这里要注意，在保存文档时，必须将含有控件的演示文稿以另存为的形式保存为"*.pptm"格式。如果试图保存为"*.pptx"文件格式，PowerPoint 会提示用户更改保存的文件类型。

实验总结

本实验主要介绍了在 PowerPoint 课件中使用 Shockwave Flash Object 控件来播放 Flash 动画的方法。使用控件来播放 Flash 动画最大的优势在于能够十分方便地对动画播放进行控制。通过设置控件属性，能够设置动画播放的外观。通过编写程序代码可以方便地对动画的播放进行控制，同时根据需要适时地改变动画的播放状态。

知识积累

1. 什么是控件的属性、方法和事件

控件属性的设置是控件使用的一个重要步骤。属性，指的是控件的性质，是对控件外观和状态的描述。控件的属性有的是恒定值，有的会随着程序运行时控件的变化而变化，例如很多控件都具有 Left 和 Top 属性，它们决定控件在幻灯片中的位置，当控件位置改变时，其值也会自动改变。控件的属性可在"属性"对话框中进行设置，也可在程序代码中通过代码来改变。

控件的方法是控件可以实现的功能，它为用户提供了对控件进行操作的手段。控件的方法实际上是控件的内部函数，VBA 程序调用这些方法，可以完成不同的动作，实现不同的功能以及对控件的状态进行某种修改。

在 VBA 编程中调用控件的方法或属性都十分方便，在控件名后键入"."后，Visual Basic 编辑器会给出控件所有方法或属性的代码提示列表，可在列表中直接选择应用到程序中，如图 7-4-13 所示。

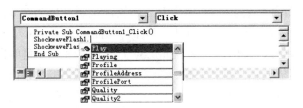

图 7-4-13　编写程序时获得的代码提示

作为事件驱动的语言，VBA 程序代码可以响应特定的控件事件。ActiveX 控件的事件是控件对某个操作的反馈。例如，为按钮添加 Click 事件代码 ShockwaveFlash1.Stop 后，在程序运行时当按钮被单击，按钮控件产生 Click 事件，事件代码即会执行。在 Visual Basic 编辑器中，代码编辑窗口上方右侧的下拉列表中列出了选定控件所有的事件，可直接选择使用，如图 7-4-14 所示。

图 7-4-14　选择控件事件

2. Shockwave Flash Object 控件的常用属性和方法有哪些

shockwave Flash Object 控件常用的属性如下所示：

- AlignMode：影片的对齐方式。当控件的长宽比例与影片不一致且 WMode 不为 ExactFit 时，影片在控件中显示的位置可用该属性调整。
- EmbedMovie：用于设置影片是否被存储到控件所在的容器中。当其值设为 True 时，SWF 文件嵌入调用的程序中。这里要注意，将该属性设为 True 后，控件的 Movie

属性就不再接受新的值了。此时如果想播放另一个影片，必须先将该属性设为 False 后再给 Movie 属性赋新值。

- FrameNum：影片当前帧的编号，该编号从 0 开始计数。设置该属性值将使影片停在由 FrameNum 指定的帧处。
- Loop：用于控制影片是否循环播放，设为 True 循环播放，设为 False 则只播放一次。
- Menu：用于设置在播放 Flash 动画时是否显示右键菜单。当其值设置为 True 时显示菜单，设置为 False 时菜单被屏蔽，但此时仍有一项 About Macromedia Flash Player 菜单项可用。
- Movie：指定要播放的影片路径和名称。该属性为一个 SWF 文件的 URL，当该属性被设置后，控件即可将动画自动载入并播放它。
- Playing：当前播放状态。如果影片正在播放，该属性值为 True，否则为 False。
- Quality：用于设置画面质量。当其值为 0，画面质量为 Low。其值为 1，画面质量为 High。其值为 2，画面质量为 AutoLow。其值为 3，画面质量为 AutoHigh。
- ReadyState：其值表示当前影片的状态。值为 0 时，表示影片正在载入。值为 1 时，表示影片未初始化。值为 2 时，表示影片已经载入。值为 3 时，表示影片正在交互。值为 4 时表示载入完成。
- Scale：用于控制影片的缩放模式。其值为 ShowAll 时，在控件内显示全部影片区域，保持影片长宽比例不变，影片的大小决定于控件长或宽中较小的一边。其值为 NoBorder 时，在控件内显示部分影片区域，保持影片长宽比例不变，影片的大小决定于控件长或宽中较大的一边。其值为 ExactFit 时，在控件内显示全部影片区域，不考虑影片的长宽比例，强制影片的长宽等于控件的长宽。
- ScaleMode：设置缩放模式，其作用与 Scale 相同，只不过属性值为数字而已。
- TotalFrames：返回影片的总帧数，该参数要到影片载入完成才有效。

Shockwave Flash Object 控件常用的方法介绍如下：

- Back()：影片后退一帧，并且停止播放。
- Forward()：影片前进一帧并且停止播放。
- GotoFrame(frameNum)：使影片跳转到指定的帧，并且停止播放。如果所指定的帧还未载入，在调用过程中会产生无法预料的后果。在编程时，最好使用 PercentLoaded 方法来确定是否已载入足够的影片来执行本方法。其参数 frameNum 是从 0 开始，这和 Flash 中的 Goto 动作不一样，Goto 是从 1 开始。
- LoadMovie(layer As Long, url As String)：将由 url 参数指定的影片载入到由 layer 参数指定的层上。
- Pan(x As Long, y As Long, mode As Long)：将一个放大过的影片平移，平移距离由参数 x 和 y 指定。这里参数 x 和 y 均为相对值，即控件相对于影片来说平移的距离。mode 参数用于指定 x 和 y 的值是像素还是窗口的百分比，当 mode 为 0 时坐标系以像素为单位。当 mode 为 1 时坐标系就以窗口的百分比来计算。平移并不能超出影片的边框，即往一个方向平移最多到达影片的边缘与控件对齐的程度。
- Play()：开始播放影片。
- Rewind()：返回到影片的第一帧。

巩固练习

1. 在"开发工具"选项卡的_____组中单击_____按钮将打开"其他控件"对话框，在对话框中可以选择需要使用的控件。

2. 在 Shockwave Flash Object 控件的"属性"对话框中，_____属性用于指定需要播放的 Flash 动画的 URL，_____属性设置为 False 时则控件加载时将不会自动播放 Flash 动画，_____属性设置为 ShowAll 时影片能够在控件中完全显示。

举一反三

修改本实验的程序，使单击"步进"和"步退"按钮时，动画只前进或后退一帧。使用"选项按钮"控件来控制动画是循环播放还是只播放一次，同时为所有控件添加一个背景框。修改完成后的效果如图 7-4-15 所示。

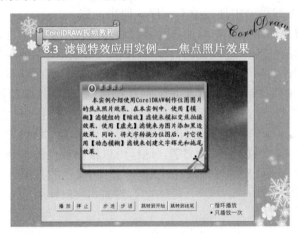

图 7-4-15　制作完成的效果

实验 5　使用 VBA 实现交互——随机出题

Office 中的 VBA（即 Visual Basic Application）具有与 Visual Basic 相似的语法特征，同时又针对 Office 应用程序进行了优化，其只能被作为宿主的 Office 应用程序所调用。VBA 实际上是 Visual Basic 的一个子集，拥有与 Visual Basic 相似的开发环境，同时具有简单、易学和使用灵活的特点。使用它，用户能够在 PowerPoint 课件中轻松实现各种交互，获得传统方法无法实现的效果。

☞实验目标

（1）掌握在 PowerPoint 中编写 VBA 代码的方法。

（2）掌握在 PowerPoint 为 VBA 代码指定动作按钮的方法。

实验分析

本实验将介绍使用 VBA 制作随机出题课件的方法。在课件播放时，单击幻灯片中的"随机出题"按钮，幻灯片中将随机显示题目。

使用 VBA 制作随机出题课件的方法很多，一般都是在幻灯片中使用控件来实现，即使用"文本框"控件来作为题目的载体，使用"命令按钮"控件来控制出题，编写 VBA 程序设置"文本框"控件显示的问题。本实验将另辟蹊径，不使用控件，而是使用艺术字文本框作为题目的载体，以动作按钮来控制出题，通过编写 Sub 过程代码来实现随机出题。相对于控件编程的方法，这种通过 VBA 来控制 PowerPoint 对象的方法，能够获得更好的演示效果。

宏是微软为 Office 提供的一个重要的工具，宏实际上是可以自动执行的一项或多项操作，用户可以通过录制在幻灯片中进行的操作来获得宏。由于宏实际上是一个程序，因此宏还可以直接在 VBA 编辑器中通过编写程序代码来创建。

在本实验中，首先在幻灯片中添加作为题目载体的艺术字文本框，然后在 VBA 编辑器中编写实现出题功能的 Sub 过程代码。在程序中，通过代码生成随机数，以随机数来决定当前应该出哪道题，然后将题目内容赋予艺术字文本框，从而获得随机出题的效果。

本实验控制出题的是 PowerPoint 预设的动作按钮，在幻灯片中绘制动作按钮后，在"动作设置"对话框中将鼠标单击动作指定为用于出题的 VBA 程序（即宏），这样就可以利用该按钮来控制出题了。另外，动作按钮的外观是可以更改的，通过"更改形状"命令可以更改其形状，同时也可以为按钮添加文字。这样可以根据课件的整体风格来设计动作按钮的外观，从而避免因 ActiveX 控件外观样式单一而影响课件的效果。

实验过程

任务 1　编写 VBA 代码

步骤 1　启动 PowerPoint 2010，打开素材文件（文件路径：配套光盘\素材\part7\使用 VBA 来实现交互——随机出题（素材）.pptm）。在幻灯片中插入艺术字文本框并在其中输入文字"请单击下面的'随机出题'按钮出题"，设置文字的大小和字体。此时的文字效果如图 7-5-1 所示。

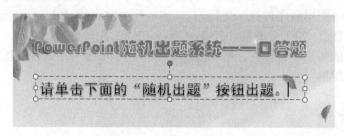

图 7-5-1　插入艺术字文本框

步骤2 在"开发工具"选项卡的"代码"组中单击Visual Basic按钮打开Visual Basic编辑器。在"工程-VBAProject"窗格中右击"VBAProject（使用VBA来实现交互——随机出题（素材）.pptm）"选项，在打开的关联菜单中选择"插入"→"模块"命令创建一个模块，如图7-5-2所示。

图 7-5-2　插入一个模块

步骤3 在该模块的代码窗口中输入VBA代码，如图7-5-3所示。具体的程序代码如下所示：

```
Public Sub chuti()
Dim a As Integer
a = Int((5 * Rnd) + 1)
Select Case a
Case 1
    ActivePresentation.Slides(1).Shapes(2).TextFrame.TextRange = "一次函数y=4x-2 与 x 轴交点的坐标是什么？"
Case 2
    ActivePresentation.Slides(1).Shapes(2).TextFrame.TextRange = "一次函数y=3x+3 与 y 轴交点的坐标是什么？"
Case 3
    ActivePresentation.Slides(1).Shapes(2).TextFrame.TextRange = "一次函数y=kx+b 当 k>0 且 b>0 时，其图像位于哪几个象限？"
Case 4
    ActivePresentation.Slides(1).Shapes(2).TextFrame.TextRange = "一次函数y=4x+3 与 y=3x-1 交点的坐标是什么？"
Case 5
    ActivePresentation.Slides(1).Shapes(2).TextFrame.TextRange = "一次函数y=kx+b 当 k>0 时，y 将如何随 x 值的变化而变化？"
End Select
End Sub
```

提示：下面对代码的含义进行介绍。

- 使用Public语句定义了一个名为chuti的公用sub过程。使用Dim关键字将变量a定义为Integer类型（即整型）变量。
- 由于本实验有5道习题，因此使用a = Int((5 * Rnd) + 1)语句生成1~5之间的随机数，并将其赋予变量a。在这段语句中，Rnd函数可以产生0~1之间的随机数，Int函数用于删除获得数值的小数部分只保留其整数部分。

图 7-5-3　在代码窗口中输入程序代码

- ActivePresentation.Slides(1).Shapes(2).TextFrame.TextRange 语句表示当前演示文稿的第一张幻灯片中的第二个文本框对象(即步骤1中创建的艺术字文本框)的内容。其中 Shapes(2) 中的编号是 PowerPoint 根据对象创建的先后次序来自动获取的。等号右侧的文字内容即为该文本框中需要显示的习题。
- 这段程序使用了 Select Case 语句来实现多分支选择,该语句在分支较多时十分有用。如果分支较少,也可以使用 if 语句。

任务2　添加交互按钮

步骤1　切换回 PowerPoint 2010,在"插入"选项卡的"插图"组中单击"形状"按钮,在打开的列表的"动作按钮"栏中任意选择一个动作按钮,拖动鼠标在幻灯片中绘制该按钮。此时将打开"动作设置"对话框,在其中的"单击鼠标"选项卡中选择"运行宏"单选按钮,在其下的下拉列表中选择刚才创建的 chuti 过程,如图 7-5-4 所示。完成设置后单击"确定"按钮关闭对话框。

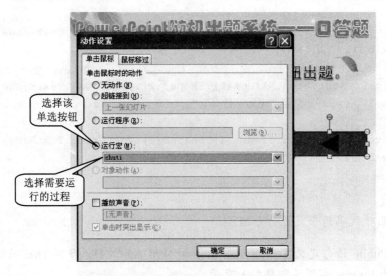

图 7-5-4　绘制按钮并为其指定动作

步骤2　选择创建的按钮,在"格式"选项卡的"插入形状"组中单击"编辑形状"按钮,选择打开菜单中的"更改形状"命令,在右侧列表中选择"圆角矩形"选项将按钮形状更改为圆角矩形,如图 7-5-5 所示。鼠标右击动作按钮,选择关联菜单中的"编辑文字"命令,此时即可在按钮上输入文字,这里输入文字"随机出题"。对按钮的样式和按钮上文字的样式进行设置。制作完成的动作按钮如图 7-5-6 所示。

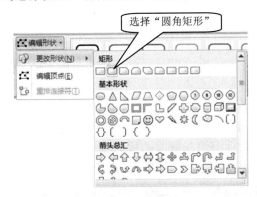

图 7-5-5　更改按钮形状　　　　　　　　图 7-5-6　制作完成的动作按钮

步骤 3　保存文档,完成本实验的制作。按 F5 键播放幻灯片,鼠标单击幻灯片中的"随机出题"按钮,能够随机产生试题,如图 7-5-7 所示。

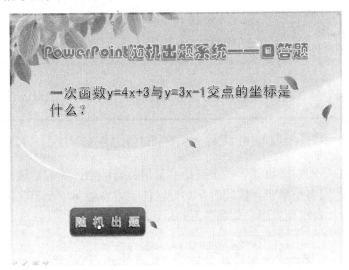

图 7-5-7　幻灯片播放效果

✉ 实验总结

本实验介绍了使用 PowerPoint 的 VBA 编程技术制作随机出题课件的方法。VBA 程序不仅能用于控件编程,还可以实现对幻灯片中对象的控制,如为文本框添加文字和设置格式等。使用 VBA 编写的代码,实际上就是一个宏,使用动作按钮可以对代码的运行进行控制。灵活地使用 VBA,能够弥补 PowerPoint 交互功能不够强大的弱点,获得很好的人机交互效果。

知识积累

1. 如何对宏安全进行设置

宏实际上是一段 VBA 程序代码，在计算机日益普及的今天，基于宏的宏病毒是一种常见的病毒。为了预防宏病毒带来的危害，可以通过对宏的启用进行限制来确保系统的安全。

在"开发工具"选项卡的"代码"组中单击"宏安全"按钮，打开"信任中心"对话框，通过单击相应单选按钮可对演示文稿中启用宏的方式进行设置，如图 7-5-8 所示。例如，选择"启用所有宏（不推荐；可能会运行有潜在危险的代码）"项，则所有的宏都将能够运行。如果不希望运行演示文稿中的宏，可选择"禁用宏，并且不通知"项。

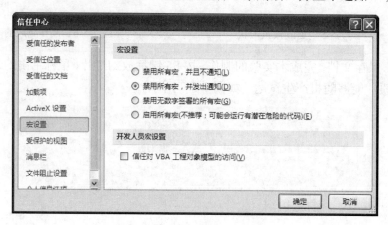

图 7-5-8 "信任中心"对话框

在"信任中心"的"宏设置"栏中选择"禁用所有的宏，并发出通知"选项时，被打开的演示文稿中的宏将被禁止。但此时在功能区的下方将显示安全警告，单击提示栏中的"启用内容"按钮，宏将被启用，如图 7-5-9 所示。

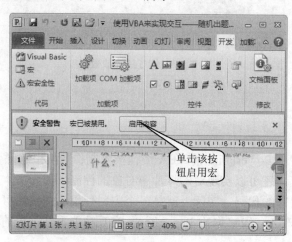

图 7-5-9 显示"安全警告"

2．如何操作宏

在完成宏的创建后，可对创建的宏进行运行、删除和编辑等操作。对宏的操作，可以通过"宏"对话框来实现，在"开发工具"选项卡的"代码"组中单击"宏"按钮打开"宏"对话框，如图 7-5-10 所示。

图 7-5-10 "宏"对话框

在对话框中选择创建的宏，单击"运行"按钮即可运行宏。单击"宏"对话框中的"编辑"按钮可打开 Visual Basic 编辑器，在编辑器中可对创建的代码进行编辑修改。在选择宏后单击"删除"按钮，PowerPoint 给出提示对话框，单击对话框中的"删除"按钮即可将选择的宏删除，如图 7-5-11 所示。

同时打开复制宏模块所需要的源演示文稿和目标演示文稿。打开 Visual Basic 编辑器，在"工程-VBAProject"窗格中将需要复制的模块拖放到目标演示文稿即可实现宏的复制，如图 7-5-12 所示。

图 7-5-11 PowerPoint 提示对话框　　　　图 7-5-12 复制宏

✎巩固练习

1．在"开发工具"选项卡的＿＿＿＿＿＿＿组中单击＿＿＿＿＿＿＿＿＿＿按钮将打开 Visual Basic 编辑器。

2. 在"工程-VBAProject"窗格中右击幻灯片选项，选择关联菜单中的_____命令即可创建一个模块。

举一反三

创建 20 以内加法的随机出题课件，课件界面效果如图 7-5-13 所示。单击"出题"按钮出新题，在文本框中输入答案后单击"提交答案"按钮。如果答案正确，给出提示对话框，如图 7-5-14 所示。如果答案错误，给出提示对话框提示错误，如图 7-5-15 所示。

图 7-5-13　课件界面

图 7-5-14　回答正确时的提示对话框　　图 7-5-15　回答错误时的提示对话框

第8章 课件外观的设计

课件能否够吸引学生的注意并达到满意的课堂效果，外观和结构的设计是一个重要因素。PowerPoint 2010 提供了大量的预设内容使普通教师也能制作出外观具有专业水准的课件，这些预设内容包括主题、背景样式和幻灯片版式等。PowerPoint 提供了母版功能，在制作课件时，灵活地应用幻灯片母版，不仅可以使幻灯片保持一致的外观样式，而且可以快速构建课件，使课件的制作事半功倍。

实验 1　使用幻灯片主题——连杆机构

优秀的课件界面不仅能够使课件美观，更重要的是可以激发学生的学习兴趣，提高学习的积极性。对于普通教师来说，使用 PowerPoint 2010 提供的内置主题来设计课件外观是一个简单而实用的方法。

☞ 实验目标

（1）掌握在课件中应用 PowerPoint 2010 内置主题的方法。
（2）掌握在课件中自定义主题颜色的方法。
（3）掌握在课件中自定义主题字体的方法。
（4）掌握在课件中自定义背景样式的方法。

ᗧ 实验分析

PowerPoint 2010 提供了丰富的内置主题样式，用户可以根据需要选择使用以获得满意的演示效果。这些内置主题具有预设的主题颜色、字体样式和背景颜色等，可直接应用于幻灯片中，使课件获得具有某种特定风格的视觉效果。

在课件制作过程中，由于学科、课件内容和教学目的不同，内置主题往往不能满足需要，此时用户可以对使用的主题进行自定义。主题的自定义包括主题中对象颜色的设置、主题文字字体的设置和主题中背景样式的设置等。主题颜色的设置和主题字体可以进行自定义，自定义的效果不仅能够直接用于当前课件，还能够保存后被其他的课件所使用。主题背景样式的设置可以通过"设置背景格式"对话框来实现，使用该对话框可以设置幻灯片背景的填充效果、对背景图片进行修改并添加艺术化效果等。

实验过程

任务1　自定义主题颜色

步骤1　启动 PowerPoint 2010，在新幻灯片中输入标题和正文。在"设计"选项卡的"主题"组中单击"其他"按钮 打开 PowerPoint 主题列表，在列表中选择需要使用的主题选项即可将其应用到课件中，如图 8-1-1 所示。

图 8-1-1　将内置主题应用于课件

提示：右击任意一个主题选项，在关联菜单中选择"应用于所有幻灯片"命令，该主题将应用于课件中的所有幻灯片。如果选择"应用于选定幻灯片"命令，则该主题只应用于当前选择的幻灯片。选择"设置为默认主题"命令，则该主题成为新建的演示文稿的默认主题。

步骤2　在"设计"选项卡的"主题"组中单击"颜色"按钮，在打开列表中选择需要的主题颜色方案即可将其应用到课件中，如图 8-1-2 所示。

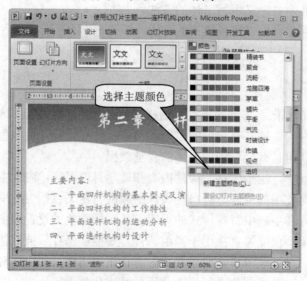

图 8-1-2　选择主题颜色应用到课件

步骤3 在"颜色"列表中选择"新建主题颜色"命令打开"新建主题颜色"对话框，使用该对话框对主题颜色进行设置，如图 8-1-3 所示。单击"保存"按钮保存自定义主题颜色。在制作其他课件时，单击"颜色"按钮，在打开列表的"自定义"栏中即会出现刚才创建的自定义主题选项，选择该项即可将其应用到课件中，如图8-1-4 所示。

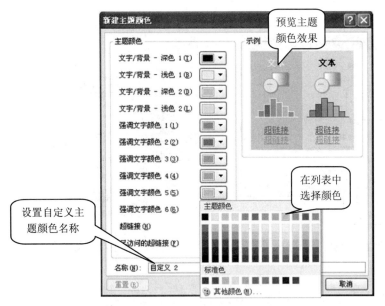

图 8-1-3 "新建主题颜色"对话框　　　　　图 8-1-4 使用自定义颜色

任务 2　自定义主题字体

步骤1 在"设计"选项卡的"主题"组中单击"字体"按钮，在打开的字体列表中选择相应的选项即可在课件中应用字体方案，如图8-1-5 所示。

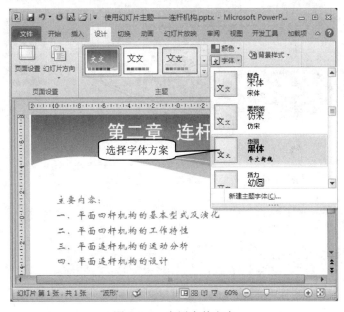

图 8-1-5 应用字体方案

步骤 2 在"字体"列表中选择"新建主题字体"命令打开"新建主题字体"对话框，在对话框中对正文和标题的字体进行设置，如图 8-1-6 所示。单击"保存"按钮保存自定义字体方案。在制作其他课件时，单击"字体"按钮，在打开列表的"自定义"栏中选择保存的字体方案即可将其应用到课件中，如图 8-1-7 所示。

图 8-1-6 "新建主题字体"对话框　　　　图 8-1-7 使用自定义字体

任务 3　自定义主题背景

步骤 1 在"设计"选项卡的"背景"组中单击"背景样式"按钮，在打开的列表中单击相应的选项可将预设的背景样式应用到幻灯片中，如图 8-1-8 所示。

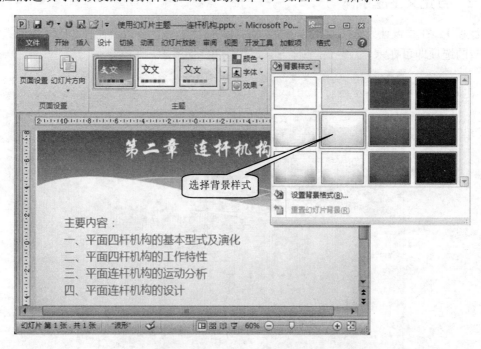

图 8-1-8　应用预设背景样式

步骤 2 在"背景样式"列表中选择"设置背景格式"命令可打开"设置背景格式"对话框,使用该对话框可对背景格式进行自定义。这里对背景的渐变填充效果进行设置,如图 8-1-9 所示。单击"关闭"按钮关闭对话框,此时的幻灯片效果如图 8-1-10 所示。

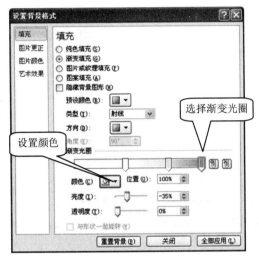

图 8-1-9 自定义主题背景　　　　　　图 8-1-10 制作完成后的效果

提示:在"背景格式"列表中选择"重置幻灯片背景"命令能够取消对幻灯片背景的设置,将其恢复到初始状态。

实验总结

本实验介绍了在 PowerPoint 2010 课件中使用内置主题来设计课件显示效果的方法。在课件制作过程中,直接使用 PowerPoint 提供的内置主题可以提高课件制作效率,避免教师在制作课件时在界面设计上花费大量时间。使用 PowerPoint 可以在应用一款内置主题后,再对主题的颜色、各种文字的字体和背景等进行自定义,使课件整体风格符合当前课件的需要。

知识积累

1. 从哪里获得主题

在 PowerPoint 2010 "设计"选项卡的"主题"组的列表中列出了 PowerPoint 2010 内置的主题,如果这些主题不符合要求,可以使用下面两种方法来获取更多的主题。

在"设计"选项卡的"主题"组中单击"其他"按钮 ,在打开的列表中选择"浏览主题"命令打开"选择主题或主题文档"对话框。使用该对话框可以选择保存在本机的主题文件并将其应用到当前课件中,如图 8-1-11 所示。

PowerPoint 2010 能够很方便地从微软网站上获得丰富的主题资源。在"其他"列表中选择"启用来自 Office.com 的内容更新"选项,PowerPoint 2010 将能从微软网站上获取最新的主题更新，用户可以将它们应用到课件中。

图 8-1-11 "选择主题或主题文档"对话框

2. 如何编辑自定义颜色方案

在创建了自定义颜色方案后，可以对这些方案进行编辑，下面介绍具体的操作方法。

打开"颜色"列表，在"自定义"栏中右击自定义的颜色方案，此时将获得一个关联菜单，如图 8-1-12 所示。选择"应用于所有幻灯片"命令，则当前的颜色方案将应用于课件中的所有幻灯片，如果选择"应用于所选幻灯片"命令该颜色方案将只能用于当前幻灯片。选择"删除"命令将可以删除自定义颜色方案。选择"编辑"命令将打开"编辑主题颜色"对话框，用户可以对主题颜色进行编辑修改，如图 8-1-13 所示。如果选择"添加到快速访问工具栏"命令，该颜色方案将添加到快速访问工具栏中。

图 8-1-12 获得关联菜单

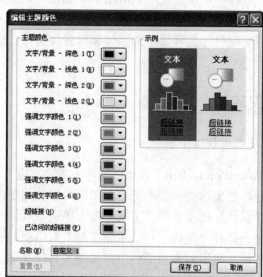

图 8-1-13 "编辑主题颜色"对话框

上面介绍的编辑、删除和添加到快速访问工具栏等操作同样适用于自定义字体，只是自定义字体只能用于课件中的所有幻灯片。

✎ 巩固练习

1. 在_____选项卡的_____组中单击"其他"按钮，在打开的列表中选择_____命令可以打开"选择主题或主题文档"对话框选择主题文件应用到课件中。

2. 单击_____选项卡_____组的"背景样式"按钮，在打开的列表中选择_____命令可以对背景样式进行设置。如果选择_____命令则可将背景恢复到初始状态。

举一反三

对本实验的幻灯片主题进行修改，制作完成的效果如图 8-1-14 所示。

图 8-1-14 制作完成的效果

实验 2 使用幻灯片母版——制作课件背景

在制作课件时，为了提高课件的制作效率，使用模板是一个好办法。实际上，利用 PowerPoint 的母版功能，能够比模板更为灵活高效地完成课件背景的制作。

☞ 实验目标

（1）掌握幻灯片母版视图的进入和退出。
（2）掌握使用幻灯片母版来制作课件背景的方法。

实验分析

本实验通过在幻灯片母版中制作背景以使课件中每个幻灯片中都具有统一的背景效果。在 PowerPoint 中，母版实际上是一种特殊的幻灯片，这种幻灯片是演示文稿的一个重要组成部分。母版保存了满足不同需要的幻灯片的版面信息和组成元素的样式信息，这些信息都是已经在母版中设置好的。在创建幻灯片时，无须对幻灯片进行再设置，只需在相应的位置输入需要的内容即可。灵活地使用母版，能够有效地避免重复操作，提高工作效率。更为重要的是，使用母版能够使演示文稿的幻灯片具有统一的样式和风格。

实验过程

任务 1 在母版中插入对象

步骤 1 启动 PowerPoint 2010，在"视图"选项卡的"母版视图"组中单击"幻灯片母版"按钮，如图 8-2-1 所示。

步骤 2 此时，视图切换到幻灯片母版视图，左侧窗格中列出了不同版式的母版幻灯片，将鼠标指针放置于这些幻灯片上可以看到母版版式的提示信息以及该母版被哪些幻灯片使用。在左侧的窗格中选择"Office 主题幻灯片母版"幻灯片，在该母版幻灯片中添加对象，在每张幻灯片上都会显示，如图 8-2-2 所示。

图 8-2-1 单击"幻灯片母版"按钮　　　　图 8-2-2 选择母版幻灯片

步骤 3 在"插入"选项卡的"图像"组中单击"图片"按钮打开"插入图片"对话框，在对话框中选择需要插入的图片，如图 8-2-3 所示。单击"插入"按钮将图片插入到选择的幻灯片母版中。

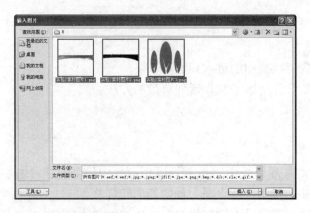

图 8-2-3 选择需要插入的图片

任务 2 制作课件背景

步骤 1 在母版幻灯片中同时选择插入的图片，在"格式"选项卡的"排列"组中单击"下移一层"按钮上的下三角，在打开的菜单中选择"置于底层"命令将插入的图片移至最底层，如图 8-2-4 所示。

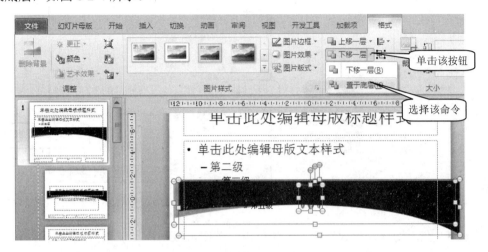

图 8-2-4 将图片置于底层

步骤 2 在母版幻灯片中将树图片放置到母版的底部，将其他两张图片放置到顶部。使用绘图工具在底部绘制一个绿色的无边框矩形，并将其置于底层。制作完成后的母版幻灯片效果如图 8-2-5 所示。

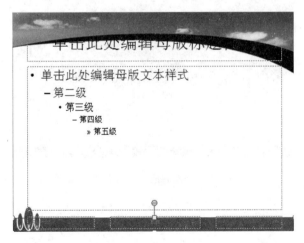

图 8-2-5 放置图片并添加绿色矩形框

步骤 3 在"幻灯片母版"选项卡的"背景"组中单击"背景"按钮，在打开的下拉列表选择"设置背景格式"命令，如图 8-2-6 所示。在"设置背景格式"对话框中将填充方式设置为"渐变填充"，在"预设颜色"下拉列表中选择"雨后初晴"渐变样式。在"渐变光圈"栏中的色谱条上删除预设渐变中的第二个渐变光圈，将其右侧的那个渐变光圈放置到色谱条的中间位置。选择第一个渐变光圈,将其"亮度"设置为50%,如图8-2-7所示。

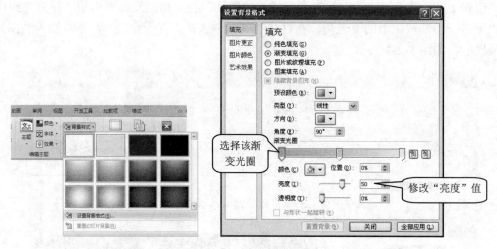

图8-2-6 选择"设置背景格式"命令　　图8-2-7 设置填充效果

步骤4 在"幻灯片母版"选项卡中单击"关闭母版视图"按钮退出幻灯片母版视图,此时获得的幻灯片背景效果如图8-2-8所示。

图8-2-8 制作完成的幻灯片背景效果

✉ 实验总结

　　本实验介绍为PowerPoint课件所有的幻灯片快速创建相同背景的方法。母版幻灯片是与普通幻灯片一样的,可以添加文本框、图形、图片、声音和视频等各种对象,对幻灯片的操作命令都可以应用到母版幻灯片中。在母版幻灯片中添加的对象,将可以出现在课件的幻灯片中。这样,在创建具有相同结构的幻灯片时,只需为其创建幻灯片母版就可以了,且大大提高课件制作效率。

📖 知识积累

1. 母版和模板有什么区别

在制作 PowerPoint 课件时，使用模板是在课件中多张幻灯片获得相同的背景和结构布局的一种方法，但并不具有批量设置或修改幻灯片背景和对象的能力。而母版正好弥补了这一不足，用户可以快速实现对幻灯片的背景和对象的批量修改。另外，母版和模板都具有同时设置多张幻灯片背景和设计其风格的功能，但是母版具有编辑修改能力，即对格式进行批量修改的功能。离开了母版的设置，模板实际上只能为课件提供统一的背景。

2. PowerPoint 包含哪些类型的母版

PowerPoint 提供了三种母版类型，分别是幻灯片母版、讲义母版和备注母版。幻灯片母版是构建幻灯片的基础，用于设计幻灯片的结构。讲义母版是为制作讲义而准备的，用于格式化讲义并控制讲义的打印格式。讲义母版可以更改文字的位置、为幻灯片添加图片和图形等对象以及为幻灯片添加页眉和页脚信息等。在"视图"选项卡的"母版视图"组中单击"讲义母版"能够进入讲义母版视图进行讲义母版的制作，如图 8-2-9 所示。

备注母版的功能是格式化备注页，用于使备注页具有统一的外观。同时，备注母版也可以用于调整幻灯片的大小和位置。在"视图"选项卡的"母版视图"组中单击"备注母版"按钮将能够进入备注母版视图状态进行备注母版的制作，如图 8-2-10 所示。

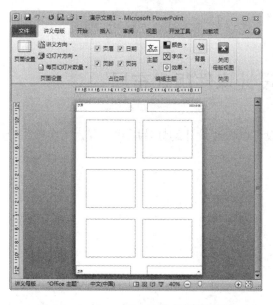

图 8-2-9　PowerPoint 的讲义母版视图

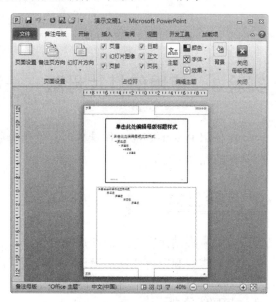

图 8-2-10　备注母版视图

✍ 巩固练习

1. 在_____选项卡中的_____组中单击_____按钮将进入幻灯片母版视图状

态。如果要退出幻灯片母版视图状态，只需在_____选项卡中单击_____按钮即可。

2．PowerPoint 的母版包括_____、_____和_____，其中_____母版用于格式化讲义。

≥举一反三

使用母版中制作课件背景，效果如图 8-2-11 所示。

图 8-2-11　制作幻灯片背景

实验 3　使用幻灯片母版——设计课件版式布局

在使用 PowerPoint 制作课件时，使用母版可以快速设计幻灯片版式布局，本实验将介绍具体的操作方法。

☞实验目标

（1）掌握创建新母版幻灯片的方法。
（2）掌握利用占位符来设计幻灯片版式的方法。

⌢实验分析

PowerPoint 的母版可以控制演示文稿中幻灯片中对象的大小和位置，使用母版是创建具有不同结构布局的幻灯片并重复使用它们的捷径。

在制作课件时，每次制作都重新设置课件的版式布局不是一个明智的做法。实际上，很多课件都具有相同的版式布局，在制作课件时往往只是将需要展示的对象（如图片、文字或视频等）进行更改就可以了。要在课件中使用固定的版式布局，可以通过在母版中添加占位符来实现。在 PowerPoint 中，占位符是一种容器，在幻灯片中占据一个固定的位置，使用时只需向其中添加具体的内容即可。

在母版中添加占位符并对其位置、大小和样式进行设置，用户使用该母版创建幻灯片，幻灯片将具有固定的版式模式。此时，用户无须对添加的对象进行设置，也无须考虑幻灯片页面的布局，只需在占位符中放置内容即可，这无疑大大提高课件的制作效率。

实验过程

任务 1　创建新的母版幻灯片

步骤 1　启动 PowerPoint 2010 创建一个新文档，在"视图"选项卡的"母版视图"组中单击"幻灯片母版"按钮进入幻灯片母版状态。在左侧窗格中选择除了"Office 主题幻灯片母版"和"标题幻灯片版式"母版之外的所有母版幻灯片，如图 8-3-1 所示。按 Delete 键删除选择的母版。

步骤 2　在"幻灯片母版"选项卡的"编辑版式"组中单击"插入版式"按钮插入一个母版幻灯片，如图 8-3-2 所示。在母版幻灯片上单击，按 Alt+A 键选择幻灯片中所有的占位符，按 Delete 键删除它们。

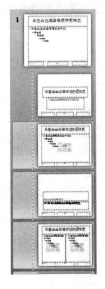

图 8-3-1　选择母版幻灯片

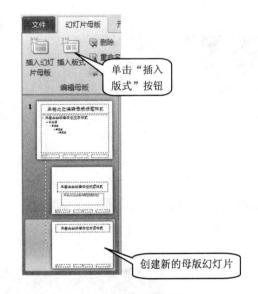

图 8-3-2　创建新的母版幻灯片

任务 2　添加标题占位符

步骤 1　在"插入"选项卡的"图像"组中单击"图片"按钮打开"插入图片"对话框，在对话框中选择需要插入的图片，如图 8-3-3 所示。单击"确定"按钮将图片插入母版幻灯片中，调整图片的大小使其覆盖整个幻灯片，如图 8-3-4 所示。

图 8-3-3 选择需要插入的图片

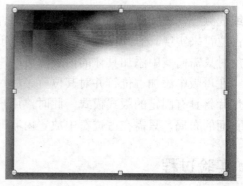

图 8-3-4 插入背景图片

步骤 2 使用"矩形"工具在幻灯片上下部绘制两个矩形,如图 8-3-5 所示。鼠标右击上端的矩形,在关联菜单中选择"设置形状格式"命令打开"设置形状格式"对话框。在对话框左侧列表中选择"填充"选项,在右侧选择"渐变填充"单选按钮,并对渐变样式进行设置,如图 8-3-6 所示。这里,第一个渐变光圈使用的是颜色是"深蓝",第二个渐变光圈的颜色为"蓝色","位置"设置为"50%","透明度"设置为"45%"。第三个渐变光圈使用与第二个渐变光圈相同的颜色,"位置"设置为"100%","透明度"设置为慢"100%"。设置完成的效果如图 8-3-7 所示。

图 8-3-5 绘制两个矩形

图 8-3-6 设置形状渐变格式

图 8-3-7 矩形的渐变填充设置完成后的效果

步骤 3 在"幻灯片母版"选项卡的"母版版式"组中勾选"标题"复选框为幻灯片添加标题占位符,如图 8-3-8 所示。选择占位符,在"开始"选项卡的"字体"组中设置占位符文字的字体和字号,并将文字颜色设置为白色,如图 8-3-9 所示。

第 8 章　课件外观的设计　**261**

图 8-3-8　在幻灯片中添加标题

图 8-3-9　设置标题文字字体、字号和颜色

任务 3　添加图片和文本占位符

步骤 1　在"幻灯片母版"选项卡的"母版版式"组中单击"插入占位符"按钮上的下三角,在打开的菜单中选择"图片"命令,如图 8-3-10 所示。拖动鼠标在幻灯片中添加一个图片占位符,如图 8-3-11 所示。

图 8-3-10　选择"图片"命令

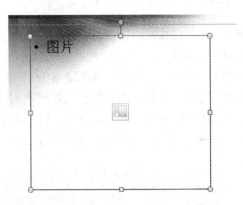

图 8-3-11　插入图片占位符

步骤 2　在图片占位符右侧绘制一个深蓝色的无边框矩形,如图 8-3-12 所示。在"幻灯片母版"选项卡的"母版版式"组中单击"插入占位符"按钮,在菜单中选择"文字(竖排)"命令,如图 8-3-13 所示。拖动鼠标在图片占位符右侧绘制一个竖排文字占位符,如图 8-3-14 所示。

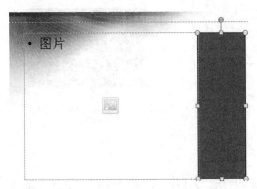

图 8-3-12　绘制一个深蓝色无边框矩形

图 8-3-13　选择"文字(竖排)"命令

图 8-3-14　绘制一个竖排文字占位符　　图 8-3-15　设置占位符文字样式

步骤 3　选择竖排文字占位符，在"开始"选项卡中设置字体和字号，同时将文字颜色设置为白色，如图 8-3-15 所示。在"格式"选项卡的"形状样式"组中设置占位符边框的宽度，并将边框颜色设置为白色，如图 8-3-16 所示。

步骤 4　将幻灯片顶部的标题占位符适当右移，在其左侧插入一个图片占位符。拖动占位符边框上的控制柄调整占位符的大小，同时为了使提示文字可见，将文字颜色设置为白色。在占位符中更改提示文字的内容，如图 8-3-17 所示。

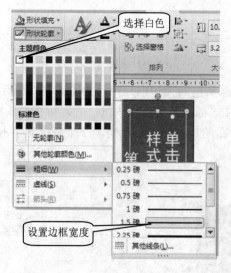 

图 8-3-16　设置边框的宽度和颜色　　图 8-3-17　添加图片占位符

任务 4　应用自定义母版幻灯片

步骤 1　在幻灯片母版列表中右击创建的母版幻灯片，在关联菜单中选择"重命名版式"

命令。此时将打开"重命名版式"对话框,在对话框的"版式名称"文本框中输入母版幻灯片名称,如图 8-3-18 所示。完成输入后单击"重命名"按钮更改母版幻灯片的名称。

步骤 2 在"幻灯片母版"选项卡中单击"关闭母版视图"按钮,退出幻灯片母版视图。在"开始"选项卡的"幻灯片"组中单击"新建幻灯片"上的下三角按钮,在打开的列表中将出现刚才创建的幻灯片母版,如图 8-3-19 所示。

图 8-3-18 "重命名版式"对话框

选择该选项即可在课件中插入该版式幻灯片,在占位符中单击即可添加有关的对象。如这里在竖排文字占位符中单击,插入点光标将放置到占位符中,此时即可输入文字,文字具有设定的格式,如图 8-3-20 所示。

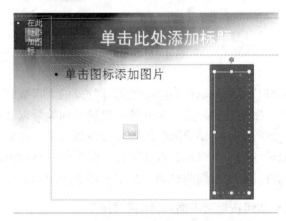

图 8-3-19 选择幻灯片母版　　　　图 8-3-20 插入点光标放置到竖排文字占位符中

✉ 实验总结

本实验介绍了利用母版设计幻灯片布局的方法。PowerPoint 可以在母版幻灯片中插入各种类型的占位符,占位符可以放置文字、图片、视频和图表等各种对象,同时用户可以对其大小、位置和样式等进行设置,添加到占位符的对象都具有设置好的样式。因此,在设计课件结构布局时,可以利用占位符来规划幻灯片的页面布局,避免对相同结构的幻灯片进行重复设计,大大提高课件的制作效率。

📖 知识积累

1. 幻灯片母版包含哪些内容

在默认情况下,幻灯片母版中包含 5 个区域,分别是标题区、对象区、日期区、页眉和页脚区及数字区,如图 8-3-21 所示,这些区域实际上是占位符,具有设定好的样式,使用时只需输入需要的内容即可。

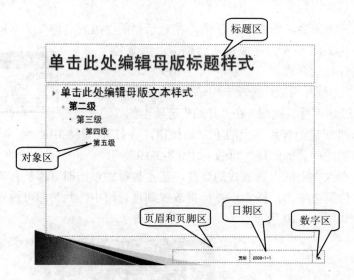

图 8-3-21　幻灯片母版的结构

幻灯片母版可以控制除标题幻灯片外的大多数幻灯片，使它们具有相同的版面设置、相同的文字格式和位置、相同的项目符号和编号以及相同的配色方案等。在母版中，标题区用于放置演示文稿的所有幻灯片的标题文字，对象区用于放置幻灯片中所有的对象和文字，日期区用于给演示文稿中的每一张幻灯片自动添加日期，页眉和页脚区用于给演示文稿的幻灯片添加页眉和页脚，数字区用于给演示文稿的每一张幻灯片自动添加编号。

2．如何在母版中插入页眉和页脚

在幻灯片母版视图中选择某个母版幻灯片，在功能区的"插入"选项卡的"文本"组中单击"页眉和页脚"按钮 打开"页眉和页脚"对话框。在对话框的"幻灯片"选项卡中勾选"页脚"复选框，并在其下的文本输入框中输入页脚内容，如图 8-3-22 所示。

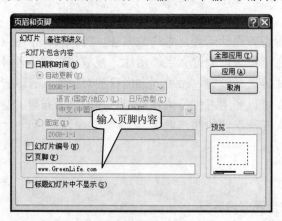

图 8-3-22　在"页眉和页脚"对话框中输入页脚内容

单击"全部应用"按钮将页脚应用到所有母版中，单击"应用"按钮则将页脚应用到当前选择的幻灯片。在幻灯片中拖动占位符可以移动页脚在幻灯片中的位置，使用"开始"选项卡的"字体"组和"段落"组中设置项可对页脚文字的格式进行设置。

"页眉和页脚"对话框的"幻灯片"选项卡除了可以向幻灯片添加页脚之外,还可向幻灯片添加日期和时间以及幻灯片编号。勾选"日期和时间"复选框,其下的设置选项可用,可以设置是添加自动更新的日期和时间信息还是固定不变的时间信息。勾选"幻灯片编号"复选框,则可向幻灯片中添加幻灯片编号。

在"幻灯片母版"选项卡的"母版版式"组中勾选"页脚"复选框,幻灯片中将显示页脚,如图 8-3-23 所示。此时可以直接在占位符中输入页脚内容。取消该复选框的选择,页脚将被删除。如果演示文稿中不需要页眉页脚、时间或编号的显示,也可以选择对应的占位符后按 Delete 键将其直接删除。

图 8-3-23　勾选"页脚"复选框

巩固练习

1. 在_____选项卡的_____组中单击_____按钮上的下三角,在打开的菜单中选择相应的命令可以向母版中插入占位符。

2. 在母版中,_____用于放置演示文稿的所有幻灯片的标题文字,_____用于放置幻灯片中所有的对象和文字,_____用于给演示文稿中的每一张幻灯片自动添加日期,_____用于给演示文稿的每一张幻灯片自动添加编号。

举一反三

利用母版制作一个古诗赏析课件封面幻灯片,幻灯片的结构如图 8-3-24 所示。

图 8-3-24　古诗赏析封面幻灯片结构布局

实验 4　使用幻灯片母版——应用于整个课件的交互

在制作课件时，是否具有良好的可操作性是衡量课件好坏的一个重要标准。通过母版幻灯片中添加交互按钮可以快速创建能应用于整个课件的交互方式。

☞ 实验目标

（1）掌握在母版中使用超链接的方法。
（2）掌握快速创建课件导航的方法。

◎ 实验分析

本实验介绍通过在母版中创建超链接来实现幻灯片页面导航的方法。利用母版制作课件的界面，需要考虑页面的导航方式、页面中需要显示的内容以及页面的美化这三个问题。一般情况下，针对不同的界面类型需要设计不同的母版。为了提高课件的制作效率，课件中幻灯片的共同要素可以放置在母版中。在制作母版时，应该尽量做到课件的界面要素与需要显示的内容分离，这样才能大大提高母版的重用率。

在播放课件时，虽然可以通过鼠标单击等操作来实现幻灯片的翻页，但这种方式所带来的播放方式比较机械，只能实现幻灯片的顺序播放，同时也无法让观众了解课件的整体结构和知识体系。因此，在课件中设计页面导航就是必需的。用作页面导航的对象，在每一个幻灯片中都要存在，这样才能保证在播放到任意幻灯片时都能实现导航操作。因此，在课件制作时，节约时间的制作方法是将导航对象放置到母版中，这样就不需要在每个幻灯片中都添加导航对象了。在 PowerPoint 中，页面导航功能的实现是很简单的，在母版中添加了导航对象后，为这些对象添加超链接，指定链接的幻灯片即可实现导航操作。

✈ 实验过程

任务 1　在母版中添加文本框

步骤 1　启动 PowerPoint 2010，打开"使用幻灯片母版——应用于整个课件的交互.pptx"文件。在"视图"选项卡的"母版视图"组中单击"幻灯片母版"按钮进入幻灯片母版视图。在"插入"选项卡的"文本"组中单击"文本框"按钮，在母版幻灯片中单击，在文本框中输入文字"首页"。选择整个文本框，在"开始"选项卡的"字体"组中设置文本的字体和字号，并将文字颜色设置为白色，如图 8-4-1 所示。

步骤 2　按住 Ctrl 键拖动文本框进行复制，这里将文本框复制三个，分别将文字更改为"下一页"、"上一页"和"末页"。同时选择这 4 个文本框，在"格式"选项卡的"排列"组中单击"对齐"按钮，在打开的菜单中选择"顶端对齐"命令使文本框顶端对齐。再次选择"对齐"菜单中的"横向分布"命令使这些文本框在水平方向上均匀分布。将这些文本框放置到幻灯片下方，如图 8-4-2 所示。

图 8-4-1　创建文本框并设置文字样式

图 8-4-2　设置完成的文本框

任务 2　创建超链接

步骤 1　右击"首页"文本框，在关联菜单中选择"超链接"命令打开"插入超链接"命令。在对话框左侧的"链接到"列表中选择"本文档中的位置"选项，在右侧的"请选择文档中的位置"列表中选择"第一张幻灯片"选项，如图 8-4-3 所示。最后单击"确定"按钮。

步骤 2　依次选择母版幻灯片中的"下一页"、"上一页"和"末页"文本框，在"插入超链接"对话框中将它们的链接目标分别设置为"下一张幻灯片"、"上一张幻灯片"和"最后一张幻灯片"。切换到普通视图，在课件中添加任意一种类型的幻灯片，如这里添加标题幻灯片，幻灯片底部将出现添加了超链接的文本框。幻灯片播放时，单击这些超链接将能够实现页面的切换，如图 8-4-4 所示。

图 8-4-3　"插入超链接"对话框

图 8-4-4　单击超链接文字实现页面切换

✉ 实验总结

本实验介绍了在 PowerPoint 课件创建页面导航的方法。在课件中，用作页面导航的对象必须在每个幻灯片中出现，因此将导航对象放置到母版中就可以避免在为每个幻灯片添加导航对象的麻烦,大大提高课件制作效率。这种技巧同样适用于那些需要在课件中一直显示对象,如课件制作单位和作者信息、课件标题以及一些特殊的标志等。

知识积累

1. 如何设置幻灯片的大小

在"视图"选项卡的"母版视图"组中单击"幻灯片母版"按钮进入幻灯片母版视图。在"幻灯片母版"选项卡的"页面设置"组中单击"页面设置"按钮打开"页面设置"对话框。在对话框的"幻灯片大小"下拉列表中选择相应的选项更改幻灯片大小,也可以在"宽度"和"高度"微调框中输入数字来改变幻灯片大小。在"方向"栏中的"幻灯片"栏中选择"纵向"单选按钮,可以将当前横向幻灯片设置为纵向幻灯片,如图8-4-5所示。

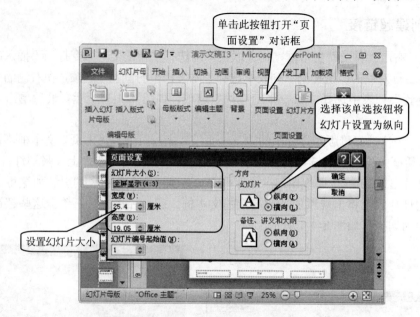

图 8-4-5 "页面设置"对话框

2. 如何更改幻灯片的视觉显示比例

在默认情况下,PowerPoint幻灯片默认的长宽比为4:3,在播放时将会充满整个屏幕播放。与这种普通的4:3显示方式相比,使用16:9或更大的长宽比的显示方式来播放课件将能够提供更广的水平视角,获得更好的播放效果。在PowerPoint中要获得这种宽屏的视觉效果,一般可以采用两种方法。

一种方法是使用"页面设置"对话框来对幻灯片大小进行设置,设置其宽度和高度值,使幻灯片页面具有需要的长宽比。

另一种方式是在传统幻灯片中通过遮挡的方式来改变幻灯片的画幅,使其具有宽屏的显示效果。例如,在本实验和实验3举一反三的幻灯片中,在母版的上方和下方各放置一个矩形,矩形的填充颜色异于背景色。这两个矩形的存在并没有改变幻灯片的大小,只是改变了视觉效果，使幻灯片中间的内容显示区域看起来变宽了。采用这种方式比直接进行页面设置将更加灵活，可以根据需要用于课件的所有幻灯片中，也可以只用于一张或几张幻灯片中，而且改变矩形的宽度还可以获得不同的长宽比效果。

✎ 巩固练习

1. 在_____选项卡的_____组中单击_____按钮将打开"页面设置"对话框。
2. 在"页面设置"对话框的_____和_____微调框中输入数值可以改变幻灯片的大小，选择_____或_____单选按钮可以改变幻灯片的方向。

≋ 举一反三

修改本实验的母版，使鼠标移过文字时文字上出现虚线框，同时播放提示音。制作完成的幻灯片效果如图 8-4-6 所示。

图 8-4-6 制作完成的效果

第9章 课件的发布和放映

制作课件的最终目的是为了放映课件，将其应用到教学中。在制作课件时，课件需要具有通用性，能够适应不同教师的需要，尽可能地实现教学资源的共享，只有这样才能减少课件设计和开发的劳动量，提高课件制作的效率。然而，课堂教学又是极具个性的，课件能否在教学中达到好的教学效果不仅仅取决于课件的制作水平，还需要教师具有应用课件的能力。在教学中，教师使用课件的方法和操作课件的技巧是课件能否成功的关键。本章将从课件制作和应用两个方面来介绍完成课件制作后教师所需要做的工作，将通过具体的实验分别介绍针对不同需要来发布、保存和保护课件的方法以及教师在实际授课时的课件放映技巧。

实验1 课件的发布——将课件打包

PowerPoint 是一款具有强大的多媒体集成能力的软件，使用它可以将视频、声音、图片和各种动画等多媒体内容集合在一起。为了能够使课件在其他计算机上正常播放，课件在发布时需要进行打包处理。

☞ 实验目标

（1）掌握将课件打包的设置方法。
（2）掌握将课件打包成 CD 或打包到指定文件夹的操作方法。

◎ 实验分析

本实验介绍 PowerPoint 课件打包的操作方法。使用 PowerPoint 制作的课件能够方便地在不同计算机上播放，前提条件是该计算机安装的是 Windows 操作系统且安装了对应版本的 Office 软件。但在实际应用中，当播放课件的计算机并非制作课件的计算机时，常常会遇到很多问题。典型的问题包括课件在计算机上无法播放、在课件中插入的视频和声音播放不了以及课件中显示的文字字体并非制作时的字体等。另外，如果在课件中插入了 Flash 动画，有时也会遇到动画无法播放的问题。出现这些问题的原因很多，除了第一个问题是由于在播放用计算机上没有演示文稿播放环境之外，其他问题产生的最主要的原因是由于课件位置的移动造成了这些素材文件丢失或指向这些素材的文件路径出错。

PowerPoint 2010 提供了演示文稿打包功能，该功能保证在任意计算机上顺利播放演示文稿。这里的打包，指的是将演示文稿的播放器及其支持文件连同演示文稿一起保存，获得一个文件包，以保证演示文稿能够实现在任意计算机环境播放。将演示文稿打包成 CD 不仅能够在有刻录机的计算机上方便地将演示文稿、演示文稿中链接的各种媒体文件、播放器以及相关的配置文件一次性地刻录到 CD 光盘中，同时该功能还可以将演示文稿和素材文件存储于磁盘的指定位置，从而方便地实现演示文稿的分发及在其他计算机上的演示，解决上面提到的那些问题。

实验过程

任务 1　设置打包选项

步骤 1　启动 PowerPoint 2010，打开需要打包的课件。在"文件"选项卡左侧列表中选择"保存并发送"选项，在中间的"文件类型"栏中选择"将演示文稿打包成 CD"选项。单击右侧出现的"将演示文稿打包成 CD"栏中的"打包成 CD"按钮，如图 9-1-1 所示。

图 9-1-1　单击"打包成 CD"按钮

步骤 2　此时打开"打包成 CD"对话框，在对话框的"将 CD 命名为"文本框中输入刻录成 CD 时的光盘名称，如图 9-1-2 所示。

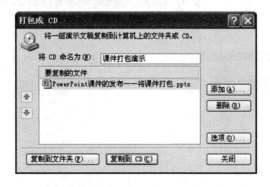

图 9-1-2　输入 CD 光盘名称

📌提示：当计算机上没有安装光盘刻录机时，"打包成 CD"对话框中不会出现"复制到 CD"按钮和"将 CD 命名为"文本框。

步骤 3 在"打包成 CD"对话框中单击"添加"按钮打开"添加文件"对话框，如图 9-1-3 所示。使用该对话框选择要打包的演示文稿后单击"添加"按钮，选择的文件将添加到"打包成 CD"对话框中的"要复制的文件"列表中，如图 9-1-4 所示。

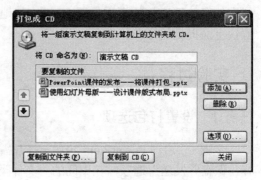

图 9-1-3 "添加文件"对话框　　　　　　图 9-1-4 文件添加到列表中

步骤 4 在"打包成 CD"对话框中单击"选项"按钮打开"选项"对话框，在其中可以对演示文稿打包内容进行设置并为文档添加保护密码，如图 9-1-5 所示。完成设置后单击"确定"按钮关闭对话框。

任务 2　完成打包操作

步骤 1 在"打包成 CD"对话框中单击"复制到文件夹"按钮打开"复制到文件夹"对话框，在其中单击"浏览"按钮打开"选择位置"对话框，选择文件复制的目标文件夹，如图 9-1-6 所示。单击"选择"按钮，选择的文件夹路径将输入到"位置"文本框中，单击"确定"按钮，PowerPoint 给出是否在打包时包

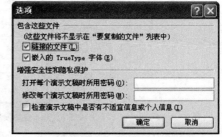

图 9-1-5 "选项"对话框

含链接内容的提示信息，如图 9-1-7 所示。单击"是"按钮，PowerPoint 即开始对选择演示文稿进行打包操作。本实例打包后生成的文件如图 9-1-8 所示。

图 9-1-6 打开"选择位置"对话框

图 9-1-7　PowerPoint 提示对话框

图 9-1-8　打包生成的文件

> 提示：这里要注意，在将文件复制到文件夹中时，PowerPoint 会在指定的文件夹中创建一个新文件夹来放置打包生成的所有文件，这个新文件夹的文件名由"打包成 CD"对话框的"将 CD 命名为"文本框中输入的内容决定。

步骤 2　在"打包成 CD"对话框中单击"复制到 CD"按钮，PowerPoint 将演示文稿及相关文件自动刻录到 CD 光盘上，如图 9-1-9 所示。

图 9-1-9　将文件复制到 CD 光盘上

实验总结

本实验介绍了 PowerPoint 2010 对课件打包的操作方法。PowerPoint 可以直接将课件及有关的视频、声音和图片等素材文件复制到 CD 光盘，也可以将它们复制到一个指定的文件夹中。在打包操作时，课件使用的外部素材文件将会自动复制，而无需制作者一个一个地手动复制，不仅提高了制作效率，而且能够有效地避免因素材文件遗失所带来的错误。

知识积累

1．在对课件打包时有哪些选项可以进行设置

在"打包成 CD"对话框中单击"选项"按钮打开图 9-1-5 所示的"选项"对话框。在其中勾选"嵌入的 TrueType"字体复选框，可以在打包时将 TrueType 字体嵌入到演示文稿中，这样可以避免因演示计算机上没有安装课件中的字体而影响演示效果的情况发生。

在打包演示文稿时，默认情况下 PowerPoint 会自动包括链接文件，如果取消对"链接的文件"复选框的勾选，将在打包时将它们排除在外。

勾选"检查演示文稿中是否有不适宜信息或个人信息"复选框，则在打包演示文稿时，PowerPoint 将打开"文档检查器"审阅演示文稿是否包含个人信息和隐藏信息，如标记、墨迹注释和备注等，根据需要可将检查到的有关信息删除，使打包的文件中不包括这些信息。

在"选项"对话框中通过添加或设置打开密码可以保护打包到 CD 上的演示文稿的内容，使未经授权的用户无法修改已打包的演示文稿。

2．如何获取 PowerPoint Viewer

在使用课件时，经常会遇到在使用课件的计算机上没有安装 PowerPoint 的情况。有时教师也会遇到课件是 PowerPoint 2007 和 PowerPoint 2010 的"*.pptx"格式，而播放计算机只安装了 PowerPoint 2003 的情况。这些情况都会造成课件无法正常播放，要解决这类问题，最安全的办法就是随课件携带 PowerPoint Viewer。

PowerPoint Viewer 只在没有安装 PowerPoint 的计算机上自动关联 PowerPoint 演示文稿，用户可以用它来播放课件，也可以通过它来查看指定 PowerPoint 文档。要获取 PowerPoint Viewer 可以到微软的下载中心下载，其地址为：http://www.microsoft.com/downloads/zh-cn/details.aspx?displaylang=zh-cn&FamilyID=cb9bf144-1076-4615-9951-294eeb832823。

巩固练习

1．在_____选项卡中选择_____选项，在"文件类型"栏中选择_____选项后单击_____按钮即可打开"打包成 CD"对话框。

2．在"打包成 CD"对话框中单击"选项"按钮将打开_____对话框，在对话框中勾选_____复选框将能在打包时嵌入字体，勾选_____复选框将在打包时包含链接的文件。

举一反三

任选第 8 章的三个实例演示文稿，将它们打包在一起。

实验 2 课件的保存——将课件保存为不同的格式

PowerPoint 除了可以将课件保存为"*.pptx"和"*.ppt"格式外，还可以保存为其他多种文档格式，这些文档格式应用于不同的场合，能够方便课件的播放和网络传播。

☞ 实验目标

（1）掌握将课件保存为自动播放文件的方法。
（2）掌握将课件保存为图片的方法。
（3）掌握将课件保存为视频文件的方法。

◎ 实验分析

本实验介绍使用 PowerPoint 将课件保存为自动播放文件、图片和 Windows 视频文件的方法。

在使用 PowerPoint 制作课件时，课件保存的形式一般是"*.ppt"格式（即 PowerPoint 2003 文件格式）或"*.pptx 格式"（即 PowerPoint 2007 和 PowerPoint 2010 文件格式），使用这种文件格式可以随时使用 PowerPoint 对课件内容进行编辑修改。在每次播放这类课件时，都需要首先进入 PowerPoint 编辑状态后才能播放课件。实际上，PowerPoint 课件可以保存为直接放映格式，当双击这种格式的课件时将直接进入放映模式放映课件而无须进入 PowerPoint 编辑状态。

在 PowerPoint 演示文稿中的幻灯片也可以输出为图形文件的形式，输出时可使用的图形文件格式包括"*.bmp"、"*.jpg"、"*.tiff"、"*.png"和"*wmf"等。将课件输出为图形文件能够使文档显示一致，不会因为字体等方面的原因影响显示效果，有利于课件在网页上的发布，使其能够更大范围地交流和共享。在将课件保存为图片后，课件内容将无法再进行编辑修改，这无疑也能达到保护课件的目的。但是，课件保存为图片后，课件中的动画、声音和视频等效果将会丢失。

PowerPoint 2010 还能够将课件保存为 Windows 视频文件。将课件保存为视频可以增强课件的适用性，这是因为一台计算机可能没有安装 PowerPoint，但只要是 Windows 操作系统就一定会自带 Windows 视频播放器。将课件保存为视频文件，用户可以直接将视频上传到网站上以便于学生观看，这将有利于课件内容的交流和传播。这里要注意的是，将课件保存为视频后，课件中的交互效果将丢失。

☞ 实验过程

任务 1　让课件自动播放

步骤 1　启动 PowerPoint 2010 打开课件，在"文件"选项卡左侧列表中选择"另存为"选项打开"另存为"对话框。选择文件保存的位置并在"文件名"文本框中输入文件名，在"保存类型"下拉列表中选择"PowerPoint 放映（*.ppsx）"选项，如图 9-2-1 所示。

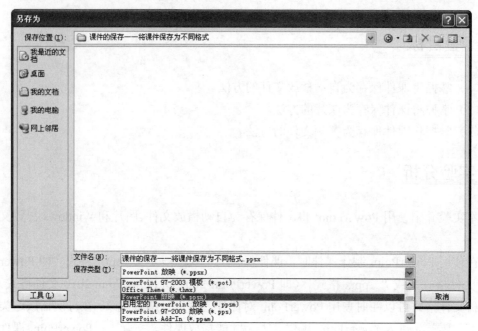

图 9-2-1 "另存为"对话框

步骤 2 单击"确定"按钮关闭"另存为"对话框,课件即保存为幻灯片放映文件,如图 9-2-2 所示。

图 9-2-2 课件保存为 PowerPoint 放映文件

提示:将课件保存为 PowerPoint 放映文件后,如果需要对课件进行编辑,可以修改文件的扩展名,将其更改为"*.ppt",然后使用 PowerPoint 打开它即可进行编辑。

任务 2 将课件保存为图片

步骤 1 打开"另存为"对话框,在"保存类型"下拉列表中选择需要的图形文件格式,如图 9-2-3 所示。

第 9 章　课件的发布和放映　**277**

图 9-2-3　选择图形文件格式

步骤 2　完成设置后单击"确定"按钮将演示文稿输出为图片文件，此时 PowerPoint 给出提示对话框，如图 9-2-4 所示。单击"仅当前幻灯片"按钮，当前选择的幻灯片将以独立的图片文件形式保存在单独的文件夹中，如图 9-2-5 所示。

图 9-2-4　PowerPoint 提示对话框

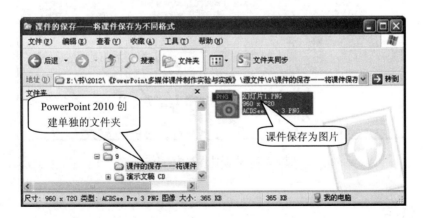

图 9-2-5　以单独文件形式保存每一张幻灯片

提示：在将课件保存为图片时，如果单击提示对话框中的"每张幻灯片"按钮，PowerPoint

将把课件中所有幻灯片都保存为图片,有几张幻灯片就生成几张独立的图片。

任务 3　将课件保存为视频

步骤 1　打开"另存为"对话框,在"保存类型"列表中选择"Windows Media 视频 (*.wmv)"选项,如图 9-2-6 所示。

图 9-2-6　选择将课件保存为视频

步骤 2　单击"保存"按钮保存课件,PowerPoint 将课件保存为"*.wmv"格式的视频文件,如图 9-2-7 所示。

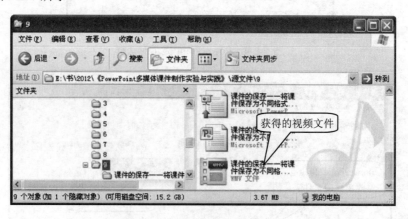

图 9-2-7　将课件保存为视频文件

✉ 实验总结

本实验介绍将 PowerPoint 课件保存为自动播放文件、图片和视频的方法。将课件保存为不同格式的文件,是为了适应各种不同场合播放的需要,方便课件的传播和共享。将课件输出为不同格式的文件,都是通过打开"另存为"对话框,设置文档保存格式来实现的。

知识积累

1. 如何在保存课件时对课件进行优化

在发布课件时,对课件进行打包会大大增加课件的体积。实际上,在保存课件时,可以通过设置对课件进行适当的优化。

由于播放课件的计算机上没有某种字体会影响课件的播放效果,为了避免课件播放时出现这种情况,需要在课件中嵌入字体。嵌入字体除了可以在课件打包时进行设置,也可以使用下面的方法来操作。打开"另存为"对话框,在对话框中单击"工具"按钮,在打开的菜单中选择"保存选项"命令,如图 9-2-8 所示。此时将打开"PowerPoint 选项"对话框,在对话框中选择"将字体嵌入到文件"复选框,根据需要选择其下的单选按钮设置嵌入字体的方案,如图 9-2-9 所示。完成设置后单击"确定"按钮即可。

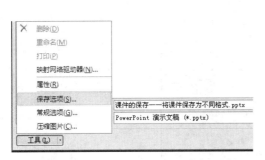

图 9-2-8 选择"保存选项"命令

图 9-2-9 勾选"将字体嵌入文件"复选框

在"另存为"对话框中单击"工具"按钮,选择菜单中的"压缩图片"命令打开"压缩图片"对话框,如图 9-2-10 所示。在对话框中的"目标输出"栏中选择相应的单选按钮可以设置课件中图片的分辨率,如选择"电子邮件(96ppi)"单选按钮,则课件中图片的分辨率将降为 96ppi,当课件中图片较多时,这样设置可以有效地减小课件的体积。

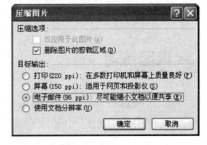

图 9-2-10 "压缩图片"对话框

2. 如何将课件保存为 PDF 文档

PDF 文档(即 Portable Document Format 文档)可以通过网络浏览器来查看内容,与普通的文档相比,更适合于作为电子文档发行传播,阅读者对文档不能进行编辑修改,这样也有利于保证课件的完整性和版权。在 PowerPoint 2010 中,将课件保存为 PDF 文档有两种方法。

在"开始"选项卡左侧列表中选择"保存并发送"选项,在中间的"文件类型"栏中选择"创建 PDF/XPS 文档"选项后单击右侧的"创建 PDF/XPS"按钮,如图 9-2-11 所示。此时将打开"发布为 PDF 或 XPS"对话框,如图 9-2-12 所示。在对话框中单击"选项"

按钮打开"选项"对话框可以课件的发布进行设置,如图 9-2-13 所示。完成设置后单击"发布"按钮即可将课件保存为 PDF 文档。

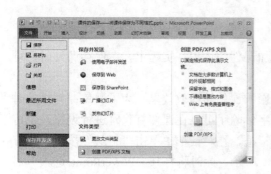

图 9-2-11 单击"创建 PDF/XPS"按钮

图 9-2-12 "发布为 PDF 或 XPS"对话框

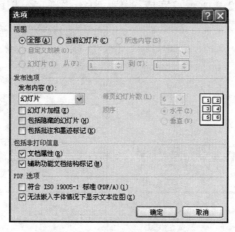

图 9-2-13 "选项"对话框

另一种将课件保存为 PDF 文档方法是打开"另存为"对话框,在对话框的"保存类型"列表中选择"PDF(*.pdf)"选项,课件可以被直接保存为 PDF 文档。

巩固练习

1. 在将课件保存为图片时,如果单击提示对话框中的_____按钮,则 PowerPoint 将把课件中所有幻灯片都保存为图片,有几张幻灯片就生成几张独立的图片。

2. 在"另存为"对话框中单击_____按钮,在打开的菜单中选择_____命令将打开"PowerPoint 选项"对话框对文档的保存进行设置。

举一反三

尝试将本实验的课件保存为 PowerPoint 2003 演示文稿、RTF 文件和 JPEG 图片文件。

实验 3 保护课件——防止课件被随意修改

在正式发布演示文稿或将其发送到最终用户手中前,为了保护课件的版权,防止课件被任意修改,可以为课件添加权限密码并通过标记为最终状态的方式来对课件进行保护。

☞ 实验目标

(1)掌握为课件添加权限密码的方法。
(2)掌握将课件标记为最终状态的方法。

⌢ 实验分析

本实验介绍为课件添加打开密码和权限密码的方法,同时介绍将课件标记为最终状态以避免对课件随意修改的操作方法。

为了使课件的最终用户无法对课件进行随意修改,可以为演示文稿添加权限密码。同时,为了限制某些用户查看课件,可以加密文档,为文档添加打开密码。在 PowerPoint 中,为演示文稿添加密码的方式很多,可以在文档打包时进行设置,也可以在"开始"选项卡的"信息"设置项中进行设置。本实验将介绍在"另存为"对话框中通过"常规选项"设置对话框来进行设置的方法。

对于最终定稿的课件,课件的制作者不希望课件被随意地修改,此时可以将演示文稿标记为最终状态。在将课件标记为最终状态后,课件的输入和编辑都将被禁止,课件将以只读的形式打开。

🕊 实验过程

任务 1 为课件添加密码

步骤 1 启动 PowerPoint 2010,打开需要添加密码的课件。打开"另存为"对话框,在对话框中单击"工具"按钮,在打开的菜单中选择"常规选项"命令,如图 9-3-1 所示。在打开的"常规选项"对话框中根据需要输入打开权限密码和修改权限密码,如图 9-3-2 所示。

> 提示:打开权限密码和修改权限密码可以设置为相同也可设置为不同。前者用于打开时的权限限制,后者用于对文档进行修改的权限限制。这里的密码是区分大小写的,密码可以包括字母、数字、符号和空格等。

步骤 2 单击"确定"按钮关闭"常规选项"对话框,PowerPoint 2010 会给出"确认密码"提示对话框要求确认打开权限密码和修改权限密码,如图 9-3-3 所示。分别在对话框中重新输入密码后单击"确定"按钮关闭对话框。

图 9-3-1 "选择常规选项"命令　　　　图 9-3-2 设置打开权限密码和修改权限密码

步骤3 单击"另存为"对话框中的"确定"按钮保存添加了密码的课件，当试图打开该演示文稿时，PowerPoint 2010 会首先要求输入文档打开密码，如图 9-3-4 所示。此时如果密码输入错误，文档将无法打开。当打开密码输入正确后，会继续要求输入文档的权限密码，如图 9-3-5 所示。此时如果无法输入正确密码将只能以只读形式打开文档，文档将只能浏览而不能进行编辑修改。

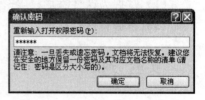

图 9-3-3 "确认密码"对话框

图 9-3-4 要求输入打开密码　　　　图 9-3-5 要求输入权限密码

任务 2　避免最终演示文稿被修改

步骤1 在"文件"选项卡左侧列表中选择"信息"选项，单击"保护演示文稿"按钮，在打开的列表中选择"标记为最终状态"选项，如图 9-3-6 所示。PowerPoint 首先提示将演示文稿标记为最终版本，如图 9-3-7 所示。单击"确定"按钮后 PowerPoint 对文档进行标记，完成标记后，PowerPoint 给出标记完成的提示对话框，如图 9-3-8 所示。

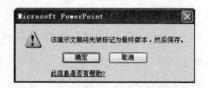

图 9-3-6 选择"标记为最终状态"选项　　　　图 9-3-7 PowerPoint 提示对话框

第 9 章　课件的发布和放映　　**283**

图 9-3-8　提示完成标记

步骤 2　当打开经过标记的课件时，功能区中命令按钮均为灰色不可用，此时的课件处于只读状态，不可进行修改。同时在功能区下方给出"标记为最终状态"提示，如图 9-3-9 所示。如果需要对文档进行编辑，单击"仍然编辑"按钮即可。单击右侧的"关闭"按钮将关闭该提示信息。

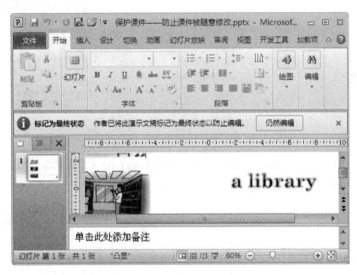

图 9-3-9　课件被打开后不可编辑

✉实验总结

本实验介绍了为制作完成的课件添加打开密码和权限密码进行保护的方法，同时还介绍了将课件标记为最终状态以避免课件被编辑修改的方法。PowerPoint 2010 为演示文稿的保护提供了很多的方法，除了这里介绍的方法之外，还可以通过设置用户的访问权限和添加数字签名来对文档进行保护。

📖知识积累

1．如何设置文档的属性

文档属性是描述文档或标示文档的详细信息的集合，包括文档标题、作者姓名、文档主题和关键字等信息。使用文档属性有助于标示演示文稿以及对演示文稿进行组织和管理，方便文档的搜索和查找。

在"开始"选项卡左侧列表中选择"信息"选项,在对话框右侧将显示文档的属性,单击"属性"按钮,在打开的列表中选择"显示文档面板"选项,如图 9-3-10 所示。此时将回到文档编辑状态,在功能区下方将显示"文档属性"面板,在面板中填写相应的项目即可实现对文档属性的修改,如图 9-3-11 所示。

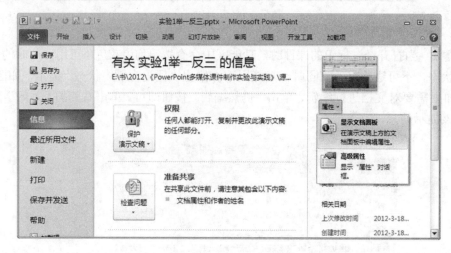

图 9-3-10　选择"显示文档面板"选项

如果在"属性"列表中选择"高级属性"选项将打开"属性"对话框,使用该对话框能够对文档属性进行更为详细的设置,如图 9-3-12 所示。

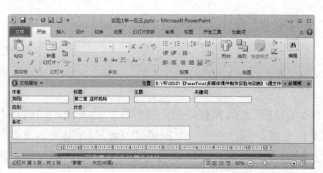

图 9-3-11　显示"文档信息"面板　　　　图 9-3-12　文档的"属性"对话框

查看课件文档属性的方法很多,打开 Windows 资源管理器,将鼠标放置到 PowerPoint 文档上将显示文档的属性信息,如图 9-3-13 所示。鼠标右击 PowerPoint 文档,选择关联菜单中的"属性"命令打开"属性"对话框能查看文档的详细属性信息,如图 9-3-14 所示。

图 9-3-13　在资源管理器中显示属性信息

图 9-3-14　"属性"对话框

2. 如何进行文档检查

在发布课件时，课件的创建者为了保护个人隐私，可能不希望文档中的某些内容或个人信息被最终用户看到，PowerPoint 2010 提供了从课件中去除这些信息的方法。

在"开始"选项卡左侧列表中选择"信息"选项，单击"检查问题"按钮，在打开的列表中选择"检查文档"选项，如图 9-3-15 所示。此时将打开"文档检查器"对话框，在对话框中勾选相应的复选框选择需要检查的项目，如图 9-3-16 所示。

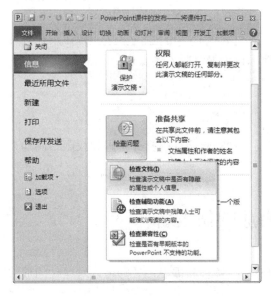

图 9-3-15　选择"检查文档"选项

图 9-3-16　"文档检查器"对话框

单击"确定"按钮开始对文档的检查，完成文档检查后"文档检查器"列出检查结果，如图 9-3-17 所示。如果要删除演示文稿中包含的某些内容，可单击该项目旁的"全部删除"按钮即可。

图 9-3-17 "文档检查器"对话框中列出检查结果

提示： 这里要注意，对检查结果的删除操作将是不可逆的，即无法使用"撤销"命令来恢复操作。因此，在进行文档检查前，PowerPoint 会提示用户保存当前文档。

巩固练习

1. 在"另存为"对话框中单击_____按钮，在打开的菜单中选择_____命令将打开_____对话框，使用该对话框可以为文档添加打开密码和权限密码。

2. 在"开始"选项卡左侧列表中选择_____选项后单击_____按钮，在打开的列表中选择_____选项可以进行将课件标记为最终版本的操作。

举一反三

尝试取消本实验课件的打开密码和权限密码（本实验课件的打开密码和权限密码均为"123456"），同时使打开后的课件可编辑。

实验 4　课件放映的设置——为放映做准备

制作课件最终是为了放映，根据课件不同的放映场合和需要，教师可以对课件的放映方式进行设置。

实验目标

（1）掌握设置课件放映方式的方法。

（2）掌握设置排练时间的方法。
（3）掌握自定义幻灯片放映方案的方法。

实验分析

本实验介绍设置课件放映方式、设置排练时间和自定义幻灯片放映方案的方法。

对同一节课，针对不同班级不同层次的学生，教师需要对教学目标和具体的教学内容进行适当的调整。如果为此设计多个教学课件，将会浪费大量时间。实际上，教师在制作课件时完全可以在一个课件中加入所有的教学内容，在使用课件时，针对不同的教学目标使用不同的幻灯片。要达到这样的目的，可以在课件播放前将不需要的内容幻灯片隐藏，这样在课件播放时隐藏的课件就不会播放，从而实现使一个课件能够适应多个教学目标。另外，在使用课件前，教师还可以使用"设置放映方式"对话框对课件的放映方式进行个性化设置，使其能够更好地满足课堂教学的需要。

当课件需要自动播放时，往往需要精确设定每张幻灯片在屏幕上的停留时间，PowerPoint 提供的"排练计时"功能能够方便地实现这种时间设定。通过使用排练计时能够对课件的放映过程进行预演排练，在排练过程中 PowerPoint 将自动记录每张幻灯片的放映时间，教师可通过显示的累计时间了解整个演示文稿的放映时间。保存排练计时后，在播放课件时，能够以此时间实现幻灯片的自动切换。使用"排练计时"，可以让课件在放映时自动放映，在时间控制上将更加灵活。对于需要将课件转换为视频或网页格式的场合，"排练计时"能够方便地实现课件的自动播放。

在播放课件时，如果需要针对不同的学生演示不同的内容，除了可以使用隐藏幻灯片方法外，还可以应用 PowerPoint 的自定义幻灯片放映功能。应用该功能，教师可以创建幻灯片放映方案，放映方案不仅可以指定需要放映哪些幻灯片，还可以任意设置这些幻灯片放映的顺序而无须遵循在课件中的顺序。在创建了幻灯片放映方案后，播放课件时，教师只需选择播放方案播放即可。

实验过程

任务 1 设置课件的放映方式

步骤 1 启动 PowerPoint 2010 打开课件，在"幻灯片"窗格中选择需要隐藏的幻灯片。在"幻灯片放映"选项卡的"设置"组中单击"隐藏幻灯片"按钮，此时该幻灯片的编号将会添加一个带斜线的黑框，如图 9-4-1 所示。在播放课件时，这些被隐藏的幻灯片将不会播放。

步骤 2 在"幻灯片放映"选项卡的"设置"组中单击"设置幻灯片放映"按钮打开"设置放映方式"对话框，在其中可以对课件放映类型、放映特定的幻灯片、放映课件时的换片方式以及循环放映幻灯片进行设置，如图 9-4-2 所示。

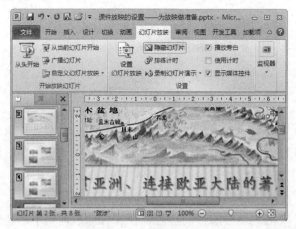

图 9-4-1 隐藏幻灯片

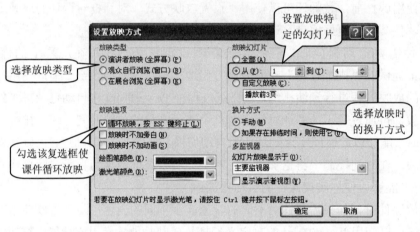

图 9-4-2 "设置放映方式"对话框

任务 2 设置排练时间

步骤 1 在"幻灯片放映"选项卡的"设置"组中单击"排练计时"按钮 进入幻灯片放映视图。在屏幕上会出现"预演"工具栏,如图 9-4-3 所示。"预演"工具栏上"幻灯片放映时间"文本框开始记录新幻灯片的播放时间。单击"暂停"按钮 ,暂停幻灯片的放映,此时计时也将停止。当再次单击该按钮时,幻灯片重新播放,计时将继续。单击"重复"按钮 ,可以重新记录当前幻灯片放映的时间。单击"下一项"按钮 将进入下一张幻灯片的播放,此时"幻灯片放映"文本框显示的时间将归零,而显示的累计时间也将自动重新计算。

图 9-4-3 "预演"工具栏

步骤 2 完成排练计时后，退出幻灯片放映状态，此时 PowerPoint 会给出提示对话框，如图 9-4-4 所示。单击"是"按钮，将保留此次的排练时间作为幻灯片放映时的放映时间，单击"否"按钮将不保存本次的排练时间。单击"是"按钮关闭提示对话框将自动进入幻灯片浏览视图，在每张幻灯片的左下角将显示记录的幻灯片排练时间，如图 9-4-5 所示。

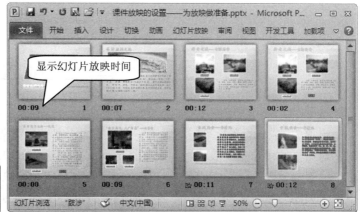

图 9-4-4 PowerPoint 提示对话框　　　　图 9-4-5 显示幻灯片排练时间

> **提示**：要应用记录的排练时间，在"幻灯片放映"选项卡中必须勾选"设置"组中的"使用计时"复选框或者在"设置放映方式"对话框的"换片方式"栏中选择"如果存在排练时间，则使用它"选项。

步骤 3 如果需要修改某张幻灯片的排练时间，可以在选择该幻灯片后打开"切换"选项卡，在"计时"组中勾选"设置自动换片时间"复选框，并在其后的微调框中输入时间值，如图 9-4-6 所示。

图 9-4-6 修改排练计时时间

任务 3　自定义幻灯片放映方案

步骤 1 在"幻灯片放映"选项卡的"开始放映幻灯片"组中单击"自定义幻灯片放映"按钮 ，在打开的列表中选择"自定义放映"命令打开"自定义放映"对话框，单击"新建"按钮，弹出"定义自定义放映"对话框，在其中的"幻灯片放映名称"文本框中输入名称，在"在演示文稿中的幻灯片"列表中选择需要放映的幻灯片后单击"添加"将其添加到右侧的"在自定义放映中的幻灯片"列表中，如图 9-4-7 所示。

> **提示**：在"定义自定义放映"对话框的"在自定义放映中的幻灯片"列表中选择某个幻灯片项后单击"删除"按钮可以将其从列表中删除，单击按钮⬆和按钮⬇可以

调整幻灯片在列表中的位置，这个位置决定了幻灯片播放的顺序。

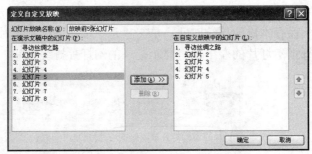

图 9-4-7 "定义自定义放映"对话框

步骤 2 完成设置后单击"确定"按钮关闭"定义自定义放映"对话框，在"自定义放映"对话框的"自定义放映"列表中将出现刚才创建的放映选项。再次单击"新建"按钮可继续添加放映选项。完成放映方案添加后的"自定义放映"对话框，如图 9-4-8 所示。单击"关闭"按钮关闭对话框，在"幻灯片放映"选项卡的"开始放映幻灯片"组中单击"自定义幻灯片放映"按钮，打开的列表中将出现新建的自定义放映选项，选择某个选项即可按照自定义方案来放映幻灯片了，如图 9-4-9 所示。

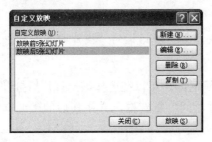 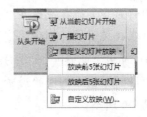

图 9-4-8 添加放映方式　　　　图 9-4-9 选择放映方案

提示：在"自定义放映"对话框中，选择某个选项后单击"删除"按钮可删除该选项。选择某个选项后，单击"复制"按钮可在列表中添加该选项的副本。单击"放映"按钮可直接按选择选项的设置播放幻灯片，以预览设置的播放效果。

实验总结

本实验介绍了在 PowerPoint 课件中设置放映方式、设置排练时间和自定义放映方案的方法。这些放映前的设置，都是为了充分发挥课件的功能，使教师在播放课件时更加符合课堂教学的需要，使课件的作用最大化。

知识积累

1. PowerPoint 提供了哪几种放映类型

在 PowerPoint 的"设置放映方式"对话框中的"放映类型"栏中提供了三种放映类型

供用户选择使用。下面对它们分别进行介绍。

"演讲者放映（全屏幕）"方式。这是一种常见的幻灯片放映方式，该方式的演示文稿是在全屏的方式下进行放映，并且演讲者也能够在放映时对放映进行控制。

"观众自行浏览（窗口）"方式。在这种放映方式下，演示文稿将在一个窗口中显示，观众可以拖动窗口右侧的滚动条上的滑块或单击滚动条上的按钮来观看幻灯片。

"在展台浏览（全屏）"方式。这种方式适用于商业展示、会议或公共场所等需要自动放映的场合。在幻灯片播放时，演示文稿会自动地循环播放，并且大多数控制命令在演示时都不可用，以避免观众对自动播放的干涉。

2．如何在幻灯片中添加旁白

PowerPoint 可以为课件中指定的某张幻灯片或全部幻灯片添加录音旁白，使用旁白可以为课件内容添加解说，能够起到在放映状态下对某些问题进行额外说明的作用。同时，旁白也能增强基于网络或自动运行的课件的放映效果，例如，将课件保存为视频文件上传到网上，为了获得较好的教学效果，同时使课件更加生动，旁白就是必需的。PowerPoint 2010 提供了录制幻灯片演示功能，该功能除了能够纪录演示的时间，还可以记录演示时的标注和旁白。

在"幻灯片放映"选项卡的"设置"组中单击"录制幻灯片演示"按钮上的下三角，在打开的列表中选择相应的选项选择录制的方式。例如，这里选择"从头开始录制"选项从课件的开头开始录制，如图 9-4-10 所示。此时将打开"录制幻灯片演示"对话框，如图 9-4-11 所示。在对话框中选择相应的复选框选择录制的内容，单击"开始录制"按钮即可开始录制。

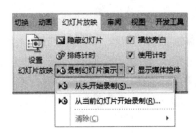
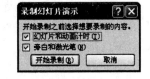

图 9-4-10　选择"从头开始录制"选项　　图 9-4-11　"录制幻灯片演示"对话框

提示：这里要注意，如果要录制旁白，麦克风必须要可用。录制成功后在幻灯片上将会显示声音图标，通过声音图标可以对旁白进行预览或重新录制。

巩固练习

1．在幻灯片窗格中选择幻灯片，在_____选项卡的_____组中单击_____按钮即可将幻灯片隐藏。

2．在"自定义放映"对话框中单击_____按钮可以创建新的自定义放映方案，单击_____按钮可对已创建的自定义放映方案进行修改，单击_____按钮可以预览放映效果。

举一反三

对本实验课件的放映方式进行修改，使课件自动循环播放且每张幻灯片的显示时间为 5 秒。同时，使幻灯片以窗口模式播放，如图 9-4-12 所示。

图 9-4-12　课件以窗口模式播放

实验 5　课件的放映技巧——随心所欲地放映课件

课件能否在教学中起到应用的作用，除了课件的制作外，还与教师能否正确灵活地在课堂上使用课件有关。PowerPoint 课件的播放是很灵活的，教师有多种方式对课件的播放进行控制。同时，教师还可以在课件播放时为课件添加标注并使用双屏显示功能加强对课件播放的控制。

实验目标

（1）掌握播放课件时控制幻灯片切换的方法。
（2）掌握对演示内容添加批注的方法。
（3）掌握播放课件时实现双屏显示的方法。

实验分析

本实验介绍教师在课堂上播放课件时常用的技巧，包括控制幻灯片切换的方法、对演示内容进行批注的方法以及播放时实现双屏显示的方法。

课件是课堂教学的重要辅助工具，要达到良好的教学效果，教师应根据课堂的实际情况来灵活控制课件的播放,这就需要掌握必要的课件播放技巧,例如,如何快速切换展示的内容、如何定位课件中的某张特殊的幻灯片以及如何在演示时切换到其他的应用程序等。PowerPoint 为幻灯片的切换提供了多种方式,教师可以使用鼠标、键盘、屏幕上的切换按钮以及关联菜单中的命令来操作。

在课堂上使用课件时,教师往往希望像普通的黑板那样,能够在一些重点位置进行标注,以起到强调和提醒的目的。实际上,PowerPoint 提供了笔迹标注功能,在课件播放时教师可以选择合适的画笔类型和画笔颜色,像普通黑板那样使用鼠标在屏幕上任意进行标注,同时也可以像普通黑板那样将添加的标注擦除。在退出课件播放时,还可以选择是否将这些标注保存在课件中以备下次上课使用。

教师在使用课件时可能都会遇到这种情况,那就是在幻灯片中添加了备注以提示授课的重点和注意事项等,但这些备注又不希望展示给听课的学生。在一般的播放模式下,这种备注是会同时显示在屏幕上的,PowerPoint 提供了演示者视图方式可以解决这个问题。在该视图模式下,幻灯片的内容将显示在投影仪上,而本地计算机屏幕上将显示演讲者视图。该视图可以显示当前幻灯片的备注内容,同时还将显示课件中所有幻灯片的缩览图以及幻灯片编号和排练时间等信息,教师可以查看每页幻灯片的备注,同时还能直接在该视图中对幻灯片的播放进行控制。

实验过程

任务 1　播放课件时控制幻灯片的切换

步骤 1　PowerPoint 幻灯片在放映时主要通过鼠标和键盘来控制幻灯片的切换。放映课件时,在屏幕上单击鼠标、按 Enter 键或 PageDown 等键均可切换到下一张幻灯片,而按 PageUp 键或↑键可切换到上一张幻灯片。在幻灯片放映时,也可以通过单击屏幕左下角的快捷工具栏上的幻灯片放映控制按钮来控制幻灯片的放映,如图 9-5-1 所示。

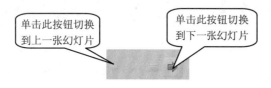

图 9-5-1　屏幕左下角的幻灯片放映控制按钮

步骤 2　课件播放时在屏幕上右击,使用关联菜单中的命令也能实现对幻灯片放映的控制。例如,选择"定位至幻灯片"下级列表中的选项可以快速切换到需要的幻灯片,如图 9-5-2 所示。

步骤 3　在幻灯片放映时,可通过关联菜单中的"屏幕"下级菜单命令对幻灯片屏幕进行操作,如图 9-5-3 所示。选择"黑屏"或"白屏"命令,可将当前屏幕切换为黑色屏幕或白色屏幕状态。此时,并没有退出幻灯片放映状态,只需单击鼠标即可重新回到幻灯片放映状态。在幻灯片放映时,Windows 的状态栏是不可见的。如果需要在文稿演示时切换到其他的程序,可选择"切换程序"命令,此时 Windows 状态栏将可见,用户单击状态栏上的程序按钮即可实现应用程序的切换。

 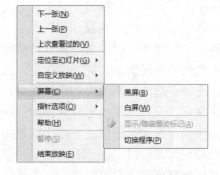

图 9-5-2　使用"定位至幻灯片"快速切换幻灯片　　　图 9-5-3　"屏幕"的下级菜单命令

任务 2　对演示的内容进行批注

步骤 1　放映课件时，在屏幕上右击，选择关联菜单中的"指针选项"命令，在下级菜单中选择用于标注的绘图笔。例如，这里选择"笔"选项，如图 9-5-4 所示。单击"指针选项"下级菜单中的"墨迹颜色"命令，在打开的列表中设置标注的颜色，如图 9-5-5 所示。

 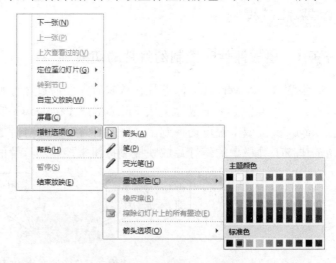

图 9-5-4　选择绘图笔　　　　　　　　　图 9-5-5　设置墨迹颜色

步骤 2　完成绘图笔的设置后，拖动鼠标即可在幻灯片中绘制标注，如图 9-5-6 所示。右击屏幕，在关联菜单中选择"指针选项"|"橡皮擦"命令，幻灯片中鼠标指针变为 ✐，在绘制的墨迹上单击可擦除墨迹标注。选择"指针选项"|"擦除幻灯片上所有墨迹"命令，添加的所有标注将被删除。

> **提示：** 按 E 键可直接删除刚刚在幻灯片上添加的墨迹标注。另外，按 Ctrl+P 键也可获得绘图笔进入标注状态。

步骤 3　当退出幻灯片放映状态时，PowerPoint 2010 会提示是否保留墨迹注释，如

图 9-5-7 所示。单击"保留"按钮,添加的墨迹标注将保存在当前的演示文稿中。单击"放弃"按钮,墨迹标注将不被保存。

图 9-5-6 在幻灯片中绘制标注　　　　　　图 9-5-7 提示是否保存墨迹

> 提示:在播放课件时,有时为了避免鼠标指针对画面的干扰,需要隐藏鼠标指针。此时,可在屏幕上右击,选择"指针选项"|"箭头选项"|"永远隐藏"命令,则在课件的播放过程中,鼠标指针将都不可见。如果需要鼠标指针重新显示,只需选择"箭头选项"中的"可见"命令即可。

任务 3　课件放映的双屏显示

步骤 1　将投影设备连接到计算机,在计算机桌面上右击,选择关联菜单中的"属性"命令打开"显示属性"对话框,单击"设置"标签打开"设置"选项卡,如图 9-5-8 所示。在对话框中可以看到标为"1"和"2"的两个图示,这表示你的计算机支持双屏显示。其中标为"1"的图示显示为蓝色,表示当前正在使用的显示器。而另一个标示为"2"图示为灰色,表示第二个还未被激活的显示器。

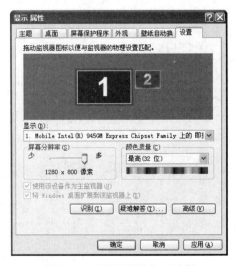

图 9-5-8　"显示属性"对话框

步骤 2　单击编号为"2"的图示,勾选"将 Windows 桌面扩展到该监视器上"复选框。根据显示的具体要求设置显示的分辨率和颜色质量,如图 9-5-9 所示。单击"确定"按钮关闭"显示属性"对话框,Windows 给出提示,如图 9-5-10 所示。单击"是"按钮关闭对话框,操作系统完成设置。

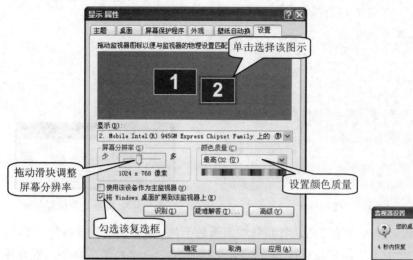

图 9-5-9　显示设置　　　　　　　　　图 9-5-10　Windows 提示对话框

步骤 3　在"幻灯片放映"选项卡的"监视器"组中勾选"使用演示者视图"复选框,同时在"分辨率"下拉列表中选择屏幕分辨率,在"显示位置"下拉列表中选择课件显示的位置,如图 9-5-11 所示。

步骤 4　播放课件,此时投影设备将以全屏幕显示课件内容,而计算机屏幕上将显示 PowerPoint 演示者视图,如图 9-5-12 所示。在该视图中可以看到你为幻灯片添加的备注、幻灯片的播放时间和幻灯片预览图等,通过控制台可以方便地控制幻灯片的放映。

图 9-5-11　"监视器"组的设置　　　　　　图 9-5-12　演示者视图

实验总结

本实验介绍了播放 PowerPoint 课件的常用技巧，同时还介绍了课件播放时在屏幕上添加标注的操作方法以及演示者视图的使用方法。通过本实验的操作，读者能够很好地掌握课件播放的技巧，针对不同的授课需要灵活地播放课件，以达到最佳的课堂效果。

知识积累

1. 如何在课件播放时取消右键菜单

在幻灯片自动放映时，并不需要用户来操作，为了避免用户的操作对自动放映的干扰，可取消控制菜单和快捷工具栏的显示。在 PowerPoint 2010 "文件"选项卡左侧列表中选择"选项"选项打开"PowerPoint 选项"对话框，在对话框左侧列表中选择"高级"选项，在右侧的"幻灯片放映"栏中取消对"鼠标右键单击时显示菜单"和"显示快捷工具栏"复选框的勾选，如图 9-5-13 所示。单击"确定"按钮关闭对话框，则放映课件时，鼠标右击屏幕将不会显示关联菜单和控制播放的快捷工具栏。

2. 如何开始课件的放映

在"幻灯片放映"选项卡的"开始放映幻灯片"组中单击"从头开始"按钮，课件将从第一个幻灯片开始放映。单击"从当前幻灯片开始"按钮，课件将从当前选择的幻灯片开始播放，如图 9-5-14 所示。

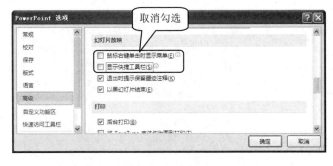

图 9-5-13 "PowerPoint 选项"对话框　　　　图 9-5-14 "开始放映幻灯片"组

另外，按 F5 键将从头开始播放课件，按 Shift+F5 键将从当前幻灯片开始播放。在课件播放时，按 Esc 键将退出课件播放。

巩固练习

1. 课件播放时在屏幕上右击，选择关联菜单中的_____命令下级列表中的选项将能够定位到指定的幻灯片，选择关联菜单中的_____命令将退出课件的放映。
2. "幻灯片放映"选项卡的"监视器"组的_____下拉列表用于设置放映课件时的

屏幕分辨率，_____下拉列表用于设置放映时显示的屏幕，勾选_____复选框将在课件放映时使用演示者视图。

举一反三

对本实验的课件从头开始放映和从选择幻灯片开始放映，在放映时尝试以多种方式实现幻灯片的切换。PowerPoint 2010 在放映演示文稿的同时允许用户对幻灯片内容进行编辑修改，这种修改能在放映视图中实时显示，请尝试这种功能。

第10章 基于活动的教学课件实例——勾股定理的证明

在课堂教学中,要想获得良好的教学效果,学生的参与是必不可少的。通过学生参与的课堂活动,能够创设学习情境,提高学生学习兴趣,加深学生对知识的理解。本章将介绍基于活动的教学课件的制作过程,帮助读者掌握这类课件的制作原理和方法。

10.1 课件制作概述

建构主义教学理论认为,学习是与一定的情境相联系的,在实际情境下进行学习,可以使学习者能利用自己原有认知结构中的有关经验去同化和索引当前学习到的新知识,从而赋予新知识以某种意义。学习环境是学习者可以在其中进行自由探索和自主学习的场所,在此环境中学生能够主动地利用各种工具和信息资源(如文字材料、书籍、多媒体课件等)来达到自己的学习目标。人类所学的知识内容大都直接或间接来源于各种实践活动,因此,在教学设计中尝试以任务情境或活动来组织教学内容,是一种行之有效的创设情境的方法。

在进行教学课件的设计时,课件要能够支持学生的自主学习和协作式探索,在教学中应该为学生的学习创建参与的学习情景。课件可以为学生的学习设计不同的任务情景和问题情景,使之成为学生探究学习的条件,引导学生对内容进行思考和探究,使学生主动参与,激发学习的积极性。课件应能引导学生参与活动,使学生通过活动来体验和观察对象的特点。同时,在设计课件时,课件还应对活动结果进行及时反馈,直观展示对象内部的变化发展过程,从而达到揭示知识内涵和实现课堂教学目标的目的。

10.2 实例制作分析

本章介绍一个基于活动的教学课件的制作过程。本节首先介绍课件的制作思路和制作要点。

☞ 制作目标

(1)掌握基于活动的教学课件的设计方法
(2)掌握 PowerPoint 课件中复杂动画的制作技巧

(3）掌握教学课件的流程控制方法

课件简介

本实例是人教版八年级下学期《勾股定理》这一节的教学课件，课件用于教师讲解使用赵爽弦图证明勾股定理。勾股定理是几何中的一个重要定理，揭示了直角三角形三边的数量关系，完美地体现了数学中的数形结合的思想。勾股定理的证明方法很多，教材介绍了使用赵爽弦图证明的方法。在教学中，要让学生理解图形间的关系，把握命题证明的合理性，实属不易。为突破教学难点，在课堂教学中创设问题情境，让学生动手来拼接赵爽弦图，让学生自己体会图形的变换，使学生在活动中感受图形之间大小关系，理解定理证明的依据。

整个课件包括4张幻灯片，第一张幻灯片用于对赵爽弦图进行简单介绍，第二张和第三张幻灯片提出问题，展示需要拼接的图形，要求学生对图形进行拼接。第四张幻灯片用于在学生完成活动后介绍定理的证明方法。第二张和第三张幻灯片均给出了用于拼图的基本图形，同时提示学生需要进行的活动，在学生活动完成后通过单击鼠标播放动画，动画将演示拼图的过程。

为了方便课件的操作，幻灯片底部放置了用于导航的按钮，单击按钮可以播放指定的幻灯片。当前正在放映的幻灯片的按钮将对鼠标单击不作反应，该按钮将半透明显示以示和其他导航按钮有区别，同时也可标示课件的播放进度。

10.3 实例制作步骤

任务1 制作背景简介幻灯片

步骤1 启动 PowerPoint 2010，打开"幻灯片母版"视图，选择"Office 主题幻灯片母版"，删除该母版中的所有占位符，插入课件背景图片，如图 10-3-1 所示。

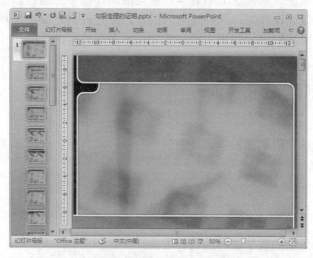

图 10-3-1 在母版中插入背景图片

步骤2 在母版幻灯片中绘制一个圆角矩形，将边框线的颜色设置为为白色，同时使用 PowerPoint 自带"纸莎草纸"纹理填充图形，再为图形添加阴影效果。使用文本框创建标题，设置标题文字的大小和字体，并为文字添加预设的艺术字样式。此时的母版幻灯片效果如图 10-3-2 所示。

步骤3 退出幻灯片母版视图，删除当前幻灯片中所有的占位符，在幻灯片中绘制一个边长为 1 厘米的正方形，以黄色填充该正方形。绘制一个高度为 4 厘米、宽度为 3 厘米的直角三角形。将其边框设置为白色，填充色设置为深红色，同时为其添加阴影效果。将该三角形复制三个，打开"设置形状格式"对话框，根据需要设置它们的旋转角度。将 4 个直角三角形和正方形拼合为赵爽弦图，如图 10-3-3 所示。

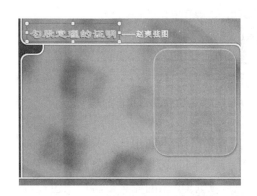

图 10-3-2 制作完成的幻灯片母版

图 10-3-3 制作赵爽弦图

步骤4 在幻灯片右侧的圆角矩形中添加一个文本框，在文本框中输入背景介绍文字，设置文字的大小并为其添加预设的艺术字效果，如图 10-3-4 所示。制作完成的幻灯片效果如图 10-3-5 所示。

图 10-3-4 添加说明文字

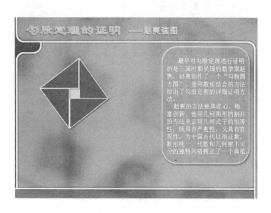

图 10-3-5 制作完成的幻灯片

任务 2 制作"活动一"演示幻灯片

步骤1 在课件中创建一个新的空白幻灯片，复制上一张幻灯片赵爽弦图中竖直放置的直角三角形到当前幻灯片中。将该直角三角形复制一个并旋转 180°，将其与原直角三角形直角顶端重合放置后组合为一个图形，如图 10-3-6 所示。选择组合图形中位于下方的直角三角形，取消其阴影效果，将边框线设置为"无"，同时将填充色的透明度设置为 100%，这样该三角形将不可见。将组合图形复制三个，获得三个完全相同的直角三角形。同时将上一张幻灯片位于弦图中间的黄色正方形复制到当前幻灯片中。将图形在幻灯片上方排列，如图 10-3-7 所示。

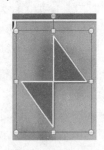
图 10-3-6　复制并旋转三角形

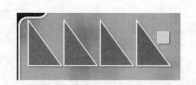
图 10-3-7　复制组合图形和正方形

步骤 2　在幻灯片中绘制一个高度为 4 厘米、宽度为 3 厘米的矩形，复制该矩形将其顺时针旋转 90°，将这两个矩形底端对齐后拼放在一起。同时选择这两个图形后打开"设置形状格式"对话框，将填充方式设置为"图案填充"，选择填充的图案后将前景色设置为"红色"，背景色设置为"白色"，如图 10-3-8 所示。分别绘制边长为 4 厘米和 3 厘米的正方形，将边框颜色设置为白色同时取消其填充色。绘制两个黑色边框无填充色的矩形，使它们框住底层的两个矩形。此时图形效果如图 10-3-9 所示。

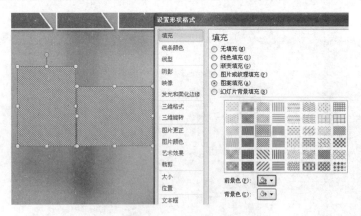
图 10-3-8　绘制矩形并进行图案填充

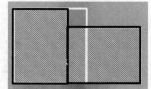
图 10-3-9　绘制完成的图形效果

步骤 3　选择左侧第一个直角三角形，为其添加路径动画。这里选择"直线"路径动画，调整路径的终点位置，如图 10-3-10 所示。选择左侧第二个直角三角形，为其添加"直线"路径动画效果，调整路径终点的位置。在"动画"选项卡的"计时"组中将"开始"设置为"上一动画之后"，这样该动画将在前一动画完成后开始播放，如图 10-3-11 所示。

第 10 章　基于活动的教学课件实例——勾股定理的证明　　**303**

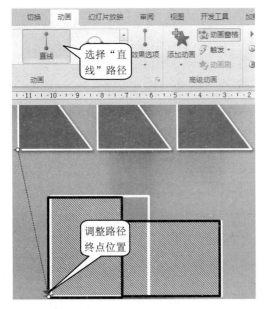
图 10-3-10　为第一个三角形添加路径动画

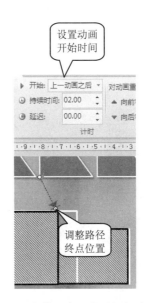
图 10-3-11　为第二个三角形添加路径动画

步骤 4　为第二个直角三角形继续添加"陀螺旋"动画效果,打开"动画窗格"并在窗格列表中选择添加的陀螺旋动画选项。单击右侧出现的下三角按钮,在打开的菜单中选择"效果选项"命令打开"陀螺旋"对话框的"效果"选项卡。在"数量"下拉列表的"自定义"文本框中输入旋转角度后按 Enter 键确认输入,如图 10-3-12 所示。在"计时"选项卡的"开始"下拉列表中选择"与上一动画同时"选项,如图 10-3-13 所示。单击"确定"按钮关闭对话框,这样动画播放时,三角形移动到指定位置的同时还将旋转 180°。

图 10-3-12　设置旋转角度

图 10-3-13　设置"开始"时间

步骤 5　使用相同的方法制作其他三角形移到其指定位置的路径动画,同时为它们添加"陀螺旋"动画效果并根据需要设置三角形的旋转角度。制作正方形移到指定位置的路径动画,为所有对象添加动画效果后的"动画窗格"如图 10-3-14 所示。

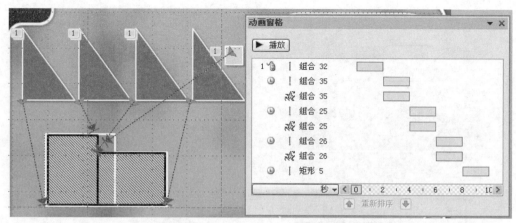

图 10-3-14　为对象添加动画效果

步骤 6　在幻灯片中添加文本框，输入文字并设置文字样式。播放幻灯片查看动画效果，动画播放完的幻灯片效果如图 10-3-15 所示。

任务 3　制作"活动二"演示幻灯片

步骤 1　在课件中创建一个新幻灯片，将上一张幻灯片的直角三角形和正方形复制到当前幻灯片中，在"动画窗格"中删除所有的动画效果。使用这些图形制作拼图效果，如图 10-3-16 所示。

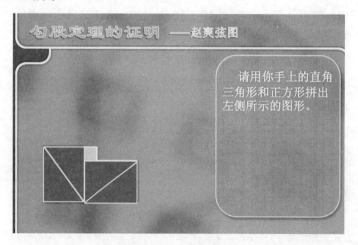 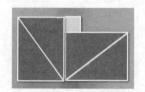

图 10-3-15　动画播放完的效果　　　　　　　图 10-3-16　制作拼图效果

步骤 2　选择左侧矩形左下方的直角三角形为其添加"陀螺旋"动画效果，动画开始的方式使用默认的"单击时"。打开"陀螺旋"动画的设置对话框，设置其旋转角度，如图 10-3-17 所示。

步骤 3　选择右侧矩形右下方的直角三角形，为其添加同样的"陀螺旋"动画。在"动画窗格"中设置该动画的开始方式，如图 10-3-18 所示。打开"陀螺旋"动画设置对话框将旋转角度设置为"逆时针 270°"。

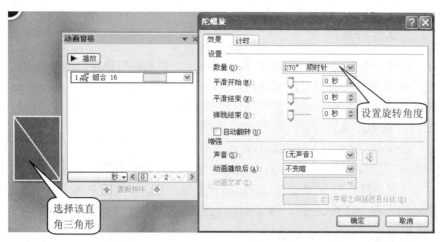

图 10-3-17　为直角三角形添加动画效果

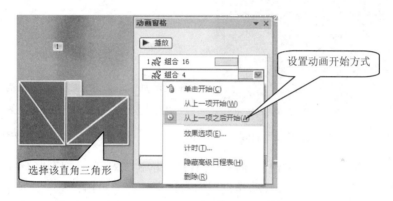

图 10-3-18　添加动画效果并设置动画开始时间

步骤 4　在幻灯片中添加文本框，输入文字并设置文字样式。放映幻灯片，动画播放完成后获得赵爽弦图，如图 10-3-19 所示。

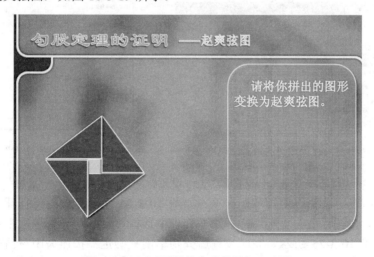

图 10-3-19　动画播放完成获得赵爽弦图

任务 4　实现课件导航

步骤 1　创建一个新幻灯片，该幻灯片用于展示定理的证明思路。这里首先将第二张幻灯片中的直角三角形和正方形复制到此幻灯片中，拼接任务 2 和任务 3 的动画运行结果图形。绘制黑色边框且无填充色的正方形框住拼接成的图形，使用文本框在幻灯片中添加说明文字。幻灯片制作完成后的效果如图 10-3-20 所示。

步骤 2　选择第一张幻灯片，在幻灯片中任意插入一个动作按钮，将按钮的形状更改为圆角矩形对其应用预设的形状样式。右击该按钮选择关联菜单中的"编辑文字"命令，在图形内输入文字"背景简介"。完成设置后将该按钮复制三个，将按钮中的文字分别更改为"活动一"、"活动二"和"证明定理"。将这 4 个按钮放置到幻灯片的底部，如图 10-3-21 所示。

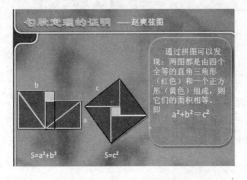

图 10-3-20　幻灯片制作完成后的效果　　　图 10-3-21　创建 4 个按钮

步骤 3　选择第一个动作按钮，打开"设置形状格式"对话框，将其填充透明度设置为 50%，如图 10-3-22 所示。打开"动作设置"对话框，在"单击鼠标"选项卡中选择"无动作"单选按钮，如图 10-3-23 所示。完成设置后单击"确定"按钮关闭该对话框。

图 10-3-22　设置按钮的填充透明度　　　图 10-3-23　选择"无动作"单选按钮

步骤 4　选择"活动一"按钮，打开"动作设置"对话框。在"单击鼠标"选项卡的"超链接到"下拉列表中选择"幻灯片"选项，如图 10-3-24 所示。此时将打开"超链接到幻灯片"对话框，在对话框的"幻灯片标题"列表中选择"幻灯片 2"选项指定超链接的目标幻灯片，如图 10-3-25 所示。完成设置后分别单击"确定"按钮关闭对话框。使用相同的方法将另外两个按钮的链接目标更换为课件中的"幻灯片 3"和"幻灯片 4"。

第 10 章　基于活动的教学课件实例——勾股定理的证明　　307

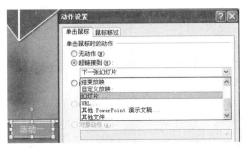

图 10-3-24　选择"幻灯片"选项

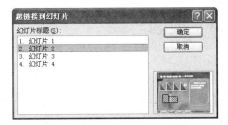

图 10-3-25　选择超链接的目标幻灯片

步骤 5　同时选择这 4 个按钮，将它们复制到其他的三张幻灯片中。在第二张幻灯片中选择"背景简介"按钮，在"设置形状格式"对话框中将其填充透明度更改为 100%以恢复其原来的颜色。打开"动作设置"对话框，为其指定超链接的目标幻灯片为"幻灯片 1"，如图 10-3-26 所示。将"活动一"按钮的填充透明度更改为 50%，同时在"动作设置"对话框中将其动作设置为"无动作"，如图 10-3-27 所示。

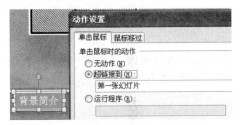

图 10-3-26　设置按钮的链接目标

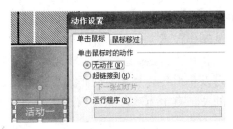

图 10-3-27　将按钮动作设置为"无动作"

步骤 6　使用相同的方法对另外两个幻灯片中的按钮进行设置，更改"背景简介"按钮的透明度并为其指定链接的目标幻灯片。取消本幻灯片对应按钮的动作，同时将该按钮的透明度设置为 50%，使按钮与其他按钮在外观上有所不同，以示区别。至此，本实例制作完成。按 F5 键放映幻灯片，当前放映幻灯片的导航按钮不可用，单击其他的导航按钮可以切换到对应的幻灯片，如图 10-3-28 所示。

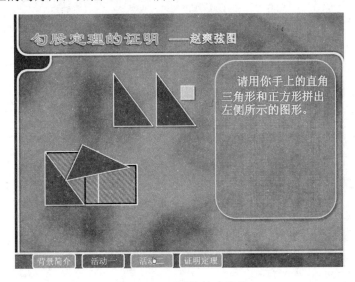

图 10-3-28　课件放映效果

10.4 经验总结

在课堂教学环境中，要创建绝对真实的学习情境是很难的，但是教师可以基于需要解决的问题或是基于某个学习任务为学生设计问题情境或任务情境。在进行课件设计时，将学习内容置于一个情境之中，引导学生参与情境，情境为知识的理解与应用提供场合，同时吸引学生的参与，为学生理解知识提供最大可能性。这样，学生通过在问题情境中动手参与能够学习到具体、实在和可用的知识，从而获得自己探索出来的知识而不是教师直接给予的。

为了满足教学的需要，本课件在设计时没有单纯使用图或文字来对定理的证明方法进行描述，而是创设问题情境，以动画的形式展示拼图过程，通过引导学生动手操作来实现教学难点的突破。在课件的组织结构上使用了"给出任务→展示过程→归纳总结"的模式，这也是基于活动的课件的常见结构模式。

从制作技术上来说，课件的制作关键是如何真实地展示活动过程。PowerPoint 在动画制作上有其优势，通过对不同预设动画效果的叠加、动画的开始时间和动画效果进行设置，完全可以获得各种复杂的动画效果。相信通过本章课件的制作，读者将对 PowerPoint 动画制作的技巧有更为深入的认识，获得宝贵的经验。

第11章 基于内容的教学课件实例——电阻电路的等效变换

课堂教学过程就是一个知识传授过程，在教学中，多媒体课件应该有效地管理各种信息，将知识传递给学生。本章通过一个实例来介绍基于教学内容的多媒体课件的设计技巧和制作方法。

11.1 课件制作概述

基于教学内容的课件是一种教学中常用的课件形式，在制作时需要根据教学目标的要求，将教学内容划分为不同的专题，以电子书或资料库的形式为教师或学习者提供学习资料。在设计课件时，教师需要根据教学的具体要求，将各种资料，如文本资料、图片资料和视频资料等内容组织在一起，通过多种形式从不同的角度给予学生感官上的刺激，从而起到引发学习兴趣、归纳知识要点并帮助强化记忆的作用。

基于教学内容的课件在进行设计时，一般是以学习材料自身的逻辑结构或知识点的延伸顺序来组织材料。在教学中，不同学科教学特点各不相同，但知识点结构一般包括直线型、树型和网络型这三种形式。因此，基于教学内容的课件常见的结构也是线型结构、树型结构和网络型结构，本实例采用的就是一种树型结构。

基于教学内容的课件是以学习内容为中心，在课件设计时要避免将所有的教学内容都放到课件中。这类课件组织材料的原则是，课件中应该展示重要的知识内容和关键信息，以实现教学目的为目标。课件不是教材内容的搬家，教师在选择内容的时候不应单纯地选择教材内容或与教材内容相关的内容，而要思考一下，在知识掌握上学生会遇到什么问题，要解决问题还需要哪些材料，这些材料以何种形式呈现才能对突破难点最有效。

基于教学内容的课件在制作时还应该注意知识的逻辑结构，课件呈现的内容要符合学生的认知规律。例如，人的长期记忆是无限的，但长期记忆需要通过短期记忆来积累，因此内容的呈现不能过多，在课件中可以将其拆成多个片段。由于人的思维有两种基本的方式，即逻辑思维和直观思维，而人类接受信息的方式也各有不同，因此在课件中对于知识点也应该注意采用多种呈现方式，使学生能够获得多种感官刺激，这样才能达到好的教学效果。

11.2 实例制作分析

本章介绍一个基于教学内容的课件制作过程，本节首先介绍课件的制作思路和制作要点。

制作目标

（1）掌握基于教学内容的教学课件的设计方法
（2）掌握课件中页面导航的实现方式
（3）掌握基于教学内容课件的导航页的设计方式

课件简介

本实例的课件是中等职业学校《电路分析》教材中《电阻电路的等效变换》这一章的教学课件，课件用于教师讲解电阻电路常见类型以及各类电阻电路等效变换的方法。教材中该章内容主要介绍有关概念和等效变换的理论依据，教学内容重于理论介绍，授课目标是让学生掌握有关概念和电路等效变换的理论知识。为实现授课目标，课件结构按照章节内容进行设置，采用图 11-2-1 所示的树型结构。

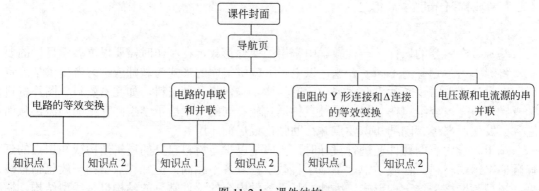

图 11-2-1　课件结构

在课件中，封面是课件开始使用时展示给学生的第一个界面，其功能是为学生提供与课程相关的信息。封面页面展示的内容应该包括课程名称、授课者的相关信息以及其他一些必要的说明信息。由于本例课件安排了单独的导航页，因此课件的封面页只设计了课件名称和授课者名称信息，而没有安排开始链接或其他的说明文字。

对于基于内容的教学课件，导航页需要帮助操作者快速地获取需要的教学内容，方便实现页面跳转。同时，导航页也需要展示课件的主体结构，起到目录的作用，这样可以方便学生了解教学内容和知识体系。因此，导航页的版式设计要简洁明了，一目了然，便于理解，同时在有利于操作的前提下要符合教学内容的特点。本实例导航页放置教学内容的章节目录，目录在页面中以弧形放置、对文本框使用半透明渐变填充、目录文字使用艺术字效果，同时为目录的出现添加动画效果，这样的设计起到了增强页面效果并吸引学生注意力的作用。同时，目录具有导航功能，导航功能使用传统的超链接的方式来实现，将链接目标指定为对应的目标幻灯片。

基于教学内容的幻灯片以展示内容为主，为了方便授课者能够方便地打开需要的内容页，在每个内容页底部增加了"上一页"、"下一页"和"回到目录"按钮。操作者可以方便地通过单击对应的按钮进入上一页或下一页，或回到目录后重新选择教学内容。

本课件教学内容以理论为主，表达形式以文字和图形为主，文字描述要点，内容简单明了，避免了大量文字的堆砌。同时，页面中配以相关图形，为了吸引学生注意，图形添加了进入动画效果。

11.3 实例制作步骤

任务 1 制作封面页

步骤 1 启动 PowerPoint 2010，打开"幻灯片母版"视图，选择"Office 主题幻灯片母版"，删除该母版中的所有占位符，插入课件背景图片，如图 11-3-1 所示。在该母版幻灯片中插入文本框并输入课件辅助信息，将文字的填充色和边框色均设置为黄色，如图 11-3-2 所示。

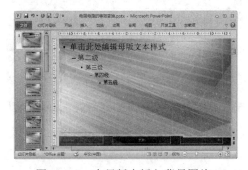
图 11-3-1　在母版中插入背景图片

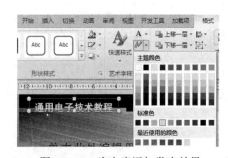
图 11-3-2　为文字添加发光效果

步骤 2 回到普通视图，删除默认的幻灯片后插入一张空白幻灯片。在幻灯片中插入一个文本框，在文本框中输入课件标题文字。设置文字的字体、大小和文字样式，如图 11-3-3 所示。将艺术字的填充色和边框色均更改为黄色。

图 11-3-3　制作第一张幻灯片

步骤 3 打开文本框的"设置形状格式"对话框，在对话框中设置文本框的填充样式。

这里选择"渐变填充"方式,以 45°线性方式进行填充。填充的起始和终止颜色均设置为"黑色",中间颜色设置为"蓝色,强调文字颜色 1",分别拖动渐变条上的滑块调整这三种颜色在渐变中的位置。选择左侧第一个颜色滑块,将其"透明度"设置为 25%,选择第二个颜色滑块,将其"透明度"设置为 60%,如图 11-3-4 所示。这样标题文本框获得了由不透明到半透明的渐变效果。

步骤 4 在课件主题文本框下添加一个文本框,在文本框中输入授课者姓名,设置文字的大小并为其添加与主题文字相同的艺术字效果。制作完成的封面页效果如图 11-3-5 所示。

图 11-3-4 设置渐变填充

图 11-3-5 制作完成的封面页

任务 2 制作导航页

步骤 1 在课件中添加一个新的空白幻灯片,在幻灯片中添加两个文本框,分别输入课件标题和文字"教学内容提要",对文字样式进行设置。这里,文字字体均使用黑体,在应用了与封面页标题相同的艺术字样式后将填充色和边框色均更改为黄色。使用绘图工具绘制一个半圆环,对其使用渐变填充并添加阴影效果。此时的幻灯片效果如图 11-3-6 所示。

图 11-3-6 添加文字和图形后的效果

步骤 2 在幻灯片中绘制 6 个圆形,这些圆形的大小依次增大,取消它们的轮廓线后对它们分别应用渐变填充。复制这组圆形,修改某些圆形的填充颜色获得与第一组颜色略有不同的一组圆形,如图 11-3-7 所示。使用鼠标框选第一组圆形,在"格式"选项卡的"排列"组中单击"对齐"按钮,选择菜单中的"左右居中"命令。再次打开"对齐"菜单,选择其中的"上下居中"命令,按 **Ctrl+G** 键将选择图形组合为一个对象即可获得一个按钮,如图 11-3-8 所示。将另一组圆形组合成按钮,复制这两个按钮,将获得的 4 个按钮放置到圆环上,如图 11-3-9 所示。

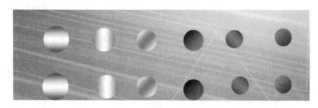

图 11-3-7 绘制两组圆形　　　　　　　　图 11-3-8 组合出一个按钮

步骤 3 在幻灯片中绘制一个圆角矩形,对其应用预设形状样式,如图 11-3-10 所示。打开"设置形状格式"对话框,对图形的渐变填充效果进行修改。这里将"角度"设置为 0°,选择渐变条上最后一个颜色滑块,将其"透明度"设置为 100%,如图 11-3-11 所示。

图 11-3-9 复制并放置按钮　　　　　　　图 11-3-10 应用预设形状样式

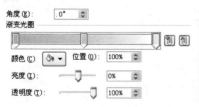

图 11-3-11 设置渐变样式

步骤 4 将图形放置到第一个按钮的右侧,在"格式"选项卡的"插入形状"组中单击"文本框"按钮,在图形中单击后即可在图形中输入文字。这里输入课件的第一节标题文字,将文字的字体和艺术字样式设置得和幻灯片标题文字相同,根据文本框的大小设置文字的大小,如图 11-3-12 所示。复制该图形,将图形中的文字更改为其他节标题文字,并将图形分别放置到对应按钮的右侧,如图 11-3-13 所示。

图 11-3-12 输入文字并设置样式

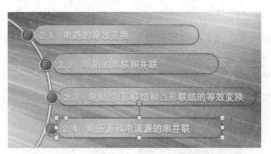
图 11-3-13 复制图形并更改文字

步骤 5 选择目录的第一项,在"动画"选项卡的"动画"组中选择"擦除"进入动画效果,同时在"计时"组中的"开始"下拉列表中选择"上一动画之后"选项,如图 11-3-14 所示。在"高级动画"组中双击"动画刷"按钮,依次单击其他的三个文本框为它们添加与第一个目录项相同的动画效果。至此,导航页制作完成,制作完成的效果如图 11-3-15 所示。

图 11-3-14 添加"擦除"动画效果

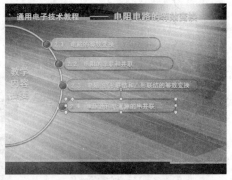
图 11-3-15 导航页制作完成后的效果

任务 3 制作内容页

步骤 1 在课件中添加一个新的空白幻灯片,在幻灯片中插入一个文本框,输入该幻灯片的内容标题,并设置文字的字体、大小和艺术字样式。这里,文字的字体和艺术字样式与上一幻灯片的标题相同,如图 11-3-16 所示。

图 11-3-16 为幻灯片添加标题

步骤 2 在幻灯片中绘制一个圆角矩形,取消该图形的轮廓线。打开"设置形状格式"对话框,将图形的填充色设置为白色,同时将"透明度"更改为 70%,如图 11-3-17 所示。该圆角矩形作为内容幻灯片的背景框。在幻灯片中添加文字并绘制图形,设置文字和图形的样式效果,如图 11-3-18 所示。

第 11 章　基于内容的教学课件实例——电阻电路的等效变换　　315

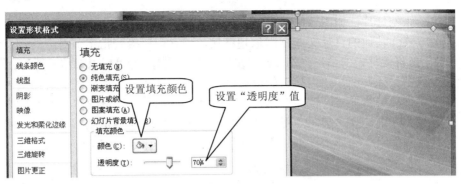

图 11-3-17　设置图形的填充效果

图 11-3-18　添加文字和图形

步骤 3　依次选择幻灯片中的图形和其下方的注释文字，为它们添加"阶梯状"进入动画效果。将这些动画的"开始"均设置为"上一动画之后"。此时，可以在"动画窗格"中看到各对象动画之间的时序关系，如图 11-3-19 所示。本课件一共包含 8 张内容幻灯片，分别创建这些幻灯片，并根据需要为幻灯片中的内容对象添加动画效果。

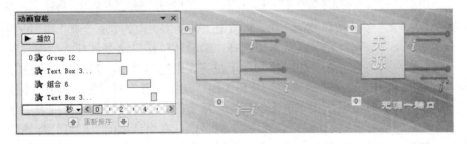

图 11-3-19　为图形及其注释文字添加动画效果

任务 4　实现课件导航

步骤 1　打开课件的目录幻灯片，右击第一节标题文本框，选择关联菜单中的"超链接"命令打开"插入超链接"对话框。在"链接到"栏中选择"本文档中的位置"选项，在"请选择文档中的位置"列表中选择目标幻灯片，这里选择"幻灯片 3"选项，该幻灯片是该节内容的第一张幻灯片,如图 11-3-20 所示。完成设置后单击"确定"按钮关闭对话框。使用相同的方式为其他的目录文本框添加超链接,使它们链接到指定节对应的幻灯片。

步骤 2　选择课件中的第三张幻灯片,在幻灯片中绘制一个"后退或前一项"动作按钮,该按钮的"单击鼠标"动作使用默认的链接到上一张幻灯片。在"格式"选项卡的"插入形状"组中单击"编辑形状"按钮 ,在打开的菜单中选择"更改形状"命令,在打开的下级列表中选择"圆角矩形"选项将按钮形状更改为圆角矩形。在"格式"选项卡的"形状样式"组中选择预设形状样式应用到按钮上,如图 11-3-21 所示。

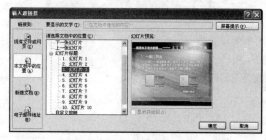
图 11-3-20　设置超链接

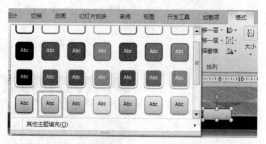
图 11-3-21　绘制按钮并应用预设形状样式

步骤 3　打开该动作按钮的"设置形状格式"对话框,对渐变填充效果进行设置。在渐变条上选择左侧第一个颜色滑块,将其"透明度"设置为 50%。选择中间的颜色滑块,将其"亮度"设置为 50%。选择最右侧的颜色滑块,将其"透明度"设置为 50%,此时即可获得一个半透明按钮,如图 11-3-22 所示。在"格式"选项卡的"插入形状"组中单击"文本框"按钮 ,在按钮上单击插入文本框。在文本框中输入文字"上一页",设置文字的字体、大小和样式。此时获得"上一页"翻页按钮,如图 11-3-23 所示。

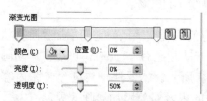
图 11-3-22　设置渐变色的透明度

图 11-3-23　"上一页"按钮

步骤 4　将"上一页"按钮复制两个,将按钮上的文字更改为"下一页"和"回到目录"。鼠标右击"下一页"按钮,在关联菜单中选择"编辑超链接"命令打开"动作设置"对话框的"单击鼠标"选项卡,在"超链接到"下拉列表中选择"下一张幻灯片"选项,如图 11-3-24 所示。完成设置后单击"确定"按钮关闭"动作设置"对话框。打开"回到目录"按钮的"动作设置"对话框,在"单击鼠标"选项卡的"超链接到"下拉列表中选择"幻灯片"选项。此时将打开"超链接到幻灯片"对话框,在对话框的"幻灯片标题"列表中选择课件导航页幻灯片,如图 11-3-25 所示。完成设置后分别单击"确定"按钮关闭这两个对话框。

步骤 5　同时选择这三个按钮,在"格式"选项卡的"排列"组中单击"对齐"按钮,选择菜单中的"顶端对齐"命令使它们顶端对齐,然后应用"对齐"菜单中的"横向分布"命令使按钮在水平方向上均匀分布。将按钮放置到幻灯片下方后按 Ctrl+C 键复制这些按钮,将按钮分别粘贴到其他的内容幻灯片中完成各个页面中翻页按钮的制作。幻灯片中的翻页按钮效果如图 11-3-26 所示。

图 11-3-24 选择"下一张幻灯片"选项

图 11-3-25 选择导航页幻灯片

步骤 6 至此，本实例制作完成。按 F5 键播放课件，在导航页中单击课件目录中的选项将播放相关内容的起始页，如图 11-3-27 所示。在内容页中单击页面下方的"上一页"和"下一页"按钮可以实现播放的翻页，单击"回到目录"按钮跳转到导航页，如图 11-3-28 所示。

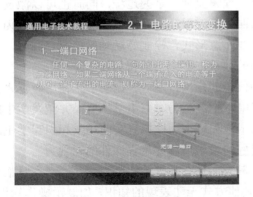

图 11-3-26 制作完成的翻页按钮

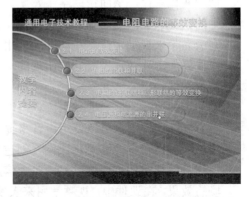

图 11-3-27 单击导航选项播放对应的页面

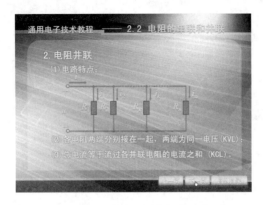

图 11-3-28 单击翻页按钮实现翻页

11.4 经验总结

　　基于教学内容的课件是一种常见的课件形式，此类课件往往围绕知识点展开，可以直接根据知识点间的逻辑关系来设计课件的结构。此类课件在制作上要注意内容的切换（即导航方式）的选择，根据课件的结构设置灵活多样的导航方式，使课件的使用者或学习者能够方便地切换到需要的内容。

　　在制作基于教学内容的课件时要注意综合应用多种表达方式，选择恰当的方式来展示教学内容。下面对几种常用的表现方式进行介绍。

- 文字是一种比较好的抽象符号，能够很好地表现概念和定义。但文字也有其固有的弱点，那就是在表现内容时无法很好地激发学生的思维和兴趣，因此在呈现教学内容时文本不宜过多，要简洁精练。
- 图形和图像能够以客观形象的画面表达形象，具有色彩丰富、层次感强和信息量大的特点，可以真实地构建教学情境，直接揭示对象本质。因此，图形图像在课件中的应用范围很广，可以提供高质量的教学感知材料。
- 动画能够对事物的运动和变化过程进行模拟，在课件中使用它能够直观展示事物运动和变化规律，从而帮助学生发现规律、理解原理、掌握过程，同时也可以激发学生的学习兴趣，提高学习的积极性。在课件中使用动画要注意避免过多过滥，因为它极易带来视觉干扰。在动画的使用上要注意形式，控制好动画的速度。同时，在课件界面上要注意控制同时出现的动画的数量，否则会适得其反。
- 声音在课件中能够起到解释画面和传递信息的作用，是一种调动学生使用听觉来获取知识的途径。恰当地使用声音可以集中学生注意力、陶冶学生情操并激发学生的潜力。在课件中，可以使用声音来提供示范和解说、模拟真实的场景和引起学生注意，同时声音也能够美化课件、创建良好的教学情境并增强课件的表现力。
- 视频可以真实记录现实世界，包含信息量大，具有强大的感染力，并能产生身临其境的效果。在课件中，视频常用来表现其他方式无法表现的知识，如展示操作知识、实验过程和现象等。

第12章 基于过程的教学课件实例——圆内接四边形

在课堂教学中，课件是教师教学设计思想的体现，是帮助教师突破教学难点的有效工具，也是对教学内容的设计和再加工。本章将通过实例介绍基于教学过程的教学课件的设计原理和制作方法。

12.1 课件制作概述

基于教学过程的教学课件是一种常见的课件类型，这种类型的课件是依据课堂教学环节和教师的教学过程来设计课件内容的。传统的教学方式一般包括复习旧知、导入新课、讲授新课、巩固练习和课堂小结等过程，但对于不同的学科、不同的课型、不同的教学目标和教学对象，教师采用的教学过程也会有所不同。因此，基于教学过程的教学课件的设计实际上是教师教学思想和教学理念的体现，课件教学内容的呈现顺序反映教师授课的过程，课件内容的划分反映的就是这节课的教学单元的划分，课件重点表现的就是这节课教师需要突破的重点和难点。

在设计课件时，教师应该重视学生已经具有的知识经验与认识结构对学习的影响，同时要明确学生能够学习的内容取决于自身在短时间内的记忆容量。课件的设计应该用直观的形象向学生显示学科内容，让学生了解教学内容中涉及的各个知识点之间的相互关系，通过使用组块的方式来组织学习内容，避免同时呈现太多的内容。在教学中，学生自定的学习目标是其学习的内驱力，课件应该注意营造与当前学习主题有关的且尽可能真实的学习情境，为学生提供丰富多彩的学习材料，以任务和问题的方式对教学内容进行组织。

在教学中，学生的学习实际上是刺激和反应的连接，知识的强化是达成学习目标的重要条件，教学中对学生学习情况的反馈也是很重要的。在教学过程中，往往需要将教学内容分解为一个个的教学单元，适当设置能反应学生掌握情况的问题并及时了解学生的学习情况。教师在授课时需要注意提问的艺术，提问要难易适中，对学生的回答要及时给予反馈，并通过表扬或指出不足等方式来给予强化。在设计课件时，需要充分考虑到这些教学要求，设计合理的人机交互方式，及时为学生提供反馈信息和强化信息。

12.2 实例制作分析

本章介绍一个基于教学过程的课件制作过程。本节将首先介绍课件的制作思路和制作要点。

☞ 制作目标

(1) 掌握基于教学过程的课件的设计方法
(2) 掌握在课件的同一个页面中显示不同内容的方法
(3) 掌握在课件中实现内容依次显示的控制方法

✎ 课件简介

本实例的课件是人教版九年级数学上册《圆内接四边形》这一节第一课时的授课课件。本节课的教学内容是圆内接四边形的定义和性质定理，教学目标是掌握圆内接四边形的性质定理，能应用该性质定理解决有关计算和证明问题。课件按照课堂教学的顺序来设计，包括复习提问、讲授新知、应用举例、反思拓展、巩固练习、归纳小结和课外作业这几部分的内容。

在课件中，色彩是影响视觉效果的重要因素，色彩可以影响学生的情绪，也是一种传递信息的方式。本例课件以绿色为主色调，背景使用以渐变填充效果，从而起到增强视觉效果的作用。

本例课件在界面设计以简洁为原则，各个页面整体风格统一、简洁且结构清晰，同时注意了界面的多样性和变化性。界面中包括导航区和内容区两部分，导航区位于幻灯片的左侧，以渐变填充的矩形作为背景，以艺术字作为导航目录，获得简洁明快的视觉效果。内容区占据页面的主要位置，采用常见的框架形式，但是框架以相对的两个直角线条来界定，使呈现内容被框架包围，便于学生关注和阅读。

本例的课件封面采用基于图片加标题的方式，以艺术字作为课件标题置于背景图片上，将画圆的圆规、铅笔和直尺放置于课件右下角，起到了平衡版面并修饰页面的作用。

本例课件采用的导航方式是目录导航方式，导航区在每一张幻灯片中显示，这样既可以显示当前所处位置，也可以实现从任意幻灯片跳转到需要的幻灯片。由于是基于课堂教学过程的课件，这里没有在内容幻灯片中添加额外的翻页按钮，而是使用传统的鼠标单击方式来换页，教师也可以通过单击页面中的导航文本框来换页。课件内容页面右上角添加内容标签以标示当前页的教学内容，在翻页时，标签内容以动画的方式切换。

在教学中，每个教学环节往往会包含多个与学生的互动过程，如这里"复习提问"环节中需要对学生回答的结果进行反馈，即在幻灯片的填空题中显示正确答案。此时，可以通过为答案文字添加进入动画效果，以鼠标单击来启动动画使答案在老师需要时显示出来。同样地，在"应用举例"环节中，讲解例题时需要在同一个页面中显示例题的不同的证明方法，本例没有使用将不同的证法放置到不同的幻灯片中的常规方法。课件采用的方法是，为例题的第一种证明方法添加进入动画效果和退出动画效果，以鼠标单击启动动画，然后为后续需要展示的证明方法添加以鼠标单击作为触发方式的进入动画效果。这样，在授课时，只需单击鼠标，幻灯片中就可以根据授课流程的需要依次展示不同的证明方法了。

12.3 实例制作步骤

任务 1 制作封面页

步骤 1 启动 PowerPoint 2010，打开"幻灯片母版"视图，选择"Office 主题幻灯片母版"并插入课件背景图片。将背景图片设置于幻灯片的底层，如图 12-3-1 所示。关闭幻灯片母版视图，在普通视图中删除默认的幻灯片后添加一个空白幻灯片。在该幻灯片中使用文本框输入课件标题和授课者姓名等信息，同时设置这些文字的字体和大小，并对它们应用艺术字样式，如图 12-3-2 所示。

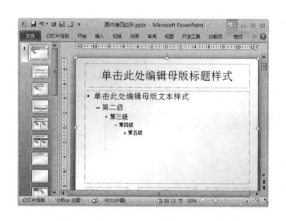

图 12-3-1 在母版中插入背景图片

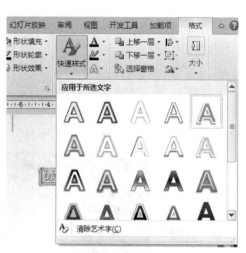

图 12-3-2 对文字应用艺术字样式

步骤 2 在幻灯片中插入圆规、铅笔和直尺素材图片，将它们放置到幻灯片的右下角，如图 12-3-3 所示。使用"任意多边形工具"在幻灯片左上角绘制一个直角，将线条颜色设置为绿色，线条宽度设置为 1 磅。在"设置形状格式"对话框中为线条添加发光效果，发光颜色设置为绿色，"大小"设置为 4.5 磅，"透明度"设置为 40%，如图 12-3-4 所示。将该图形复制，旋转 180°后放置到幻灯片的右下角，如图 12-3-5 所示。

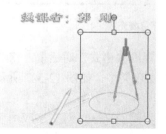

图 12-3-3 放置图片素材

图 12-3-4 绘制图形并设置发光效果

图 12-3-5 复制图形并放置到幻灯片右下角

步骤 3 在幻灯片左侧绘制一个矩形，打开"设置形状格式"对话框，对矩形应用线性渐变填充，如图 12-3-6 所示。这里，渐变起点和终点颜色的颜色值为 R:0，G:61，B:0，中间颜色的颜色值为 R:0，G:128，B:0。

图 12-3-6 设置渐变填充

步骤 4 在矩形上部绘制一条直线，打开"设置形状格式"对话框，将其颜色设置为白色，透明度设置为 54%，同时设置线条的宽度和复合类型，如图 12-3-7 所示。将线条复制一份，并放置到矩形的下方，如图 12-3-8 所示。

步骤 5 在矩形上放置文本框，输入标示授课步骤的文字，对文字应用艺术字样式，如图 12-3-9 所示。复制该文本框，修改文字内容完成所有授课步骤文字的创建。选择所有步骤文字文本框，依次使用"格式"选项卡的"排列"组中"对齐"菜单中的"左对齐"命令和"纵向分布"命令，文字将左对齐并在纵向均匀分布。至此，封面页制作完成，制作完成后的效果如图 12-3-10 所示。

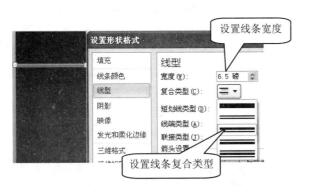

图 12-3-7　设置线条的宽度和复合类型

图 12-3-8　复制线条并放置到矩形下方

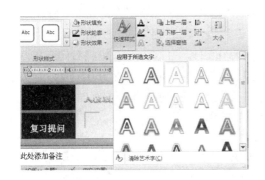

图 12-3-9　输入文字并设置艺术字样式

图 12-3-10　制作完成的封面效果

任务 2　制作"复习提问"页

步骤 1　复制封面幻灯片，删除幻灯片中的标题文字和圆规、直尺、铅笔图片。绘制一个框住"复习提问"步骤文字的圆角矩形，打开"设置形状格式"对话框取消对图形的颜色填充，同时将线条颜色设置为绿色，线条宽度设置为 1 磅。为图形添加发光效果，将发光颜色设置为绿色，"大小"设置为 4.5 磅，同时将"透明度"设置为 40％，如图 12-3-11 所示。

图 12-3-11　设置图形的发光效果

步骤 2 绘制一大一小两个水平放置的正方形，然后再绘制一个六边形，图形形状格式的设置方法与上一步中的圆角矩形相同。依次对它们运用"格式"选项卡的"排列"组中"对齐"菜单中的"左右居中"和"上下居中"命令，将这两个正方形组合为一个对象后旋转 90°放置，如图 12-3-12 所示。调整六边形的宽度和高度，将它与正方形放置在一起，如图 12-3-13 所示。在幻灯片中插入一个文本框，输入文字"口答"，将文字的颜色设置成绿色并设置文字的大小。将文本框放置到六边形中得到提示标签，如图 12-3-14 所示。这个标签用于提示当前的教学环节。

图 12-3-12　绘制两个正方形并组合　　图 12-3-13　放置六边形　　图 11-3-14　获得提示标签

步骤 3 选择正方形组合图形，为其添加"淡出"进入动画效果和"陀螺旋"强调动画效果，将"淡出"动画效果的"开始"设置为"单击时"，"陀螺旋"的"开始"设置为"与上一动画同时"。这两个动画的"持续时间"均设置为 0.5 秒。为六边形添加从右向左的"擦除"进入动画效果，"开始"设置为"上一动画之后"，"持续时间"设置为 0.5 秒。为文字添加相同的"擦除"动画效果，"开始"设置为"与上一动画同时"，"持续时间"设置为 0.5 秒，如图 12-3-15 所示。这样将获得正方形旋转一周后，六边形和文字以擦除动画的方式从右向左显示出来。

步骤 4 在幻灯片中插入文本框，在文本框中输入填空题，使用绘图工具绘制题目的两个配图。依次为题目、图 1 和图 2 添加"向内溶解"进入动画效果。将题目和图 1 进入动画的"开始"设置为"上一动画之后"，将图 2 的进入动画的"开始"设置为"与上一动画同时"，如图 12-3-16 所示。

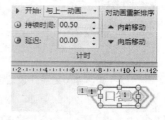

图 12-3-15　为图形添加动画效果

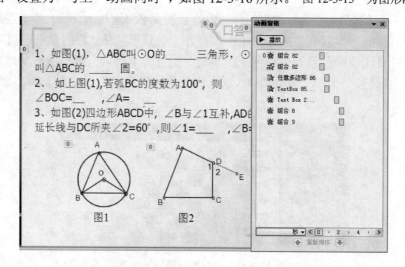

图 12-3-16　插入题目和配图并为它们添加动画效果

步骤 5 使用文本框在幻灯片中添加填空题答案,将这些文字的颜色设置为红色。为它们添加"出现"进入动画效果,将"开始"设置为"单击时",如图 12-3-17 所示。至此,"复习提问"页面制作完成,制作完成后的页面效果如图 12-3-18 所示。

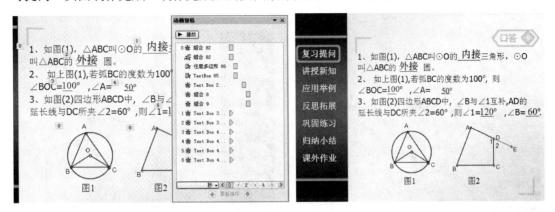

图 12-3-17 创建答案文字并为它们添加动画效果 　　图 12-3-18 "复习提问"页面制作完成后的效果

任务 3 制作"讲授新知"页

步骤 1 复制"复习提问"页,将放置于"复习提问"文本框上的圆角矩形下移,使其框住"讲授新知"文本框。删除复制幻灯片内容区中的教学内容,复制右上角提示标签上的文字文本框和六边形,将文本框中的文字更改为"定义"。将原来的六边形和"口答"文本框的动画效果更改为自左向右的"擦除"退出动画效果,如图 12-3-19 所示。将复制的六边形与原六边形重合放置,将两个文本框放置到六边形中,并且对齐,如图 12-3-20 所示。这样在幻灯片放映时原来的标签文字及边框将首先被擦除,然后出现新的边框和标签文字。

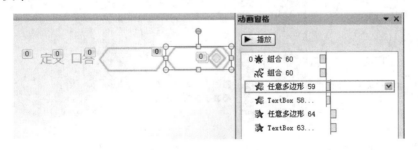 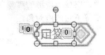

图 12-3-19 复制对象并修改动画效果 　　　　　　图 12-3-20 放置对象

步骤 2 在幻灯片中添加文字和图形,为文字和图形分别添加"向内溶解"的进入动画效果。这里将动画的"开始"均设置为"上一动画之后","持续时间"均设置为 1 秒,将"延迟"均设置为 0.5 秒,如图 12-3-21 所示。至此,"定义"页面制作完成,完成后的页面效果如图 12-3-22 所示。

步骤3 复制当前幻灯片,删除幻灯片中的文字和图形。将右上角应用退出动画效果的文本框中的文字改成"定义",将应用进入动画效果的文本框中的文字更改为"定理"。按授课时文字展示的需要在不同的文本框中输入文字,同时使用绘图工具绘制图形,如图 12-3-23 所示。

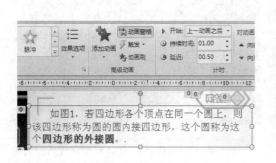

图 12-3-21　插入文字和图形并添加动画效果

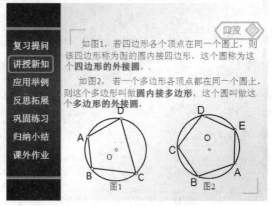

图 12-3-22　"定义"页面制作完成后的效果

步骤4 依次为文本框添加"向内溶解"进入动画效果,如图 12-3-24 所示。这里,除了将"如图:……"文本框进入动画的"开始"设置为"上一动画之后"外,其他文本框动画的"开始"均设置为"单击时"。

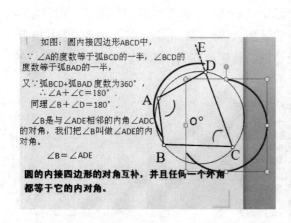

图 12-3-23　插入文字并绘制图形

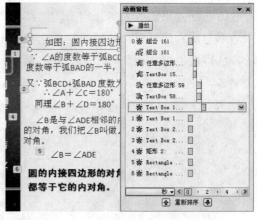

图 12-3-24　为文本框添加进入动画

步骤5 在幻灯片中选择除"如图:……"文本框外的任意一个文本框,在"动画"选项卡的"高级动画"组中双击"动画刷"按钮。依次单击幻灯片中的各个图形对象将"向内溶解"动画效果复制给它们,在"动画窗格"中调整图形动画在列表的位置,使其分别位于对应文字动画之后,如图 12-3-25 所示。将组成图形的各个对象放置到需要的位置后完成本页面的制作,效果如图 12-3-26 所示。

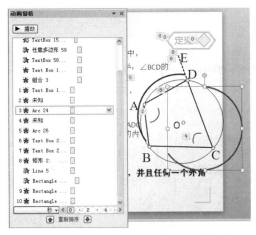

图 12-3-25　复制动画效果并调整它们在"动画窗格"中的位置

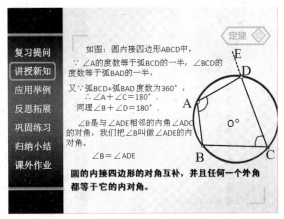

图 12-3-26　页面制作完成后的效果

任务 4　制作"应用举例"页

步骤 1　复制上一个页面,删除幻灯片内容区中的文字和图形。使用与上一个任务步骤 1 相同的方法对页面标签进行修改并对当前页面内容的圆角矩形的位置进行修改。在幻灯片中添加文字并绘制图形,如图 12-3-27 所示。

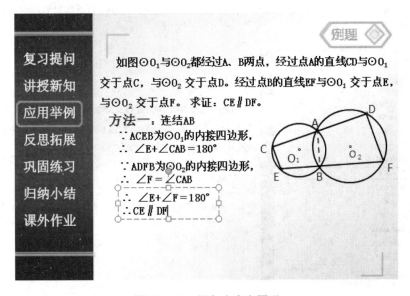

图 12-3-27　添加文字和图形

步骤 2　为文本框和图形添加"向内溶解"进入动画效果,为图形中的红色虚线段 AB 添加向下的"擦除"进入动画效果。除了将"如图,……"文本框、"连接 AB"文本框和题图的动画效果的"开始"设置为"上一动画之后"之外,其他动画效果的"开始"均设置为"单击时"。在"动画窗格"中将题图动画选项放置到题目文本框的动画选项之后,将红色虚线段 AB 的进入动画选项放置到"连接 AB"文本框的动画选项之后,如图 12-3-28 所示。

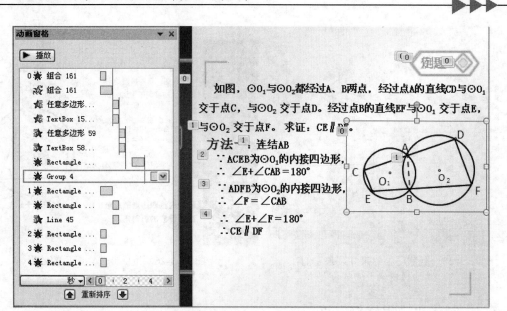

图 12-3-28　调整动画顺序

步骤 3　同时选择幻灯片中除了题目文本框之外文字文本框和图形对象,为它们添加从左至右的"擦除"退出动画效果。在"动画窗格"中选择第一个"擦除"退出动画选项,将它的"开始"设置为"单击时",其他的动画选项的"开始"均设置为"与上一个动画同时",如图 12-3-29 所示。

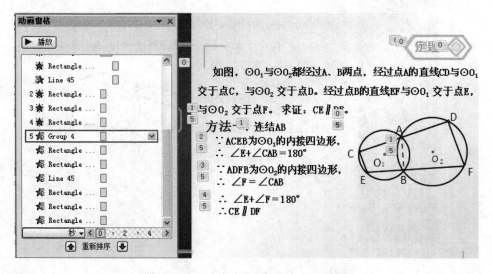

图 12-3-29　为文字和图形添加退出动画

步骤 4　在幻灯片外添加一个文本框,在文本框中输入此题第二种证明方法的提示文字,同时绘制对应的图形。将文本框和图形组合为一个对象,为组合对象添加从左向右的"擦除"进入动画效果,将动画的"开始"设置为"单击时",如图 12-3-30 所示。使用相同的方法在幻灯片外创建内容为证明方法三的文本框和对应图形,将它们组合后使用"动画刷"工具复制证明方法二的动画效果,如图 12-3-31 所示。

图 12-3-30　插入证明方法二文本框和图形并添加动画效果

图 12-3-31　插入证明方法三文本框和图形并添加动画效果

步骤 5　将添加了动画效果的两个组合对象放置到幻灯片中的适当位置，至此本页制作完成，效果如图 12-3-32 所示。在幻灯片放映时，单击鼠标将显示证明方法一，单击鼠标后该方法将从幻灯片中删除，再次单击鼠标将显示方法二和方法三。

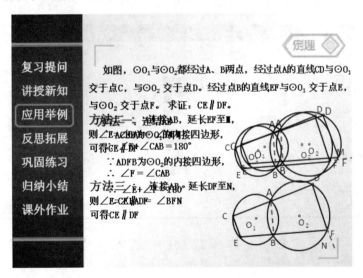

图 12-3-32　本页面制作完成后的效果

任务 5　实现课件导航

步骤 1　使用与前面任务相同的方法，根据授课需要制作课件中其他的内容幻灯片，具体的制作方法这里限于篇幅就不再赘述。

步骤 2　选择封面幻灯片，右击"复习提问"文本框，在关联菜单中选择"超链接"命令打开"插入超链接"对话框,在对话框"链接到"列表中选择"本文档中的位置"选项,在"请选择文档中的位置"列表中选择目标幻灯片,如图12-3-33所示。完成设置后单击"确定"按钮关闭对话框,使用相同的方法为幻灯片中其他的导航文本框添加超链接。

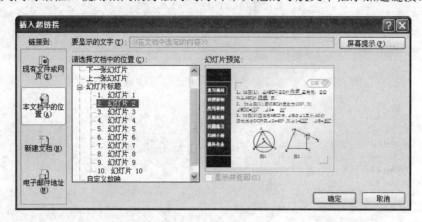

图12-3-33 创建超链接

步骤3 选择第二张幻灯片,右击其中的"讲授新知"文本框,在关联菜单中选择"超链接"命令打开"插入超链接"对话框,在对话框中指定超链接的目标幻灯片,如图12-3-34所示。单击"确定"按钮关闭对话框,依次为幻灯片中的除"复习提问"文本框之外的其他导航文本框添加超链接。使用相同的方法,依次为每张幻灯片中导航文本框添加超链接。

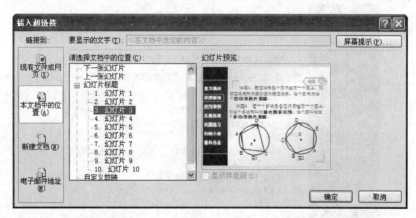

图12-3-34 为导航文本框指定链接目标

12.4 经验总结

基于教学过程的教学课件是一种常见的教学课件类型,在进行课件设计时,制作者要对教学对象和教学内容进行分析,了解课件需要解决的问题。此类课件应该与课堂教学紧密结合,根据教学过程的需要来设计课件流程并使用触发器、动作按钮和超链接来灵活实现对流程的控制。

在设计课件时要明确课件的使用是为了实现教师的既定教学目标，课件应该具有情境创设、化抽象为直观和实现对教学效果的及时反馈等功能。要制作一个优秀的课件，制作课件的教师必须注意以下问题：

- 教学性。课件的教学性是课件设计最重要的目标，优秀的课件必须实现教师的教学设计和教学策略。
- 科学性。教学课件应该内容正确、逻辑严密、层次清晰，课件的表现形式以及所用的素材要符合客观规律。
- 艺术性。艺术性决定了课件的表现力，体现在课件的界面设计和屏幕对象的美观上。追求课件的艺术性应该以课件的简洁统一为基本原则，以保证将学生的注意力集中到课件的教学内容上作为基本目标。
- 技术性。课件的技术性代表了课件开发所采用的工具和使用的功能，也是课件实现交互的方式的体现，同时课件运行的兼容性和稳定性也是衡量课件技术性好坏的重要指标。

参考答案

第 1 章

实验 1

1. 插入，图像，屏幕截图，屏幕剪辑
2. Ctrl+O，文件|存储为，图像|图像大小

实验 2

1. "编辑"|"音频属性"，音量，选择
2. "文件"|"另存为"，保存，更改

实验 3

1. "工具"|"Internet 选项"，设置，Internet 临时文件夹
2. "剪辑"|"视频"|"视频效果"，添加

实验 4

1. 导出，导出资源，导出路径、导出格式
2. 开始，收藏夹，Internet 临时文件夹

第 2 章

实验 1

1. 文本容器，自动换行
2. 开始，剪贴板，选择性粘贴
3. 使用目标主题，只保留文本，图片

实验 2

1. 字体，字体，偏移量
2. 下划线线型，下划线颜色

3．选择一个词语，选择整个段落，选择文本框中所有文字

实验 3

1．1，起始编号
2．当前段落、前一段落，当前段落，下一段落
3．保持当前行间距，行间距的增大倍数

实验 4

1．Enter，Tab
2．上移，隐藏

实验 5

1．插入，公式，设计
2．插入，文本，对象，插入对象，Microsoft Equation 3.0

实验 6

1．插入，符号，符号
2．选项，校对，自动更正选项

实验 7

1．艺术字样式，形状样式
2．阴影效果，映像效果，发光效果，三维旋转效果，设置文本效果格式

第 3 章

实验 1

1．Shift，Ctrl，Ctrl
2．平滑过渡，相等，直线，不成直线，不一定相等

实验 2

1．材质，照明，角度
2．透明度，距离

实验 3

1．四个角上，边框上
2．被删除的区域，需要保留的区域，需要删除的区域

实验 4

1. 编辑，选择窗格，选择和可见性
2. 复合类型，线端类型，连接类型

实验 5

1. 文件/磁盘，新建文本框，图片版式
2. 上移，增加图片亮度，逆时针旋转 90°

第 4 章

实验 1

1. 音频，文件中的音频
2. 单击，预览/属性

实验 2

1. 开始，跨幻灯片播放
2. "循环播放，直到停止"

实验 3

1. 触发，单击
2. 添加动画

实验 4

1. 插入，文件中的视频，插入视频文件
2. 循环播放，直到停止；播完返回开头；未播放时隐藏

第 5 章

实验 1

1. 单元格边线，高度，宽度
2. 合并，合并单元格，擦除，擦除

实验 2

1. 设计，数据，编辑数据
2. 图表标题，绘图区，图例，基底

实验 3

1. 插入，插图

2. Enter，Tab，Shift+Tab

实验 4

1. 文本，插入对象，新建，包
2. 包对象|编辑包，编辑|标签

第 6 章

实验 1

1. 切换到此幻灯片，其他
2. 计时，声音，全部应用

实验 2

1. 高级动画，更多进入效果
2. 效果选项

实验 3

1. 高级动画，添加动画按钮，更多退出效果
2. 高级动画，动画刷

实验 4

1. 自动翻转
2. 期间，重复

实验 5

1. 路径的终点位置，路径的起点位置
2. 声音，调节音量

实验 6

1. 开始时间，持续时间
2. Delete 键，上移，下移

第 7 章

实验 1

1. 插入，链接

2. 屏幕提示，提示文字

实验 2

1. 插入，链接，动作设置
2. 播放声音，其他声音

实验 3

1. 高级动画，触发器
2. 计时，单击下列对象时启动效果

实验 4

1. 控件，其他工具
2. Movie，Playing，Scale

实验 5

1. 代码，Visual Basic
2. "插入"→"模块"

第 8 章

实验 1

1. 设计，主题，浏览主题
2. 设计，背景，设置背景格式，重置幻灯片背景

实验 2

1. 视图，母版视图，幻灯片母版，幻灯片母版，关闭母版视图
2. 幻灯片母版，讲义母版，备注母版，讲义母版

实验 3

1. 幻灯片母版，母版版式，插入占位符
2. 标题区，对象区，日期区，数字区

实验 4

1. 幻灯片母版，页面设置，页面设置
2. 宽度，高度，纵向，横向

第 9 章

实验 1

1. 文件，保存并发送，将演示文稿打包成 CD，打包成 CD
2. 选项，嵌入到 TrueType 字体，链接的文件

实验 2

1. 每张幻灯片
2. 工具，保存选项

实验 3

1. 工具，常规选项，常规选项
2. 信息，保护演示文稿，标记为最终状态

实验 4

1. 幻灯片放映，设置，隐藏幻灯片
2. 新建，编辑，放映

实验 5

1. 定位至幻灯片，结束放映
2. 分辨率，显示位置，使用演示者视图

相关课程教材推荐

ISBN	书名	定价（元）
9787302300854	PowerPoint 多媒体课件制作实用教程（第 2 版）	23.00
9787302286561	Flash CS5 动画制作实用教程	44.50
9787302261377	Dreamweaver 网页制作实用教程（第二版）	39.50
9787302254126	Authorware 多媒体课件制作实用教程（第 3 版）	35.00
9787302254102	Flash 多媒体课件制作实用教程（第二版）	39.50
9787302229100	网页设计与制作实用教程（Dreamweaver+Flash+Photoshop）	39.50
9787302209119	计算机网络应用技术基础	29.00
9787302212560	多媒体 CAI 课件制作实用教程	39.50
9787302196389	计算机组装与维护实用教程	29.50
9787302194460	多媒体技术实用教程	35.00
9787302194453	计算机常用工具软件实用教程	39.00
9787302273240	网页设计基础与上机指导——HTML+CSS+JavaScript	34.50

以上教材样书可以免费赠送给授课教师，如果需要，请发电子邮件与我们联系。

教学资源支持

敬爱的教师：

感谢您一直以来对清华版计算机教材的支持和关爱。为了配合本课程的教学需要，本教材配有配套的电子教案（素材），有需求的教师可以与我们联系，我们将向使用本教材进行教学的教师免费赠送电子教案（素材），希望有助于教学活动的开展。

相关信息请拨打电话 010-62776969 或发送电子邮件至 weijj@tup.tsinghua.edu.cn 咨询，也可以到清华大学出版社主页（http://www.tup.com.cn 或 http://www.tup.tsinghua.edu.cn）上查询和下载。

如果您在使用本教材的过程中遇到了什么问题，或者有相关教材出版计划，也请您发邮件或来信告诉我们，以便我们更好为您服务。

地　址：北京市海淀区双清路学研大厦 A 座 708　　计算机与信息分社魏江江 收
邮　编：100084　　　　　　　　　　　　　　　电子邮件：weijj@tup.tsinghua.edu.cn
电　话：010-62770175-4604　　　　　　　　　邮购电话：010-62786544